学生视角下的孔子思想管窥

杨小平／著

北京燕山出版社
BEIJING YANSHAN PRESS

图书在版编目（CIP）数据

学生视角下的孔子思想管窥 / 杨小平著. — 北京：北京燕山出版社，2019.12
ISBN 978-7-5402-5565-7

Ⅰ. ①学… Ⅱ. ①杨… Ⅲ. ①孔丘（前551–前479）–思想评论 Ⅳ. ①B222.25

中国版本图书馆CIP数据核字（2020）第009457号

学生视角下的孔子思想管窥

著　　者　杨小平
责任编辑　满　懿
出版发行　北京燕山出版社
地　　址　北京市丰台区东铁匠营苇子坑138号C座
电　　话　010–65240430
邮　　编　100079
印　　刷　北京政采印刷服务有限公司
经　　销　新华书店
开　　本　170mm × 240mm　16 开
字　　数　275千字
印　　张　15.25
版　　次　2022年6月第1版
印　　次　2022年6月第1次印刷
定　　价　45.00元

序言

中国优秀传统文化是中华民族精神之魂。弘扬中国优秀传统文化，是中华民族早日实现伟大复兴中国梦的强有力的文化支撑。孔子是中国传统文化的杰出代表人物，他的思想是中国优秀传统文化思想宝库中的璀璨明珠。了解孔子思想，对当代中学生甚至大学生来说，都是非常必要的。

《学生视角下的孔子思想管窥》一书，是从学生视角来了解孔子其人，解读儒家思想。本书与其他介绍孔子思想的书籍不同，许多《论语》读本学术理论性太强，大多数晦涩难懂，适合专业研究孔子的学者阅读，不符合学生认知水平，没有紧扣学生心理，不能有效刺激学生的阅读兴趣，学生阅读不到三天，便束之高阁，尘落满架。主要原因是内容缺乏时代感，没有搭建起孔子思想与现代学生兴趣之间的桥梁。

常年扎根在中学语文教学第一线的金城名师——杨小平老师，凭借对国学经典的热爱和执着，结合学生理解水平和教学实际，将自己的独特思考撰写成文。同时收集了大量材料，有些甚至是鲜为人知的材料，然后进行归纳整理、科学筛选，有针对性地回答了各种具有现实意义的问题。编排形式自由活泼，注重开发学生的思维，引导学生多维度思考问题。

《学生视角下的孔子思想管窥》一书，以学生感兴趣的话题为探究点，从各个方面还原一个真实的孔子形象。例如，孔子平时给学生上课时讲什么内容？采用什么形式上课？孔子最喜欢的学生是谁？孔子最爱批评的学生是谁？孔子有没有看走眼的学生？孔子的知识是从哪里来的？是生来就有还是自学成才？孔子开私塾收不收学费？学生是如何评价孔子的？孔子对生活有没有牢骚？等等。通过对这些有趣的问题进行探讨，了解孔子思想。同时引导学生发现孔子的另一面：一个七情六欲俱全、充满聪慧的智人；一个积极上进、勤奋好学、有担当意识的改革者；一个偶尔骂人，也犯以貌取人的错误、牢骚不断的凡人；一位志向远大却无法实现，只能转去编纂史料、诲人不倦的好老师。这种很接地气的内容探讨，让孔子走下了庄严肃穆的神坛，成为游走于学生之间的一个有血有肉、博学多艺、和蔼可亲、感情丰富的师亲形象。这种真实性，易于被学生接受，更能激发起学生阅读国学经典的欲望。

《学生视角下的孔子思想管窥》一书，寓教于学生兴趣，着眼于孔子思想。关注学生个性品读，使学生在理解的基础上达致启迪自身的教育目的，在原有的认知基础上进行发散性思维。许多著述部分采用了文白对照，解决了学生阅读不懂、理解不透或一知半解的困惑；结合《论语》中的具体句子，探讨孔子思想，有论有据，观点鲜明，避免空谈泛论，达到开发学生思维潜能，提高学生阅读能力的目的。

《学生视角下的孔子思想管窥》从现代教学视角审视孔子的教育思想，了解孔子的教育观、教学观、教师观、学生观；学习孔子时代的教学组织形式，如小组教学、分层教学、集体教学等；掌握孔子先进的教学方法，如因材施教法、兴趣引导法、分层施教法、诱导启发式教学法、问答法、喻教法、平等交流法、教学相长法。知晓孔子的教育目标，分析儒家思想的现实意义。

“夫子风采，溢于格言。”（《文心雕龙·征圣》），“知之者不如好之者，好之者不如乐之者。”（《论语·雍也》），对于那些中国国学经典的爱好者，以及想求得生命升华的中学生，《学生视角下的孔子思想管窥》一书无疑可以助其一臂之力。另外，此书也可以作为许多学校传承中华优秀传统文化、开发校本课程的国学教材。

马维华

2019年8月

目录

绪论 …………………………………………………… 1

《论语》篇 / 3

《论语》之作 ………………… 4
儒家之“儒” ………………… 6
精神之重建 ………………… 7

孔子篇 / 9

孔子的家世谱系 …………… 10
孔子的出生 ………………… 13
孔丘的来历 ………………… 15
孔子的生平 ………………… 16
孔子长相不很帅 …………… 20
孔子力气非常大 …………… 21
孔子身体高而瘦 …………… 22
孔子多才又多艺 …………… 23
孔子上课讲普通话吗？ …… 26
孔子知识的来源 …………… 28
孔子的老师 ………………… 30
孔子的伯乐 ………………… 34
孔子和老子的会见 ………… 36
孔子对自己的评价 ………… 38
孔子简易年谱 ……………… 40

教学篇 / 45

孔子的教育思想 …………… 46
孔子的教学观 ……………… 61
孔子的教师观 ……………… 74
孔子的学生观 ……………… 78
孔子的课程观 ……………… 81
孔子的办学目标 …………… 83
孔子的教学组织形式 ……… 85
孔子的教学内容 …………… 100
孔子所教的三门主课是什么？ …104
孔子看待学习的态度 ……… 106
孔子对“好学”标准的认识…112

学生篇 / 115

孔子最喜欢的学生是谁？…116
孔子最爱批评的学生是谁？ 119
孔子有看走眼的学生吗？…121
学渣也能成大器…………123
被怒斥为小人的学生………125
甘于贫穷的学生…………127
学颜回还是学子贡？………128
颜回之死给我们的教训……130
子路为什么会死于非命？…132
孔子为什么要开除冉求？…134
孔门十哲…………………135
优秀学生名单……………141
学生眼中的老师形象………144
孔子与学生及家长的关系…146

人生篇 / 149

如何潇洒送日月…………150
如何面对过错？…………151
孔子的交友观……………152
如何进行自我修养…………154
坐怀不乱柳下惠，公正执法令人佩…………………158
孔子儿子为何才能平平？…158
孔子择婿…………………163
孔子形象的“丑化”与“神化”…165

处世篇 / 167

孔子的逆袭——从遭人斥退到受国君赏识…………………168
孔子的识人之道——听言观行…171
孔子的变通之道…………172
孔子的君子观……………173
君子儒的理想……………174
士的精神…………………177
孔子为什么倡导仁？………181
大仁不顾小信，管仲不死相齐…183
孔子给为政者开的妙药……185

影响篇 / 187

古代统治阶级为什么喜欢儒家思想…………………188
孔子的学说是怎样变成封建教条的？………………190
孔子，中国历史上第一个民办学校创立者…………191
半部《论语》治天下………193
古今名人评孔子…………195
孔庙四配十二哲…………196
新时代，孔子学院遍布全球……200

凡人篇 / 205

孔子的牢骚 …………………… 206
孔子骂人爱用“小” ……… 207
孔子的小聪明 ……………… 209
我要先救自己 ……………… 210
孔子是怎样养生的？ ……… 211
怎样吃和睡 ………………… 213

周游篇 / 215

孔子为什么要周游列国？ … 216
匡地遭围攻 ………………… 217
适卫受监视 ………………… 218
绝粮于蔡 …………………… 219
终回鲁国 …………………… 221

价值篇 / 225

泰山倒，梁柱断 …………… 226
孔子是中国文化的符号 …… 229
孔庙的功能与价值 ………… 230
孔子标准像 ………………… 232

参考文献 ………………… 235

孔子思想

绪 论

孔子是世界上公认的大思想家，被联合国教科文组织评为“世界十大文化名人”之首，并与穆罕默德、耶稣和释迦牟尼一起，被称为缔造世界文化的“四圣”。他的思想学说曾对中国乃至整个东方世界过去两千多年的历史产生过巨大影响。

对于孔子，中国人应该都耳熟能详，他是中国古代最有名的先贤之一，是中国古代最为著名的思想家、教育家、哲学家。作为儒家的开山鼻祖，他祖述尧舜、宪章文武，开创私学，周游列国，修《诗》《书》，定《礼》《乐》，序《周易》，作《春秋》。特别是借删定《春秋》之际阐发个人政治理想，对历史人物予以品评褒贬，“孔子春秋作而乱臣贼子惧”。

孔子所开创的儒家思想，被他的弟子颜回、曾子、有子、子贡、仲弓、子游、子夏、子张等人所继承和发扬，后来又经过子思及孟子、荀子的继承和发展，对政治与社会的影响也不断扩大，在先秦被称为“显学”。春秋战国时期诸子百家争鸣，儒家在其中具有非常显赫的地位。在西汉，汉武帝采纳儒生董仲舒的建议，罢黜百家独尊儒术，设立五经博士，儒家思想一跃成为国家的统治思想，从而发展为经学。后来，历经魏晋南北朝、隋唐五代、宋元明清，儒家思想作为国家统治思想的地位一直未曾动摇过。

作为中国两千年封建社会的统治思想，儒家思想在政治、经济、文化、道德、伦理、价值观等社会诸多方面，都发挥了不可低估的历史作用，在一定程度上说，它塑造了中国人的民族精神、民族性格和民族气质。“天不生仲尼，万古如长夜”，充分肯定了孔子与儒家思想的卓越历史功绩。

孔子一生的大部分时间和主要精力都致力于教育事业，培养了一大批有才干的学生，积累了丰富的教学经验，形成了比较系统的教育思想。

儒家思想博大精深，既有教育思想，也有有关政治、经济、哲学、历史、社会、艺术、宗教、伦理等方面的内容。我们尝试从学生的视角来解读孔子的这些思想。

《论语》篇

《论语》之作

《论语》是儒家学派的经典著作之一，是一部以记言为主的语录体散文集，主要以语录和对话文体的形式记录了孔子及其弟子的言行，集中体现了孔子的政治、审美、道德伦理和功利等价值思想。《论语》内容涉及政治、教育、文学、哲学，以及立身处世的道理等多方面。早在春秋后期的孔子设坛讲学时期，其主体内容就已初始创成；孔子去世以后，他的弟子和再传弟子代代传授他的言论，并逐渐将这些口头记诵的语录言行记录下来，因此称为“论”。“论”就是编纂的意思，所谓《论语》，是指将孔子及其弟子的言行记载下来编纂成书。《论语》主要记载孔子及其弟子的话，因此称为“语”。清朝赵翼解释说：“语者，圣人之语言；论者，诸儒之讨论也。”成书于春秋战国之际。《论语》是研究儒家思想最可靠的第一手资料，它的出现，标志着中国私人著书的开始。

现在通行的《论语》共20篇，约11000字。每篇都以文中第一句话的前两三个字作为篇名，如《学而》《述而》《卫灵公》等。旧时为研读方便，一部论语分为上下两部分。“上论”自《学而篇第一》至《乡党篇第十》，“下论”自《先进篇十一》至《尧曰篇第二十》，故曾有“半部《论语》治天下”的说法。

《论语》虽篇幅不长，但内容丰博，以伦理教育为主，包括哲学、历史、政治、经济、艺术、宗教等方面，涵盖了教育、学习、君子、小人、天命、神鬼、义利等多个话题。从中可以看出许多当时社会的政治生活情况，看出孔子对政治的见解、对社会的理想、对教育的主张，亦可看出孔子和他的弟子们的人格修养、治学态度和处世方法，言简意赅，哲理深蕴。不少语句经历代沿用，已成为格言或成语，如吾日三省吾身、见义勇为、既往不咎、不耻下问、三思而后行、举一反三、任重而道远、后生可畏、欲速则不达等。有些片段，如“子在川上曰：‘逝者如斯夫，不舍昼夜。’”还颇具抒情意味。

孔子思想的核心是礼。但是在《论语》的记载中，孔子和他的弟子并没有对这个范畴做出明确、完整的界定，我们可以看到的主要是一些相关的事件。孔子宣扬的礼是对人的思想感情和行为、对人际关系及社会秩序的一套规范。它既要求个体成员具有某种内在和外在的合理性，又要求社会群体也具有某种合理性。

孔子理想人格的核心是仁。仁的基本面是“克己复礼”，即克制自己，使自己的视、听、言、动都符合礼的规定（《论语·颜渊》）。《论语》中最集中阐释的就是“仁”的思想。《论语》中“仁”字出现109次，它是一切理论的中心，所有关于“礼”“乐”的规范，都不过是手段，是为实现“仁”这一道德的最后完善而服务的。不过，这样一个一以贯之的重要理念，孔子也从未给它一个很明确的定义，它只是很宽泛地蕴含在孔子的宗教天命观、哲学观、政治观、伦理观、教育观，以及经济、法律、美学等思想中，体现在孔子提倡的为人处世、为政治国的具体原则中。

在人际交往中，孔子强调的是忠和恕。“忠”就是以忠实诚信的态度对人，以恪尽职守的态度待事；“恕”就是要推己及人，“己所不欲，勿施于人”“君子成人之美，不成人之恶。”

为政治国方面，孔子重视民生疾苦，呼唤仁政，希望统治者以仁义之心待民，要勤政、节用、有信，不烦政扰民。他尖锐地指出“苛政猛于虎”，还要求最高统治者在选拔任用官吏时，一定要慎重，不仅要“听其言”，还要“观其行”。他还强调无论什么法令法规，统治者都要首先以身作则，“其身正，不令而行；其身不正，虽令不行。”

《论语》自成书以来，在先秦时期，作为一个显要学派的创始人的言行录，它就有着广泛的读者。入汉以后《论语》列入学宫，被视为“五经之管辖，六艺之喉衿”，地位日益尊显。《论语》对中国历史、中国文化的影响是难以估量的，可以说《论语》塑造了中国人的人生范式，这种影响不仅是历史的，也是未来的。

儒家之“儒”

《说文解字》对“儒”的解释是：“儒，柔也，术士之称。从人，需声。”本义是沐浴濡身。中国人历来重视死的观念与丧葬礼仪，这种广泛的社会需求促生了一个特殊社会阶层“儒”。“儒”在古代是一种职业。“儒”是古代从巫、史、祝、卜中分化出来的一种社会职业。从事这一职业的，都是有一定文化、礼乐知识的人，专为贵族人家“相礼”，主持婚丧祭祀。由于这种职业地位低微，收入也少，既没有固定的财产和收入，做事时还要仰人鼻息，所以易形成比较柔弱的性格，这就是儒的本意，即柔。

《礼记·儒行》说：“儒有澡身而浴德。”“澡身”就是沐浴，“浴德”就是斋戒。殷商民族原始宗教比较发达，儒在社会上是一批重要的人物。周袭承殷商文化而有所损益，敬天保民，注重人事，儒的地位有所下降。到了孔子从事儒者职业时，它大概只是一种自由职业而非官职了。孔子继承了儒的一些最基本的特征并对它进行了改造，提出了“君子儒”与“小人儒”的概念，并以儒作为自己学派的名称。所谓“小人儒”，指传统的旧儒者，他们只注重礼的形式，当时已沦为靠为人相礼混饭吃的人，在社会上受人鄙视；而所谓“君子儒”则是孔子倡导的，它更重视讲习传统的礼仪、文化知识，并在“礼”中灌入“仁”的内涵，把“礼”与政治紧密结合起来，用人事来解释传统仪式，而不让宗教迷信桎梏人心。所以，班固写《汉书·艺文志·诸子略》，对儒家学派进行了如下表述：“盖……助人君顺阴阳明教化者也。游文于六经之中，留意于仁义之际，祖述尧舜，宪章文武，宗师仲尼，以重其言，于道最为高。”

由于孔子设立私学，广收门徒，他的学说也一代代传承下去，并产生了越来越大的影响。孔子死后，儒家内部分裂为八个学派，互相激烈论争，这种论争使儒家学说不断被填充进新的、适应社会需求的东西。汉武帝时，经过大儒董仲舒的改造，儒家成为中国封建社会的统治思想，对中国政治文化产生了巨大的影响。

精神之重建

在经济全球化不断加速、文化影响力日益增强的今天，建设中华民族共有精神家园不仅具有十分重要的现实意义，而且还具有非常深远的历史意义。

儒学在我国历史上曾产生过广泛而深远的影响，是中华民族的精神轴心。在两千五百多年前的春秋时期，孔子在“礼坏乐崩”的大动乱中，通过总结清理和反思夏商周三代流传下来的文化遗产，创造性地创立了儒家的思想学说体系。此后，经过孟子、荀子等儒学大师的进一步发扬光大，儒家学说日益兴盛。至汉武帝“罢黜百家独尊儒术”之后，儒家学说更上升到官方哲学的地位，受到历代统治者的提倡和尊崇，到宋明理学更是经过许多大儒的持续努力，构建了庞大的思想体系。

孔子以超凡的智慧和胆识，将华夏族的集体智慧阐述出来，进行发挥，加以宣扬，形成了儒家思想，成为中华民族人生观、道德观、价值观的集中表现。从历史上来看，民族精神都体现在一个民族的文化中，具体体现在一个民族占统治地位的思想学说中，如美利坚民族的民族精神体现在基督新教文化及其思想学说中，俄罗斯民族的民族精神体现在东正教文化及其思想学说中，而中华民族的民族精神则体现在儒家文化及其思想学说中，即体现在儒学中。儒学是中国两千年来一脉相承的正统思想，承担着安立中华民族的民族生命，表达中华民族的民族精神，维护中国社会的安定和谐，养成中国人爱好和平与礼让美德的历史使命。从这个意义上说，以孔子为鼻祖，经过历代大儒不断阐发的儒家思想理所当然是中华民族的精神轴心。

在中国文化发展史上，儒道佛是三股主要潮流，它们各有源头，互有流变，既有标新以求立异，又有自守以保特色，还有融通以得趋同，更有创新以图发展，最终造就了相辅相成、相反相对、同中有异、异中有同、你中有我、我中有你、以儒为主、居中制衡、佛道辅翼、安身立命、治国理民的独特结构。儒家思想重视自我修养，重视家庭教育，宣扬担当意识，强调国家治理，这些理念成为促进人心、家庭和社会和谐发展的重要精神力量。

孔子篇

孔子的家世谱系

商朝最后一个皇帝叫纣，商纣王荒淫残暴，民心叛离。在商朝最末的一百年间，在商朝的西北部渭水流域，兴起一个强国，国号为周。在殷墟发掘出的甲骨卜辞中有“令周侯”的记录，由此可证明周国为商朝的诸侯之一。卜辞上还有“寇周”的记载，可见商与周的关系并不常是和谐的。盖周自强盛以来，就把向东发展作为一贯之国策。在周文王时，就已灭掉了商朝的四个诸侯国，归附他的诸侯也不少，故有“三分天下有其二”（《论语·泰伯》）之说。在周文王时，周朝已占领了天下三分之二的土地，但仍向商朝称臣，所以孔子说周朝至德。文王死后，武王继位，武王联合若干诸侯及西北、西南的土族大举伐商，会战于牧野，也就是历史上著名的牧野之战，武王凭这场胜战，灭商建立周朝。

周武王攻陷殷都后，并没有把殷都及殷王所辖的领地占据，却把纣王的儿子武庚分封在那里，统治商的遗民，同时派自己的两个兄弟管叔和蔡叔去协助并监视他。两年后武王去世，其儿子成王继位，成王年幼，武王的另一个兄弟周公旦辅佐摄政。管叔和蔡叔唯恐周公夺权篡位，就鼓动武庚，并联合若干东方小国，向周室进行反攻。周公东征三年，才将这场叛乱平定，索性将商国的国土分成四片：将殷旧都及周围的土地封给周文王的少子康叔，国号卫；把商丘一带的土地分封给商纣王的兄弟微子，国号宋；把商朝的诸侯国奄国的旧地分封给周公的儿子伯禽，国号鲁；把鲁之北的土地分封给功臣姜太公的儿子（这是外姓），国号齐。

孔子的先世是商代的王室，周灭商，周成王封微子为宋国的国君，孔子的家世就由王室转为诸侯。再说这宋国的开国君主微子，在《论语》的第十八篇《微子》第一章就提及“微子去之，箕子为之奴，比干谏而死”。

微子是商纣王的同母兄，纣王无道，微子屡谏不听，微子就隐居荒野。

箕子是纣王的叔父，曾多次劝说纣王，纣王不听。箕子为求自保，就装疯卖傻，被降为奴隶。比干也是纣王的叔父，他认为像微子、箕子这样的做法是不负责任的，于是强谏纣王，纣王大怒，说："我听说圣人心有七个孔，真是这样吗？"遂将比干剖胸挖心。这三人的行为，实际上为我们提供了在专制时代不愿同流合污时最常见的三种处世方式：微子当隐士远离黑暗政治，箕子佯狂自污以求生，比干正道直行杀身求仁。虽然方法不同，但都是坚守正道、不同流合污的人，所以孔子说"殷有三仁"《论语·微子》，他们都是仁德之人。

微子死后，传位给弟弟微仲衍，接着又经过三传，传至宋公。商朝王位的继承遵循兄终弟及的原则，就是哥哥传给弟弟，王子没有直接的继承权，但是当传到最后一个弟弟时，究竟再传给长兄的儿子还是自己的儿子，倒没有规定，所以常常因为堂兄弟争位而酿成大乱，商朝的最后四任王位都是子继父，似乎已鉴于旧制的不合理而有意把它改革了。但这样王位继承更没了定制，兄弟和儿子都有继承权，于是又埋下了叔侄争位的血腥隐患，所以周朝以后的朝代都是以子继父，唯认嫡长子一脉的合法继承权，这是历史的进步。

宋公有两个儿子：弗父何与鲋祀。但宋公也玩传弟不传子的把戏，立自己弟弟为炀公。他的小儿子鲋祀不服，杀了炀公，推哥哥弗父何即位。弗父何若为君，就得治自己的弟弟弑君之罪，又添家庭悲剧，所以他辞让不受。让国给弟弟鲋祀，即宋厉公。弗父何就是孔子的先祖，他能让国，所以孟僖子称他为圣人。弗父何让国为卿，则孔子的先世就由诸侯降为公卿之家。

也许大家会问，弗父何是孔子的先祖，怎么他不姓孔呢？弗父是号，何是名。那他姓什么呢？姓子。商朝与宋国的宗室是姓子的。但在春秋及以前的人，姓和氏是分开的。男人称氏，不称姓，女子才可以称姓。而男人有氏的称氏，没氏的就单称一个名字，或者前面加个号。至于对别人自称时，那就只能称名了，不能够连着氏或号一齐说。弗父何三字连称，是后人的口气，或许正是孔家的家谱上这样写的吧。

弗父何让国，是个圣人，弗父何之后三代，孔门又出了一个圣人叫正考父，正是他的名，考父是号。他辅佐了宋戴公、宋宣公、宋武公三代君王。按理说这三朝元老，德高望重，权倾天下，应该是一副盛气凌人的模样。可他恰恰相反，越是受命多，就越恭敬。他自己做了一个鼎，供在家庙上，在上面刻着："一命而偻，再命而伛，三命而俯。"第一次受命他低头，第二次弯腰，第三次腰几乎都弯到九十度。他继续说："循墙而走，亦莫余敢侮。饘于是，鬻于是，以糊余口。"（《左传·昭公七年》）意思是"平时我总顺着墙根走，没有人来侮辱我。不管是煮稠粥还是稀粥，都是在这个鼎里，只要能糊口就行了。"他说得非常谦恭。

正考父的儿子叫孔父嘉。孔父是字，嘉是名。自弗父何到孔父嘉刚好历经五代人，按周礼规定，族人出了五服就要别立宗族。于是，孔父嘉，别立公族，后世取其字为氏，以孔为姓氏的家族正式形成了。

孔父嘉任宋国的两朝大司马，司马是古代掌握军政的卿大夫。他的妻子长得很美。当时宋国的宰相华父督垂涎孔父嘉妻子的美色，就设计杀了他，霸占了他的妻子。殇公知道了，非常愤怒，华父督一不做二不休就将殇公也杀了，独揽宋国大权。

在一系列政治斗争之后，身为上卿的孔父嘉败给了他的政治对手，他的后人不得不离开宋国，迁居鲁国。孔氏家族的贵族身份从此丢弃，降为了士。士阶层就是没有封地，为贵族服务领取俸禄为生的人。

迁居鲁国之后，经过了木金父、祁父和防叔三代人的经营，沦为平民的孔子先人终于又踏入仕途。防叔做了鲁国防地的大夫，即地方行政长官。这不是高官，也不是世袭之官，但表明了这个家族始终有一种积极进取的精神。防叔的儿子是伯夏，伯夏是孔子的祖父，其子是叔梁纥，即孔子的父亲，叔梁是号，纥是名。任郰邑这个地方的地方官。

历史上记载，叔梁纥"以勇力著称"。

鲁襄公十年，晋国率领诸侯联军围攻逼阳，叔梁纥随同鲁军参战。逼阳的城门有两重，一道早晚开合的门，上面又安了一道悬门。逼阳人故意将早晚的门打开，放一部分联军入城，后又将悬门放下，想来个关门打狗。叔梁纥托起下落的悬门，让进去的士兵及时撤出。大家可以想象，孔子的父亲力气有多大，连城门他都托举得动。

这就是孔子的家世。

孔子的出生

姓名：孔丘

曾用名：孔仲尼

出生日期：公元前551年9月28日（农历八月二十七）

逝世日期：公元前479年4月11日（农历二月十一）

民族：汉

国籍：鲁国

祖籍：宋国

家庭出身：士

政治面貌：大夫

出生地：鲁国陬邑

职业：教师，曾任公务员，退休后从事编辑工作

职称：褒成宣尼公、大成至圣文宣公、大成至圣先师等

这叔梁纥曾娶鲁国的施氏为妻，生了九个女儿。还娶一房小妾，生了个儿子叫孟皮。孟皮是个瘸子，古代凡四体不健全的男子是不能主持祭祀的，又称废人。所以，叔梁纥在66岁时，续弦，娶颜氏家的三女儿为妻，名叫颜徵在。颜徵在当时恰值及笄之年，据《周礼》规定，古代女子15岁束发戴上簪子，到了结婚年龄。男人的成人礼是弱冠，20岁时束发戴上帽子。叔梁纥与颜徵在整整相差51岁，典型的老夫少妻。司马迁在《史记》中对俩人的结合用了一个颇耐人寻味的词“野合”，原文为：“纥与颜氏野合生孔子，祷于尼丘得孔子。鲁襄公二十二年而孔子生。生而首上圩顶，故因名曰丘云。字仲尼，姓孔氏。”（《史记·孔子世家》）“野合”一词，现代字典的含义是野地媾和，那孔子的出生岂不是十分的不光彩？古人所谓的“野合”与现代含义的“野合”是否不同呢？

唐代司马贞在《史记索隐》上说：今此云“野合”者，盖谓梁纥老而徵在少，非当壮室初笄之礼，故云野合，谓不合礼仪。因为孔子的父母年龄悬殊太大，古代男人64岁以上结婚是不合礼仪的，所以叫“野合”。

钱穆在《孔子传》中又有另一种说法，他说圣人都是感天而生的，如汉高祖刘邦传说是他母亲在大河边小睡，梦里与神灵交合，生下了刘邦。类似的例子还有许多。比如，老子是他的母亲在河边洗衣，吞了一个李子而受孕，怀胎八十一个月而生的。再如，耶稣的母亲玛利亚也是童女之身受圣灵的溉泽而怀孕。然此说也是相当勉强。因刘邦、老子、耶稣的传说里都没有一个凡人男子出现，都是无性繁殖。司马迁明明白白写着是一对凡人男女的野合生下了孔子。

那么，“野合”究竟是什么意思？

《诗经》的《郑风》里有一首《野有蔓草》

野有蔓草，零露漙兮。

有美一人，清扬婉兮。

邂逅相遇，适我愿兮。

野有蔓草，零露瀼瀼。

有美一人，婉如清扬。

邂逅相遇，与子偕臧。

这首诗写得很美，却是一首野地求欢的淫诗。写的就是一对男女邂逅于田野间自由结合的情景。春秋时期，战争频繁，人口稀少。统治者为了增加人口，规定超龄男女还未结婚的，可以在仲春时候自由相会，自由同居。

此规定可见《周礼·地官·媒氏》：“中（仲）春之月，令会男女。于是时也，奔走不禁。若无故不用令者，罚之。”仲春之月，命令男女在野地里相会，在这个时间段内，不禁野合，如果超龄未婚的男女不服从命令的还要受到惩罚。

鲍鹏山先生将春天野合解释为一种“春祭”的风俗，因为男女的结合与农业生产的播种和收获有相似之处，于是在仲春之月、春耕播种之际，叫男女到野地里野合，给庄稼催生，祈祷农业丰收，这是严肃的政治命令，可不是男女的私下“性自由”。

据钱穆先生考证，颜氏姬姓与孔氏家族同住在陬邑的尼丘山麓。叔梁纥去邻居家提亲，颜家的大女儿、二女儿都退后，唯三女儿颜徵在往前迈了一步，等到徵在及笄成年后，俩人就听从政府的号召，到春天的郊外野合。周历的仲春，就是现在公历一二月，孔子的生日是九月二十八日，按孕期来算也是吻合的。所以，两者的野合是合乎礼的。

孔丘的来历

司马迁在《史记》中记载："祷于尼丘得孔子。鲁襄公二十二年而孔子生。生而首上圩顶，故因名曰丘云。字仲尼，姓孔氏。"

孔丘的名字是怎么来的呢？有两个来历：一是他的父母向尼丘山祈祷而得孔子，所以，给他起名为丘，字仲尼。仲，是排行老二，他上头还有个哥哥。二是孔子的头形长得很怪异，"首上圩顶"，圩，就是低洼地区四周筑起的堤；圩顶，就是头顶中间凹下。也就是说孔子的头形长得就像中国神话里的母夜叉，有两个隆起的肿角，像极了尼丘山连绵起伏的山头，所以起名为丘。孔子的出生没有什么传奇性的色彩，但孔子的长相还真是奇人奇相，他不仅头上长圩顶，还身长九尺六寸，大约一米九高吧，这在远古时代，简直就是巍巍乎伟人哉。

孔子3岁时，叔梁纥就死了。叔梁纥是个领取俸禄的士，没有世袭的封地。他一死，家里自然就没了经济来源。孤儿寡母、幼儿少母生活的艰难可想而知。他的母亲在他17岁时，也死了。在为母亲服丧期间，正巧鲁国的大贵族季孙氏在家里宴请鲁国的士族。孔子穿着孝服，腰上绑着白布带就去了。季孙氏的家臣阳虎挡住孔子说："季家宴请的是士阶层，没有请你。"于是孔子就退了回来。阳虎不承认孔子士的身份，也就是不承认孔子是叔梁纥的儿子，也就意味着孔子几乎失去了进入社会上层的资格。因为士是贵族阶层的最低一个等级，是统治阶级的最底层，是通往社会上层的门槛。再往下就是老百姓，就是被统治阶级了。在《论语》里，称士以上阶层的人为"人"，而士以下阶层的人为"民"，而"民"是什么？子曰："民可使由之，不可使知之。”（《论语·泰伯》）老百姓只能使他们照着我们的命令去做，而无须向他们解释为何要这么做。西周处于奴隶制向封建制过渡的时期。所谓的民，大部分是奴隶，而奴隶就如同牲口，你会在鞭策马赶路时，向它解释为何要让你赶路吗？但有时你也会像照顾家人一样爱惜你的马，所以孔子的爱民思想与其阶级性并不自相矛盾。

由上述可知，孔子的家世由商王降到诸侯，再降到公卿，再降到士，最后到孔子这里，连士的身份都不被承认了，在社会地位和生活条件上可谓一坠到底。但皇族的高贵血统仍在他的体内流淌，使他从小就树立远大的志向，构建起宏阔的生命格局。而贫苦的生活，又使他养成坚韧的品格和乐观的精神。

孔子的生平

一、孔子自述流年——以年龄为依据

孔子曾对自己的生命流年做出过精辟隽永的总结。子曰：“吾十有五而志于学，三十而立，四十而不惑，五十而知天命，六十而耳顺，七十而从心所欲，不逾矩。”（《论语·为政》）郭沫若说，这是孔子的一份“简略自传”。冯友兰说，这是“孔子的精神修养发展过程”。这里我们对孔子自述的生命历程中的境界与智慧略加剖析，给我们以借鉴。

（一）人生的“志学”

孔子在晚年总结一生的道路时，把“吾十有五而志于学”作为一个优化了的逻辑起点。这一内涵很关键，有五端可说可悟：

1. 立志于学习圣贤之大道、致知力行之事、修己治人之方

人之志或期望成为某一官，寻得某一职，成就的只是具体用途之某“器”，而孔子则“君子不器”（《论语·为政》）。孔子远见卓识，不仅是勤学于文，且尤其志学于道，如所云“至于道”（《论语·述而》），

“朝闻道，夕死可矣”（《论语·里仁》）。孔子心中的偶像便是周公等圣贤。

2. 孔子之学习不是像一般人的学习，而是“志学”

朱熹《集注》：“志者，心之所之之谓也。”心思常在那个目标上，并向着目标奔赴、前趋，这就是志、志向、志气。孔子是全身心地投入于此学，念念在此学，刻苦则可以废寝忘食，用功则可以为之不厌。

3. 有志于向一切人学习

《论语·子张》载，卫国大夫公孙朝问子贡，孔子是从谁那里学到这些学问本领的。子贡曰：“文武（周文王、武王）之道，未坠于地（指失传），在人。贤者识其大者，不贤者识其小者。莫不有文武之道焉。夫子焉不学？而亦何常师之有？”孔子的务学为急、随处访求、无往非学、无往非师、学无常师的做法与智慧，是值得后人好好体会的。

4. 贯穿于一生的“志学”

孔子的“志学”不仅是15岁的主题，而是奠定了一生“志学”的目标，贯穿了其一生。这也是他成功的最重要原因。正如郭沫若所说，这“也表示着他一生都在困学敏求当中过活”（《十批判书·孔墨的批判》）。

5. 立志之不可夺

子曰：“三军可夺帅也，匹夫不可夺志也。”（《论语·子张》）此可以体会到匹夫虽微，但其志甚至可胜过三军之帅。三军之帅虽表面上难夺，其实还是可夺；而匹夫之志虽表面上易夺，其实却是难夺。故人贵立志，其志在我，其机亦然在我，天下人都莫能夺走。孔子便是这样的立志者！

（二）人生的“而立”

人生三十，已经由“志学”而进于“而立”，其一，能站立、自立于人世，而不是匍匐、爬行于尘世了。其二，卓立于人世者还能自己把握得住，立定脚跟，不再被世间种种外物所迷惑、动摇而飘忽不定。其三，此时已能“立于礼”（《论语·泰伯》），如孔子说“不知礼，无以立”（《论语·尧曰》）。

（三）人生的“不惑”

孔子说：“四十而不惑。”此时生命抵达了知者与智者的境界，如孔子所说：“知者不惑。”（《论语·子罕子》）孔子真是个大知又大智者，此可再举例以明之。鲁哀公十二年（前483），“冬十二月螽（害虫，此指蝗虫成灾）”，此时而有此灾，是罕见的，因此季孙问孔子是何原因。孔子说：“丘闻之，火（星宿名）伏而后蛰者毕。今火犹西流，司历（掌管历法之人）过也。”（《左传·哀公十二年》）大火星下去以后昆虫就蛰伏完毕了，如今大火星还流经西方，这是司历者的过错。少了一个闰月，所以冬十二月还有虫灾出现。《左传》《史记》等还记载了当时人们搞不懂的事情，都常常来请教孔子，而孔子往往给予令人信服的解答。《子罕》记载，有人评价孔子：“夫子圣者欤，何其多能也？”《墨子·公孟》评论孔子，“博于诗书，察于礼乐，详于万物”。

（四）人生新境界“知天命”

孔子说：“五十而知天命。”这一总结把人生化为两个阶段，如冯友兰说：“孔子一生到此为止，也许仅只是认识到道德价值。但是到了五十、六十，他就认识到了天命了，并且能够顺乎天命。换句话说，他到这时候也已认识到超道德价值。在这方面，孔子很像苏格拉底。苏格拉底觉得，他是受神的命令的指派来唤醒希腊人。孔子同样觉得，他接受了神的使命。”“所以孔子在做他所做的事的时候，深信他是在执行天的命令，受到天的支持；他所认识到的价值也就高于道德价值。”（冯友兰《中国哲学简史》第六卷）冯氏此说可供参考。

（五）人生“耳顺”

孔子说：“六十而耳顺。”已知晓了“天命”，当然此时涵养愈深，既得精微，又探本源，自然通达微妙。所以听人之言，一旦入耳，便能顿时感悟。有契于心，没有违逆，且无不贯通。钱穆说：“耳顺者，一切听入于耳，不复感其于我有不顺，于道有不顺。当知外界相反相异，违逆不顺，亦莫不各有其所以然。能明得此一切所以然，则不仅明于己，亦复明于人，不仅明其何以而为是，亦复明其何由而为非。一反一正，一彼一我，皆由天。斯无往而不见有天命，所以说耳顺。”（《论语新解》）其实，所谓“天命”，并非迷信之谈，而就是万物发展运动内在的、本然的、自然的、固有的规律。明乎此，当然也可臻于耳顺了

（六）人生“从心所欲，不逾矩”

孔子说：“七十而从心所欲，不逾矩。”此时修炼得愈加功夫精熟，行能入妙，可顺时而动，随心所欲，但绝不会逾越规矩法度，庶几浑化而无迹了。冯友兰说：“孔子到了七十就能从心所欲，而所做的一切自然而然地正

确。他的行动用不着有意的指导。他的行动用不着有意的努力。这代表着圣人发展的最高阶段。”（冯友兰《中国哲学简史》）

二、概述孔子生平——以事件为依据

上面，孔子是按照自己年龄的顺序进行了回顾。如果按照所发生的主要事情来介绍，他的一生可分为三个阶段。

（一）少也贱，广求学

在孔子3岁时，孔子的父亲便去世了，所以孔子自称“少也贱”，在母亲颜氏的抚养教育下长到成人。17岁时，母亲去世，开始独立谋生。孔子自幼聪明好学，童年时游戏，就常摆各种祭器，仿效大人祭祀时的礼仪动作。11岁时，曾跟鲁太师学习周礼。到20岁时，已掌握了很多文化知识，有“博学好礼”的美誉。这一时期，孔子做过“相礼”，从事“儒”这一职业，主持婚丧祭祀。后当过管理牛羊的“乘田”和管理仓库的“委吏”等。他办事认真勤恳，每项工作都做得很好。他从小就努力学习，广泛求教，以致“博学多能”。

（二）收门徒，游列国

30多岁时就有一些人拜到他门下为弟子，开始了早期的教育生涯。中年时，曾因鲁国内乱到过北面的齐国，发表过自己的见解。50岁时，做过鲁国的中都（今山东汶上）宰，因有政绩，不久升为鲁国管理土木建筑的司空及执掌司法、刑狱大权的大司寇。

56岁时代理宰相，兼管外交事务。孔子执政时，将扰乱政事的大夫少正卯杀掉，以严肃法纪；整顿社会秩序，使百姓各守礼法，路不拾遗，四方来客都得到照顾。孔子代理宰相仅仅三个月，就把鲁国治理得有声有色。齐国见孔子主政，担心鲁国强盛了会对齐国造成威胁，便设法加以破坏。于是，挑选女乐80人，良马120匹，华车30辆，送给鲁君。鲁国国君接受了齐国的馈赠，沉湎于女乐，一连三天不上朝问政。孔子对鲁君大失所望，在公元前497年55岁时，离开鲁国，开始了他的“周游列国”之行。这次出行，孔子先后到过卫、曹、宋、陈、蔡、楚等国，共历14年而终不见用，于公元前484年68岁时返回鲁国。

（三）从教育，理文献

十余年的漂泊生活，使他增长了阅历，丰富了自己的学说。重返故乡后，一面大规模开展教育事业，相传收弟子多达三千人，其中精通六艺的著名弟子有72人；一面继续整理文化典籍，专心编修鲁国的史书《春秋》；对我国古代文化做出了积极贡献。公元前479年，孔子73岁时，大病七天而卒于故乡曲阜。孔子死后，被葬于曲阜城北的泗水岸边，弟子们以对父亲之礼仪对待孔子，为其服丧3年。子贡在孔子的坟前盖了一间小屋，为孔子守坟6年。

孔子首创私人讲学，他把学在官府的文化知识从官府垄断下解放出来，扩散到官府以外。“自行束脩以上，吾未尝无诲焉。”（《论语·述而》）只要自愿送一束干肉给孔子，他就会耐心传授知识给学生。在孔子以前，接受教育是贵族的特权。孔子提出“有教无类”，不分贫富、贵贱，人人都有受教育的权利，在他的学生中，有不少贫穷家庭的子弟。孔子一生“诲人不倦、学而不厌”，授学50多年，学生达三千人之多，其中成绩优异者据说有72人。司马迁在《史记·孔子世家》中说：“孔子之时，周室微而礼乐废……孔子以《诗》《书》《礼》《乐》教，弟子盖三千焉，身通六艺者七十有二人。”此举促进了学术文化的下移，使得大量平民出身的子弟掌握了文化知识，为下层平民跻身上层社会，参与社会政治创造了有利的条件。中国封建社会的政治一直离不开平民知识分子的参与，孔子是这一传统的有力开创者。

孔子长相不很帅

我国古代有不少典籍，对孔子的长相、身材、力气及仪容、风度、气质，都做了记载，资料之多，描述之细，没有任何一位古圣先贤能与之相比。那么，我们这位“大成至圣先师”在这些经典著作中到底长什么样呢？

《史记》有好几处具体而详细地记述了孔子的体貌。一则曰：孔子“生而首上圩顶，故因名曰‘丘’云”。这句话的意思是说，孔子生下时，头顶呈中间低而四周高的形状，就像一个倒过来的小山丘。孔子的头顶和一般人大不一样，一般人是中间高四周低，而孔子是中间低四周高，有点儿像碗的感觉。这种长相太另类，很难让人接受。孔子的名字叫作丘，一方面因为这一点，另一方面由于是他父母在尼丘山祷告求子之后生的。所以，孔子姓孔名丘，字仲尼。

《荀子·非相》曰："仲尼之状，面如蒙倛。"

"倛"是指古代打鬼驱疫时戴的很酷很怪异的面具。就是说，孔子的长相就像是戴着一个驱鬼面具。一种面具能驱鬼，让鬼见了都避之不及，威猛到什么程度就可想而知了。由这一点可以推论，孔子的长相不仅是有点丑，而且有些怪、有些凶。这种长相，肯定和他祖先世代当武将的遗传基因有关。可以想象，这种长相会对敌人产生多大的威慑作用啊！但是当文人，这个长相就不太匹配了。

当然，孔子的长相或许没那么可怕。卫灵公的夫人南子，长得很漂亮，是个除了天下一等一的帅哥之外，根本没得兴趣见男人的好色女子。但是，她就一再请求要见孔子。见孔子的时候，《史记》的文字极其香艳，就是说南子一看到孔子，激动得身上的佩物都抖得叮当作响。这说明，孔子的脸盘儿就算不是很帅，估计也过得去。

孔子力气非常大

目前能见到的记载孔子体貌的典籍，以《墨子》为最早。其中记载：季孙氏同鲁君发生矛盾，想逃出京城，但城门紧闭，孔子为其"抉植"——撬开城门，帮季孙氏逃走。可见孔子身体之强壮，力气之巨大，绝无"手无缚鸡之力"的"标准"书生相。

《吕氏春秋》说："孔子之劲，举国门之关，而不肯以力闻。"说孔子的力气大得能举起国都城门的门闩，但孔子为人重德不重力，不愿以力大显耀自己。

《淮南子》说："孔子之通，智过于苌宏，勇服于孟贲，足蹑狡兔，力拓城关，能亦多矣。"孟贲是战国时期著名的勇士，气慑猛兽，力能举鼎，孔子的力量和勇气却远远超过孟贲，能举起城门，能追上并踩住兔子。

孔子身体高而瘦

《荀子·非相》一则曰："仲尼长。"指孔子个子高。孔子"长九尺有六寸，人皆谓之'长人'而异之"。在概述孔子14年奔波经历时，特意点出孔子身高，且准确、具体，并记下了列国众人对孔子这种特高身材所产生的惊异。史书中众口一词地说他"长九尺有六寸"，应当可信。这些典籍所记尺度为周制，周制一尺合今19.91厘米，照此计算，九尺六寸约等于现在的191厘米。即使在今天，他也称得上"山东大汉"了。

除了身材高大，孔子上身长下身短，微微驼背，胳膊稍长，天庭饱满。在不同的年龄阶段，孔子可能胖瘦不同，但总体上略瘦。他一生坎坷而操劳，《韩诗外传》说他"自东自西，自南自北，匍匐救之"，以挽救"百姓靡安，莫之纪纲，礼义废坏，人伦不理"的危局。周游列国时，有个人说他"累累若丧家之狗"。"累累"就是劳累、操劳的样子。孔颖达说："丧容瘦瘠，累累然。"孔子人生的绝大多数时期，其身材可能都相对较瘦。

孔子为何如此勇猛健壮？《左传》载：襄公十年，孔子的父亲叔梁纥随军攻城，先头部队刚攻进城，守城敌军即放下城上悬门，意欲隔断攻城军，瓮中捉鳖，将刚进城的部队关在城中消灭掉。千钧一发，正当城门下落之时，叔梁纥挺身高举城门，让自己的部队从城中撤出。

襄公十七年，叔梁纥"帅甲车三百，宵犯齐师"，包围鲁军的齐军只好撤围而去。《左传》这两则史料，可谓从基因这个角度证明孔子身强力壮，貌似武夫，是大有来头的——他是大力神勇、威震一世的虎将之子！孔子力举国门之关，不正是叔梁纥威猛的再现吗？

孔子在学生眼中的形象是这样的："子温而厉，威而不猛，恭而安。"（《论语·述而》）

《论语·述而》中说孔子是温和中透着严厉，威武而不显得粗猛，恭敬且祥和。温和厉是相反的，那么温而厉是什么意思呢？这里是说孔子该温和的时候是很温和的，该严厉的时候也是很严厉的。

为什么孔子后来给人的印象是"温而厉，威而不猛，恭而安"呢？这是因为学养改变了孔子的气质，使孔子变得温文尔雅。人的相貌是天生的，气质却可以后天培养。美国有一位伟大的总统叫林肯，朋友有一次向他推荐某人为阁员，林肯却不肯用。推荐者追问原因，林肯说："我不喜欢他那副长相。"朋友质问："你怎么能以貌取人呢？"这时林肯说："一个人过了30岁就该对自己的长相负责。"林肯的话是很有道理的，面相反映出一个人的气质与修养，如果是一副凶狠恶毒的面相，明显就是个人修养有问题。相由心生，面相祥和往往是因为心地善良。从心理学上讲，人的相貌分形貌与神貌。天生的相貌就是形貌，后天培养出来的相貌就是神貌。孔圣人天生丑陋，是形貌；但温文尔雅是神貌，是后天的修养得来的。孔子就像林肯所说，对自己的长相很负责，成功地进行了改造。

孔子多才又多艺

太宰问于子贡曰："夫子圣者与？何其多能也？"

子贡曰："固天纵之将圣，又多能也。"

子闻之，曰："太宰知我乎！吾少也贱，故多能鄙事。君子多乎哉？不多也。"（《论语·子罕》）

【译文】太宰问子贡说："孔老先生是圣人吗？为什么这样多才多艺呢？"

子贡说："这本来就是老天要使他成为圣人，又使他多才多艺啊。"

孔子听到，便说："太宰知道我呀！我小时候生活穷困，地位低下，所以学会了不少鄙贱的技艺。真正的君子会有这么多技艺吗？是不会的！"

每个人内心都有痛处，对于别人的盛赞，孔子是感伤的。因为自己少时贫贱，为了谋生活，所以学会了很多技能手艺，而真正在政治上有地位的人是不会这么多技艺的。

孔子是多才多艺的，什么本事都有，相当于我们现在所说的才艺达人。如果那个时候选达人，来个才艺表演，恐怕没人能比得过他。孔子有哪些本事呢？孔子除了学识渊博，还有其他方面的才能。

他的第一个本事是玩音乐，而且歌唱得很不错。

子与人歌而善，必使反之，而后和之。（《论语·述而》）

【译文】孔子听别人唱歌，如果唱得好听，就一定请别人再唱一遍，自己跟着合唱。

孔子是一个可爱的性情中人，别人唱歌唱到高潮部分，他就跟别人一起唱。孔子还喜欢做音乐评论，他认为《韶》乐是尽善尽美的，《武》乐只是尽美，而不尽善。"尽善尽美"这个成语就来自孔老夫子对音乐的评价。

子谓《韶》："尽美矣，又尽善也。"谓《武》："尽美矣，未尽善也。"（《论语·八佾》）

子在齐闻《韶》，三月不知肉味。曰："不图为乐之至于斯也。"（《论语·述而》）

【译文】孔老夫子认为，《韶》乐是上古舜帝时的音乐，中和醇厚，不仅美妙，而且其中蕴含着道德圆满。《武》乐也很美妙，但周朝毕竟是以武力推翻商纣，道德上不够完满。孔子对《韶》乐的推崇还在于《韶》乐令他如醉如痴。孔子是个超级音乐迷，他说自己在齐国听到《韶》乐后，三个月都品尝不出肉的味道，并赞叹："没想到《韶》乐达到了如此高的水平啊！"

我们无法给孔子的唱歌水平进行当时社会排名，但可以确定的是孔子非常爱好音乐，非常懂音乐，非常迷音乐，竟然听到一种音乐感受到美，痴迷到三个月不知道肉是什么味道的程度。

他的第二个本事是擅长驾驶马车和射箭。孔子最擅长什么呢？这个不好说，根据《论语》来推断，应该是驾驶马车。

达巷党人曰："大哉，孔子！博学而无所成名。"

子闻之，谓门弟子曰：“吾何执？执御乎？执射乎？吾执御矣。”（《论语·子罕》）

【译文】达巷党人说：“真伟大啊，孔子！学问广博到不能用一技之长来称赞他的地步。”

孔子听到这话后，对他的学生们说：“我该专心于哪一项技艺呢？是驾驶马车还是射箭呢？我想还是驾驶马车吧。”

我们从这段记述中可以清楚地了解到孔夫子绝不仅仅是一个文弱书生，起码孔子驾驶马车和射箭这两项技艺还是比较强的，而且驾驶马车应该比射箭好。前面已经讲道，孔子遗传了他老爹高大威猛的伟岸体魄，其实也遗传了他武士家族的一系列本事。周游列国，当时交通条件不好，路上会遇到容易翻车的危险，孔子有时候应该是自己亲自驾车的。

他的第三个本事是擅长当管理人员。在孔子20岁时，他的贵族身份获得统治阶层的承认，于是具备了做官的资格，而且孔子当时已经小有名气。孔子开始是做的什么官呢？

孔子贫且贱。及长，尝为季氏吏，料量平；尝为司职吏而畜蕃息。（《史记·孔子世家》）

【译文】孔子小时候很穷，而且地位低下。成年后，当过季氏家的仓库管理员，大概是他第一份工作，他把账务出纳工作做得很好。后又被提拔做过牲口管理员，牲口繁衍得很好，牛马长得很壮实。

贱，不是我们现在所说的人品差，孔子时代是指地位低下。孔子虽然被认可为贵族了，却是最低级别的贵族——士。所以，孔子开始做的工作也是很卑微的，应该说孔子是从基层、底层干起来的。年轻人刚进入社会时，应该学学青年孔子的精神。不要老想着自己的职位太低，而是要想着如何把工作做好。这样，升职的机会反而会不期而遇。

尤其难得的是，孔子干着低下的工作，却从来没有放弃学习。孔子之所以多才多艺，主要是因为好学。孔子的唱歌、驾驶马车、射箭等才艺都是通过勤奋好学掌握的。

孔子上课讲普通话吗?

孔子平时说什么话?他那个时代有普通话吗?他会讲吗?这是我们非常想了解的一个问题。

孔子是鲁国人,当然说的是鲁方言,但是他还讲雅言。《论语·述而》说:“子所雅言,《诗》《书》、执礼,皆雅言也。”这是说,孔子有时候就说雅言,在进行《诗》《书》的讲读时,在执行礼仪的宣唱时,都用雅言。这也告诉人们,平时日常生活中孔子一般讲的是鲁方言。

什么叫“雅言”?春秋时期,各国的语言不统一,而能为当时中国所通用的语言就称为“雅言”。“雅”有正的意思、“雅言”就是雅正之言,即正言,正音。有的学者,如刘宝楠等还认为“雅”与“夏”古字相通。《荀子·荣辱》说:“越人安越,楚人安楚,君子安雅。”这句话描写了当时的风俗。《荀子·儒效》又说:“居楚而楚,居越而越,居夏而夏。”此两句贯通起来看,即是“雅”与“夏”字在古代相通的一个例证,“雅言”或说就是“夏言”了。

关于何地属于雅言、夏言,说者不一。不过认为周代以秦音为雅音的比较多(洪诚《中国历代语言文字学文选》)。雅言,其实就是周王朝的官话。周朝在今天的陕西地区,其建都在西部,当以西部音为正,即周王朝的官话以陕西语音为标准音。当然雅言不仅作为标准之语音,还具标准之语义。

不过也有不同看法,如今有学者考证认为,“雅言”准确地讲是“夏言”。“雅”“夏”通假。夏朝太康以后建都洛阳,洛阳地区的语音成为全国的标准音。殷商都城也在洛阳周边,在语音上继承夏言;周朝又是向殷商学习的文字,夏、商、周三朝文人知识分子所学一脉相传,在学习的过程中,夏言强大的凝聚力让古华夏人成为汉族的核心。华夏帝国分分合合,十五朝定都洛阳，雅音以古代洛阳音为准沿袭了近四千年（李郁《中国历代的普通话》，载《中国剪报》2010年8月23日）。这些问题还是可以讨论的，但是孔子能将“雅言”使用到交际，教育与执礼，是有其智慧的。

简单说来，孔子说的就是当时的“官话”“普通话”。今天我们都知道什么叫普通话，这是现代汉语的标准语。以北京语音为标准音，以北方话为基础方言，以典范的现代白话文著作为语法规范的。此前没有“普通话”之说，而有“官话”一语，元明以来泛指通行较广的北方话，其中心是北京话；因在官场中广泛使用，所以称为“官话”，也有了“打官腔”的说法。由此再往前追溯，孔子那时也没有“官话”之名称，而称为“雅言”，“居官临民，必说官话，即雅言矣”（刘宝楠《论语正义》）。

孔子重视“雅言”，是与他的理想、社会交往及其事业有关的。

其一，说“雅言”，显现出孔子的心志所在。孔子的理想是“周监于二代，郁郁乎文哉！吾从周”（《论语·八佾》）。孔子特别重视周代文化，且唯周是从，理所当然要学“雅言”。有学者认为，孔子“唯诵《诗》读《书》执礼必正言其言，所以重先王之训典，谨末学之流失也”（杨树达《论语疏证》）。这是延续传承华夏经典文化的生命与血肉。

其二，说“雅言”，是孔子相礼、任官、交际之必需的。孔子做过襄礼，做过官员，且长期流浪在各国，如此广泛而频繁地进行各种社会活动与交际，当然是离不开雅言的。

其三，说“雅言”，在孔子教育中有特定的意义。

一是，要让来自四面八方的各方言地区的弟子听得懂，彼此之间需要用雅言来交流。二是，教学要用标准的音义来诵读经典与讲解，当然不能不用雅言。三是，让各地的弟子们学会“雅言”，便于彼此之间的交流，并为他们将来的出仕、干事业做好充分准备。这些学生要干一番事业，游走天下，也缺不了雅言的帮助。清代俞正燮《癸巳存稿·官话》里有一则记载：“雍正六年，奉旨以福建、广东人多不谙官话，著地方官训导，廷臣议以八年为限，举人、生员、贡、监、童生不谙官话者，不准送试。”这或许可以透视出重视“普通话”对于那个时代的社交、仕途、官场、教育都是十分重要的。

孔子知识的来源

孔子学问渊博，是古今之圣贤，那么他的学问是从哪里来的呢？是向他人学习来的还是自学的？抑或是像释迦牟尼一类在某一日醍醐灌顶突然“悟”得人间大道呢？我们看看孔子是如何论述的。

1. 信而好古

子曰：“述而不作，信而好古，窃比于我老彭。”（《论语·述而》）

【译文】孔子说：“阐述古代文化而不创作新的，既相信又喜好古代文化，我私下把自己比作老彭。”

2. 勤奋敏捷

子曰：“我非生而知之者，好古，敏以求之也。”（《论语·述而》）

【译文】孔子说：“我不是生来就有知识的人，而是爱好古代文化，勤奋敏捷去求得知识的人。”

孔子之所以能取得这样的成就，是他自己付出的汗水换来的。史载，孔子刚刚3岁时，母亲就教他读书识字，到4岁的时候，他已会念百余字了。有一天，妈妈问他：“昨天我教你的字会背了吗？”孔丘说：“都记住了。”妈妈说：“那好，明天一早我考考你。”

孔丘睡觉，是和哥哥在一起。这天晚上，他钻入被窝后对哥哥说：“哥哥，妈妈教给你的字都记住了吗？”哥哥道：“都记住了。你呢？”孔丘说：“我已经练了多遍，也许都记住了，可又没有把握。明天一早娘要考我，若有不会的，娘一定非常伤心和难过。不行，我一定要起来再多练几遍。”

哥哥被他这种刻苦学习、孝顺母亲的精神所感动，心疼地说：“天气凉了，别起来练了，就在我的肚子上写吧，我能觉出对错。”于是，他就在哥哥的胸口上写了起来。每写一字，就念出声来。可这声音越来越轻，当他写完最后一个字的时候，声音也听不到了。哥哥验完他的最后一个字，听着他那均匀的呼吸，望着他甜中带笑的睡容，既心疼又爱怜地笑了。

第二天一早，在母亲考核时，他一遍通过。母亲惊喜道："这孩子真神了，前天教了他那么多字，只过了一天，就如此滚瓜烂熟，将来准能干大事啊！"

站在旁边的哥哥深深地理解他，知道在他超人的天资背后，更多的则是其那锲而不舍的精神和刻苦勤奋的汗水。

3. 多听多看

子曰："盖有不知而作之者，我无是也。多闻，择其善者而从之，多见而知之，知之次也。"（《论语·述而》）

【译文】孔子说："大概有一种自己什么都不懂却瞎编乱吹的人，我却没有这种毛病。多多地听，选择其中好的加以接受；多多地看，全记在心里。这样的知，是仅次于'生而知之'的。"

4. 择善从之

子曰："三人行，必有我师焉；择其善者而从之，其不善者而改之。"（《论语·述而》）

【译文】孔子说："如果三个人在一起走，其中必定有可以作为我的老师的人。选择他的优点长处而跟从学习，看到有什么缺点就反省自己加以改正。"

5. 向大师学

孔子师郯子、苌弘、师襄、老聃（韩愈《师说》）。

相传孔子曾问礼于老聃，学乐于苌弘，学琴于师襄。孔子经常向有才学的人学习。

6. 向常人学

卫公孙朝问于子贡曰："仲尼焉学？"子贡曰："文武之道，未坠于地，在人。贤者识其大者，不贤者识其小者，莫不有文武之道焉。夫子焉不学？而亦何常师之有？"（《论语·子张》）

【译文】卫国的公孙朝问子贡说："仲尼的学问是从哪里学来的？"子贡说："周文王周武王的道，并没有失传，还留在人们中间。贤能的人记得其中的大道理，不贤的人记得其中的小道理，没有什么地方无文王武王之道。我们老师何处不学，又哪有什么固定的老师呢？"

这句话表明了孔子"不耻下问""学无常师"的学习过程。

7. 学而不厌

子曰："默而识之，学而不厌，诲人不倦，何有于我哉！"《论语·述而》

【译文】孔子说："默默地记住所学的知识，学习却不感觉满足，教导他人不知疲倦，这些对我来说，有哪一点是我所具备的呢？"

8. 见贤思齐

子曰："见贤思齐焉，见不贤而内自省也。"（《论语·里仁》）

【译文】孔子说："看见有德行或才干的人就要想着向他学习，看见没有德行或才干的人就要自己内心反省是否有和他一样的错误并加以改正。"

9. 温故而知新，可以为师矣

孔子说："温习旧知识从而得知新的理解与体会，凭借这一点就可以成为老师了。"温故而知新，说明人们的新知识、新学问往往都是在过去所学知识的基础上发展而来的。

从《论语》中，我们发现孔子之所以知识广博，是因为他喜好学习、勤奋努力，向大师学习，向周边比自己水平高的人学习，向书本学习。勤学多思，善于总结，就是知识的源头。

孔子的老师

孔子在世人眼中，博才多识，无所不通。那么孔子有没有老师，如果有，都有过哪些老师呢?

《论语·子张》记载"卫公孙朝问于子贡曰：'仲尼焉学？'子贡曰：'文武之道，未坠于地，在人。贤者识其大者，不贤者识其小者，莫不有文武之道焉。夫子焉不学？而亦何常师之有？'"

这一段文字，给了我们两个信息：一是当时一般人都不知道孔子的老师是谁；二是孔子的学生（包括子贡）也承认孔子没有一定的老师。之所以这样，除了孔子青少年时代因为父亲早逝家境贫寒的确没有拜过名师之外，还有可能是，孔门子弟有意不提孔子的老师有哪些人，为的是把孔子塑造成横空出世的“至圣先师”。

事实上，孔子承认，自己并非生而知之的“天才”，他只是一个因为喜欢古代典章制度，所以努力去钻研、了解的人。小时候学习各种“鄙事”（大约指吹拉弹唱、驾车、射箭之类技艺），15岁立志学习古代礼仪典章知识，50岁以后研习《易》，无不表明，孔子是一个学习上不知满足的人，而且做到了“活到老，学到老”。孔子更是一个善于学习的人。他曾说过“三人行，必有我师焉”的话；可以肯定，他也是一个为了获取知识可以“不耻下问”的人。

孔子的学习，固然相当程度上是自学行为。但这并不等于说，孔子一直没有向他人求教和学习过。孔子很可能只是没有正式、长期地拜某个人为师，进行系统的学习。但是，私淑前贤、短期求学、向他人学习某一项具体技艺之类的事情，孔子做过不少。换言之，孔子的学习道路上，可能不曾有过狭义的老师，但广义的老师肯定是有过的。

一、强调三人行，必有我师

事实上，孔子不但有老师，而且许多老师还是大师级别的。孔子认为“学无常师”，强调三人行，必有我师。相传他曾访乐于苌弘，学琴于师襄，问礼于老聃。

1. 访乐苌弘

苌弘（前575—前492），字叔，古资中县（今四川省资阳市雁江区）人。北宋《诸道图经》载：“苌弘，资中人，有祠在青泥坊，数里之内色尚青。”《庄子·外物》载：“苌弘死于蜀，藏其血三年而化为碧。”成语“碧血化珠”“苌弘化碧”即由此而来。

苌弘博学多才，知天文地理，精星象音律。孔子在齐久仰其名其才，于周敬王二年（前518）前往周地造访苌弘，向他求教：“《武》乐与《韶》乐孰为轩轾？”苌弘答道：“《武》乐为周武王之乐名，《韶》乐为虞舜之乐名，若以二者之功业论，舜是继尧之后治理天下，武王伐纣以救万民，皆功昭日月，无分轩轾。然则就乐论乐，《韶》乐之声容宏盛，字义尽美；《武》乐之声容虽美，曲调节器却隐含晦涩，稍逊于《韶》乐。故尔《武》乐尽美而不尽善，唯《韶》乐可称尽善尽美矣！”苌弘欣然施教，孔子称谢不迭。孔子与苌弘的此次会见史称“访弘问乐”。

周敬王三年（前517），孔子前往齐国，得到机会聆听了《韶》乐的演奏，如醉如痴，“三月不知肉味”。

2. 学琴师襄

师襄，春秋时鲁国乐官，擅击磬，也称击磬襄；也有一说是卫国乐官，亦称师襄子。《史记》里说他“以击磬为官，然能于琴”。《史记·孔子世家》和《韩诗外传》中都有孔子曾学琴师襄的记载。

孔子向师襄学习鼓琴，琴曲名为《文王操》。他苦练了数日后，师襄说：“可以学习新曲子了。”孔子摇摇头说：“我虽然熟悉了这个曲子，但还没有掌握弹奏的技法。”孔子又练习了一段时间后，师襄说：“你现在已经掌握了技法，可以学习新曲子了。”孔子说：“可我还没有领会乐曲的情感意蕴。”又过了一段时间，师襄子说：“你已经领会了乐曲的情感意蕴，可以学习新曲子了。”孔子说：“我还没有体会到作曲者是个什么样的人。”他仍苦练不辍，反复体会琴曲的内涵，钻研技巧，直到作曲者文王的形象在琴曲中跃然而出，才肯罢休。他这种锲而不舍的精神感动了师襄，师襄恭敬地避席而拜，表达对孔子的敬佩之情。

3. 问礼老聃

老聃，姓李名耳，字伯阳，谥曰聃，世称老子。春秋时期楚国苦县（今河南省鹿邑县）人。《史记》记载，老子早年曾担任“周守藏室之史”，相当于现在的国家图书馆馆长。

孔子是个好学的人，他从来不满足于已经掌握的知识，而是不断地搜寻资料，扩大视野，增长见识。他曾经向自己的学生南宫敬叔祖露心声：“我听说在洛邑（今河南省洛阳市）当守藏史的老子，是个博古通今的学者，他既通礼乐之源，又通道德伦常之理。这样有学问的人，应该是我的老师，能到洛邑拜访他一次，是我生平之愿。”南宫敬叔向鲁昭公报告了孔子的意思。鲁昭公很赞赏孔子的想法，就送给他一辆车、两匹马和一个驾车的仆人，支持他远道求师。

老子听到鲁国的孔子不远千里前来求教，十分高兴，令童仆把街道打扫干净，又令仆人套上车，亲自到郊外去迎接孔子。孔子在洛邑逗留了一些时日，他观明堂、入厉穆庙，并饱览了周王室丰富的藏书档案。同时，他虚心向老子求教，学到了不少东西。

孔子返回鲁国前夕，老子对他说："吾闻之，富贵者送人以财，仁义者送人以言。吾不富不贵，无财以送汝；愿以数言相送。当今之世，聪明而深察者，其所以遇难而几至于死，在于好讥人之非也；善辩而通达者，其所以招祸而屡至于身，在于好扬人之恶也。为人之子，勿以己为高；为人之臣，勿以己为上，望汝切记。"

老子的这番话，使孔子受益匪浅。后来，孔子在与弟子们谈话时曾说："鸟，吾知其能飞；鱼，吾知其能游；兽，吾知其能走。走者可以为网，游者可以为纶，飞者可以为矰。至于龙，吾不能知，其乘风云而上天。吾今日见老子，其犹龙邪！"孔子把老子比作天上的龙，龙能自由自在地乘风上天，使人无法捉摸。他觉得老子的学问就和天上的龙一样玄妙高深。

二、其他技艺的老师

有一次，达巷党人嘲讽孔子，说他博学无所成名，孔子说自己掌握了驾车技术。孔子还说过，自己年轻的时候，身份低贱，因此学会了不少雕虫小技。合理想象，孔子学习这些技艺，都应该是有老师的。

应该还有为人、思想方面的老师。《史记·仲尼弟子列传》有如下一段话："孔子之所严事：于周，则老子；于卫，蘧伯玉；于齐，晏平仲；于楚，老莱子；于郑，子产；于鲁，孟公绰。数称臧文仲、柳下惠、铜鞮伯华、介山子然，孔子皆后之，不并世。"

所谓"严事"，就是心怀敬意地对待，实际上也就是以他们为学习榜样，以他们为师。有的学习他们的为人品德，有的学习他们的思想观点。其中，老子是曾经对孔子做过当面点拨的老师，临别之际，还语重心长地送了孔子如下几句话："聪明深察而近于死者，好议人者也：博辩广大危其身者，发人之恶者也。为人子者毋以有己，为人臣者毋以有己。"接受了老子的一番教导之后回到鲁国，孔子身价提高了不少，投到门下的学生明显增加了。《论语》记载，有一次孔子感慨自己年老体衰，很久没有梦见周公了。显然，周公是孔子思想方面最重要的老师。他的礼乐治国思想就来自周公。

此外，宋人编辑的《三字经》中，有"昔仲尼，师项橐，古圣贤，尚勤学"的话。原来，民间传说中有年仅7岁的聪明儿童项橐"三难孔子"使得孔子拜其为师的故事。故事不一定可靠，但孔子生前不耻下问的事迹一定是有的。

孔子的伯乐

韩愈说得对，“世有伯乐，然后有千里马”。同理，任何一个没有背景的人能够成就功名，其背后必定有一位伯乐。比如，盛唐大诗人李白的诗名，离不开贺知章的“惊为谪仙人”；晚唐小诗人项斯的诗名，离不开杨敬之的“到处逢人说”。

奇怪的是，中国历史上最著名的文化人物孔子，却像是天外飞来的，没有伯乐。记载孔门师徒言论的《论语》中，不曾提及孔子有伯乐；历来各地无法计数的大小孔庙中，没有孔子伯乐的身影；熟读《论语》的当代读者中，恐怕也极少有人能说出孔子的伯乐姓甚名谁。

或许有人会说，老子是孔子的伯乐。因为，孔子年轻时曾经带着弟子南宫敬叔和一个仆人乘一辆两匹马拉的车，到周都洛阳向时任皇家图书馆馆长的老子请教礼仪问题。请教完问题，临回鲁国之际，老子送了孔子四句话，其中两句是：“聪明深察而近于死者，好议人者也；博辩广大危其身者，发人之恶者也”，“聪明深察”和“博辩广大”不妨看作对孔子的褒扬之词。“孔子自周反于鲁，弟子稍益进焉”（孔子从周都回到鲁国，学生数量有所增加），大约跟老子的这个褒扬不无关系。但是，老子与孔子的关系，基本上是师生关系，孔子拜访老子，相当于短期进修，或者说，孔子到老子那里做了一段时间的访问学者。老子给孔子的临别赠言，也是老师对学生的勉励、训诫口吻，并非直截了当的褒扬之词。

事实上，司马迁《史记·孔子世家》中明确记载了孔子伯乐的名字，他就是鲁国大夫孟厘子。早在孔子17岁时，孟厘子一次生病（一说病危将死）的时候，交代儿子懿子：“孔子是圣人商汤的后代，他的六世祖孔父嘉被杀之后，他的五世祖跑到了宋国。他的祖先弗父何本来可以继承宋国诸侯之位，但是他让给了弟弟厉公。弗父何的曾孙正考父，由于先后辅佐宋戴公、武公、宣公，三朝元老，言行更加恭敬有礼。就像鼎铭上所说的：‘一朝受命，肩膀高耸；两朝受命，弯腰收胸；三朝受命，低头缩手，循墙而行。’因此，别人也不敢欺凌。鼎中煮糊糊煮米粥，日常生活很节省。孔子祖先就是这样恭敬有礼的人。我听说，圣人后代，即使不做大官掌大权，也有品德高尚明白事理的。现在孔子年纪轻轻，却喜欢研究礼仪，大概就是这种品德高尚明白事理的人吧。我死了以后，你一定要拜他为师！”果然，孟厘子死后，懿子和南宫敬叔兄弟俩，便拜孔子为师，学习礼仪。

身为鲁国大夫的孟厘子，对年方十七的孔子做了如是肯定和评价，并且于病中嘱托儿子自己死后要拜孔子为师，这无疑是孔子人生道路上至关重要的一个转折点，使孔子从此走上收徒教学的道路，踏上通往名垂千古“至圣先师”的道路。

我们知道，孔子出生的时候，父亲叔梁纥已经去世，由年轻母亲徵在独力抚养。单亲家庭中长大的孔子，“贫且贱”，即家境贫寒，社会地位低下。孔子虽然从小就表现出了与众不同之处，跟小伙伴玩耍，玩的不是尿尿和泥巴、过家家扮新郎官之类嘻嘻哈哈，而是陈列俎豆举行祭祀仪式，神情严肃。但是，这对提升他的身份地位并无多大帮助。有一次，鲁国大夫季氏举行宴会，款待士子（读书人）。孔子腰里别着经书（一说孔子因为母亲去世腰里扎着白绢）就去了。结果，被季氏家臣阳虎（货）拦住，说什么：“季氏款待士子，但不敢待您。”这一次被阳虎拒之门外，对孔子心理的伤害打击是很大的。孔子日后能到季氏家担任仓库管理员，走上仕途，孟厘子的赏识当有一定的关系。说不定，就是孟厘子推荐他去的。

孟厘子对于孔子有如此知遇之恩，但是未见孔门弟子言语之间偶尔提及，亦未见后人津津乐道，跟贺知章之于李白、杨敬之之于项斯形成鲜明的对比。个中原因，耐人寻味。或许是孔门弟子和崇拜孔子的后人，出于维护自己心中偶像至高无上的地位和光辉无比的形象的需要吧。

孔子和老子的会见

鲁国大夫孟僖子临死时曾嘱咐过他的两个儿子说："我死了，你们一定要拜孔子做老师啊。"南宫敬叔做了孔子的弟子以后，曾向鲁昭公建议派他和孔子一块到周的京城洛阳去观光。鲁昭公答应了，便给了他们一辆车子和两匹马，还派了一个仆人，打发他们到洛阳去。

好学的孔子觉得这是一个好机会，因为历史悠久的京城洛阳有丰富的文化宝藏，而且大思想家老子也在那里。老子这时担任保管文物的工作，职位相当于现在的图书馆馆长或历史博物馆馆长。

老子听说孔子来了，便套上车，到郊外去迎接，又叫他的童仆把路打扫干净。孔子也依照当时的礼节，从自己车上下来，把作为见面礼的大雁捧着，送给了老子。

老子比孔子年龄大得多，经验阅历也丰富得多。他所接触的文物史料远比孔子这时所接触到的广博得多。因此，这一次会见，对孔子是极其有益的。这时，孔子还在壮年。在求知和修养方面，积极和热情有余，但是还不免有些急躁、粗枝大叶，仿佛还需要更阔大的胸襟，需要在精神内容上更加丰富一些；还需要从更高的眼界，对自己已经获得的学识技能加一番审量。而在这些方面，老子恰是有资格对孔子有所助益的。从老子方面来说，他似乎缺乏孔子那样的积极和热情，好像缺少一些朝气似的，但是和孔子的精神结合起来，就可以构成一种宝贵的东西了。老子和孔子都是中国文化史上极其杰出的人物，他们的会见是灿烂的古代文化史上富有意义的一页。

孔子向老子请教了很多东西，甚至就是孔子所熟悉的礼数方面也向老子多有请教。例如，出丧的时候，逢见日食怎么办；小孩子死了，该葬到近处还是远处；国家有丧事的时候，不避战争对不对；战争的时候，应该把已死的国王的牌位带着还是不带；等等。老子都根据事实和情理给孔子做了明确的解答。老子也深深器重像孔子这样一个虚心求知的人。

孔子在洛阳住了几天，要离开了，老子依依不舍地给他送行，并且根据自己的处世态度，告诉他说："我听说，有钱的人给人送行的时候是送钱，有道德有学问的人给人送行的时候是赠几句话。我没有钱，姑且冒充一下有道德有学问的人，送你几句话吧。

"第一，你所钻研的，多半是古人的东西，可是古人已经死了，连骨头也烂了，不过剩下那么几句话，你不能把那些话看得太死。

"第二，有道德有学问的人，生的是时候，固然应该出门坐坐车，阔绰一下；如果生的不是时候，只要过得去，也就算了。

"第三，我听说有句老话，会做买卖的都不把东西摆在外面，有极高的道德的人都是很朴实的。你应该去掉骄傲，去掉很多的贪恋，去掉一些架子，去掉一些妄想。这对你都是有好处的。一切事不要太任自己的性，那样在家庭也不合适，在朝廷也不合适，我要告诉你的，就是这些话了。"

孔子深深地体会到了老子的叮嘱用心，怀着感激的心情离开了洛阳。孔子回到鲁国，见到自己的弟子，还不住地赞美老子："鸟，我知道它会飞，可是会飞的，还常被人射下来。鱼，我知道它会游泳，可是会游泳的，还常被人钓起来。兽，我知道它会走，可是会走的，还常落了网。只有一种东西，我们不能控制它，它爱云里来就云里来，它爱风里去就风里去，它爱上天就上天，这就是传说中的龙。我没法捉摸老子这个人，老子就像龙一样吧。"

孔子自从见过老子以后，他自己过去一些偏于主观的做法有意识地减少了一些，他遇事也更能冷静地分析了，加上他原有的勤勉和热情，就使得他更为人们所钦敬了。于是他的弟子多起来，而且还有远地来的。

他曾从容地和弟子们说："学会的东西，时常去温习，不是很有乐趣吗？很多志同道合的朋友老远地来讲究学问，不是叫人很高兴吗？自己有本领，可是没有什么人知道，但不表现出有什么不愉快，这不是有涵养的人吗？"这就使得孔子从孤苦伶仃的童年起，经过挫折与自我教育，学习了一些本领；经过实际生活的一些锻炼，又接触了有阅历的先辈老子，自己已经从事教育事业，同时对于从政存有一些希冀。孔子这时还不到35岁。

虽然他说人家不知道自己有本领也能沉住气，但想施展自己的本领——特别是政治方面的所谓抱负，作为"士"这个阶层的代表人物的孔子，还是跃跃欲试的。他曾说："不愁没有地位，愁的是自己没有成套的东西；不愁人家不知道，只要自己有了成套的东西，自然会有人知道。”也是这种心理的表现。这种心理使他在一生中浪费了很多有用的光阴和精力，使他和外界之间逐渐有了距离，也给他带来了不少苦恼。直到经过很长的一段时间，孔子这种心理才多少有些扭转。

孔子对自己的评价

一、一生回顾

子曰：“吾十有五而志于学，三十而立，四十而不惑，五十而知天命，六十而耳顺，七十而从心所欲，不逾矩。”（《论语·为政》）

【译文】孔子说：“我十五岁就有志于做学问；三十岁能自立于世；四十岁能通达事理；五十岁的时候我懂得自然的规律和命运；六十岁时对各种言论能辨别是非真假，也能听之泰然；七十岁能随心所欲，却不逾越法度规矩。”

二、治学态度

子曰：“默而知之，学而不厌，诲人不倦，何有于我哉？”（《论语·述而》）

【译文】孔子说：“默默地记住（所学的知识），学习永不满足，耐心地教导别人而不倦怠，这三方面我做到了哪些呢？”

孔子对己是“学而不厌”，对人则是“诲人不倦”。这是孔子教学态度的两个方面，二者有机地统一起来。孔子对待学生，不分年龄大小，不管智力高低，都一样认真地、不知疲倦地教。“学而不厌，诲人不倦”充分体现出孔子的治学态度，这对当前加强师德教育仍有现实指导意义。每一个教育工作者都要不断加强继续教育，提高自身业务素质，同时又要一腔热情地倾注于教育事业，把知识不知疲倦地奉献给学生。

子曰："若圣与仁，则吾岂敢？抑为之不厌，诲人不倦，则可谓云尔已矣。"公西华曰："正唯弟子不能学也。"（《论语·述而》）

【译文】孔子说道："讲到圣和仁，我怎么敢当？不过是学习和工作总不厌倦，教导别人总不疲劳，如此罢了。"公西华说："这一点正是我们这些弟子所学不到的。"

三、发愤忘食

叶公问孔子于子路，子路不对。子曰："女奚不曰，其为人也，发愤忘食，乐以忘忧，不知老之将至云尔。"（《论语·述而》）

【译文】叶公向子路问孔子是个什么样的人，子路不答。孔子（对子路）说："你为什么不这样说，他这个人，发愤用功，连吃饭都忘了，快乐得把一切忧虑都忘了，连自己快要老了都不知道，如此而已。"

四、杜绝四不

子绝四——毋臆，毋必，毋固，毋我。（《论语·子罕》）

【译文】孔子绝对没有四种毛病——不臆测，不武断，不固执，不自以为是。

五、谦虚君子

子曰："君子道者三，我无能焉，仁者不忧，知者不惑，勇者不惧。"子贡曰："夫子自道也。"（《论语·宪问》）

【译文】孔子说："行周道之道的正人君子要做到三个方面，我是做不到的。仁爱的人不会忧虑，有智慧的人不迷惑，勇敢的人不畏惧。"子贡道："这正是老师您的自我描述呀！"

孔子对于自己没有研究的问题也绝不会不知以为知的。他严格遵守"知之为知之，不知为不知"的原则。他说："有的人不懂装懂，我是没有这种毛病的。"例如，当樊迟向他请教有关种地和种菜的事情时，他便很坦率地说"吾不如老农""吾不如老圃"。又如，卫灵公请教有关军队布列之法，孔子也直言不讳地回答说："俎豆之事，则尝闻之矣；军旅之事，未之学也。"

孔子简易年谱

1岁鲁襄公二十二年（前551）9月28日，孔子生于鲁国陬邑昌平乡，今山东省曲阜市东南。

3岁鲁襄公二十四年（前549），其父叔梁纥卒，葬于防山，今曲阜市东。孔母颜徵在携子移居曲阜阙里，生活艰难。

5岁鲁襄公二十六年（前547），孔子弟子秦商生，商字不慈，鲁国人。

6岁鲁襄公二十七年（前546），弟子曾点生，点字皙，曾参之父。

7岁鲁襄公二十八年（前545），弟子颜繇生，繇又名无繇，字季路，颜渊之父。

8岁鲁襄公二十九年（前544），弟子冉耕生，字伯牛，鲁国人。

10岁鲁襄公三十一年（前542），弟子仲由生，字子路，卞人。是年鲁襄公死，其子禂继位，是为昭公。

12岁鲁昭公二年（前540），弟子漆雕开生，字子若，蔡人。

15岁鲁昭公五年（前537），孔子意识到要努力学习做人，掌握生活的本领，故曰“吾十有五而志于学”（《论语·为政》）。

16岁鲁昭公六年（前536），郑铸刑鼎。弟子闵损生，字子骞，鲁国人。

17岁鲁昭公七年（前535），孔母颜徵在卒。

19岁鲁昭公九年（前533），孔子娶宋人亓官氏之女为妻。

20岁鲁昭公十年（前532），亓官氏生子。据传此时正好赶上鲁昭公赐鲤鱼于孔子，故孔子为其子起名为鲤，字伯鱼。是年孔子开始任委吏，管理仓库。

21岁鲁昭公十一年（前531），孔子改任乘田，管理畜牧。孔子说：“吾少也贱，故多能鄙事。”（《论语·子罕》）此“鄙事”当包括“委吏”“乘田”。

27岁鲁昭公十七年（前525），郯子朝鲁，孔子向郯子询问郯国古代官制。孔子开办私学，当在此前后。

30岁鲁昭公二十年（前522），自十五有志于学至此时已逾15年。孔子经过努力在社会上已站住脚，故云“三十而立”（《论语·为政》）。是年齐景公带晏婴来鲁国访问。齐景公会见孔子，与孔子讨论秦穆公何以称霸的问题。弟子颜回、冉雍、冉求、商瞿生。

31岁鲁昭公二十一年（前521），弟子巫马施、高柴、宓不齐生。施字子期，陈国人；柴字子高，齐国人；不齐字子贱，鲁国人。

32岁鲁昭公二十二年（前520），弟子端木赐生。赐字子贡，卫国人。

34岁鲁昭公二十四年（前518），孟懿子和南宫敬叔学礼于孔子。相传孔子与南宫敬叔曾适周问礼于老聃，问乐于苌弘。

35岁鲁昭公二十五年（前517），鲁国发生内乱。《史记·孔子世家》云：“昭公率师击（季）平子，平子与孟孙氏、叔孙氏三家共攻昭公，昭公师败，奔齐。”孔子在这一年也到了齐国。

36岁鲁昭公二十六年（前516），齐景公问政于孔子，孔子对曰：“君君、臣臣、父父、子子。”得到齐景公的赏识。齐景公欲以尼溪之田封孔子，被晏子阻止。孔子在齐闻《韶》乐，如醉如痴，三月不知肉味。

37岁鲁昭公二十七年（前515），齐大夫欲害孔子，孔子由齐返鲁。吴公子季札聘齐，其子死，葬于瀛、博之间。孔子往，观其葬礼。弟子樊须、原宪生。须字子迟，鲁国人；宪字子思，宋国人。

38岁鲁昭公二十八年（前514），晋魏献子（名舒）执政，举贤才不论亲疏。孔子认为这是义举，云：“近不失亲，远不失举，可谓义矣。”

39岁鲁昭公二十九年（前513），是年冬天晋铸刑鼎。孔子曰：“晋其亡乎，失其度矣。”

40岁鲁昭公三十年（前512），经过几十年的磨炼，孔子对人生各种问题有了比较清楚的认识，故自云“四十而不惑”。弟子澹台灭明生。灭明字子羽，鲁国人。

41岁鲁昭公三十一年（前511），弟子陈亢生。亢字子禽，陈国人。

42岁鲁昭公三十二年（前510），昭公卒，定公立。

43岁鲁定公元年（前509），弟子公西赤生。赤字华，鲁国人。

45岁鲁定公三年（前507），弟子卜商生。商字子夏，卫国人。

46岁鲁定公四年（前506），弟子言偃生。偃字子游，吴国人。

47岁鲁定公五年（前505），弟子曾参、颜幸生。参字子舆，鲁国人；幸字子柳，鲁国人。

48岁鲁定公六年（前504），季氏家臣阳虎擅权日重。孔子称之为“陪臣执国命”（《论语·季氏》）。《史记·孔子世家》云：“陪臣执国政……故孔子不仕，退而修《诗》《书》《礼》《乐》，弟子弥众，至自远方，莫不受业焉。”阳虎欲见孔子，孔子不想见，后二人在路上相遇。阳虎劝孔子出仕，孔子没有明确表态。

49岁鲁定公七年（前503），弟子颛孙师生。师字子张，陈国人。

50岁鲁定公八年（前502），孔子自谓“五十而知天命”（《论语·为政》）。公山不狃据费叛季氏，使人召孔子，孔子欲往，被子路阻拦。

51岁鲁定公九年（前501），孔子为中都宰，治理中都一年，卓有政绩，四方则之。弟子冉鲁、伯虔、颜高、叔仲会生。鲁字子鲁，鲁国人；虔字子析，鲁国人；高字子骄，鲁国人；会字子期，鲁国人。

52岁鲁定公十年（前500），孔子由中都宰升任司空，后升任大司寇，摄相事。当年夏，孔子随定公与齐侯相会于夹谷。孔子事先对齐国邀鲁君会于夹谷有所警惕和准备，故不仅使齐国劫持定公的阴谋未能得逞，而且逼迫齐国答应归还所侵占鲁国的郓、汶阳、龟阴等地。

53岁鲁定公十一年（前499），孔子为司寇，鲁国大治。

54岁鲁定公十二年（前498），孔子为司寇，为削弱三桓，采取了隳三都的措施。叔孙氏与季孙氏为削弱家臣的势力，支持孔子的这一行动，但孟孙氏家臣公敛处父强烈抵制。孟孙氏暗中支持公敛处父，致使隳三都的行动半途而废。弟子公孙龙生。龙字子石，楚国人。

55岁鲁定公十三年（前497）春，齐国送给鲁国80名美女。季桓子接受了美女，君臣迷恋歌舞，多日不理朝政，致使孔子与季氏出现不和。孔子离开鲁国到了卫国。十月，孔子受谗言之害，离开卫国前往陈国。路经匡地，被围困。后经蒲地，遇公叔氏叛卫，孔子与弟子又被围困。后又返回卫都。

56岁鲁定公十四年（前496），孔子到卫国，被卫灵公夫人南子召见。子路对孔子见南子极有意见。郑国子产去世，孔子听到消息后，十分难过，称赞子产是“古之遗爱”。

57岁鲁定公十五年（前495），孔子离卫居鲁。夏五月，鲁定公卒，鲁哀公立。

58岁鲁哀公元年（前494），孔子居鲁，吴国使人聘鲁，就“骨节专车”一事问于孔子。

59岁鲁哀公二年（前493），孔子由鲁至卫。卫灵公问阵于孔子，孔子婉言拒绝了卫灵公。孔子在卫国待不下去，离卫西行，经过曹国到达宋国。宋司马桓魋讨厌孔子，扬言要加害孔子，孔子遂微服而行。

60岁鲁哀公三年（前492），孔子自谓“六十而耳顺”。孔子由郑国去陈国，在郑国都城与弟子失散，独自在东门等候弟子来寻找，被人嘲笑为“累累若丧家之犬”。孔子欣然曰：“然哉，然哉！”

61岁鲁哀公四年（前491），孔子离陈赴蔡。

62岁鲁哀公五年（前490），孔子自蔡到叶。叶公问政于孔子，并与孔子讨论正直等道德问题。在离叶返蔡的途中，孔子遇隐者。

63岁鲁哀公六年（前489），孔子与弟子在陈蔡之间被困绝粮，许多弟子因困饿而病倒，后被楚人相救。由楚返卫，途中又遇隐者。

64岁鲁哀公七年（前488），孔子在卫，主张在卫国为政先要正名。

65岁鲁哀公八年（前487），孔子在卫。是年吴伐鲁，战败。孔子的弟子有若参战立功。

66岁鲁哀公九年（前486），孔子在卫。

67岁鲁哀公十年（前485），孔子在卫。孔子夫人亓官氏卒。

68岁鲁哀公十一年（前484），齐师伐鲁，孔子的弟子冉有率鲁师与齐战，获胜。季康子问冉有的指挥才能从何而来，冉有答曰：“学之于孔子。”季康子遂派人以币迎孔子归鲁。孔子周游列国14年，至此结束。季康子欲行“田赋”，孔子反对。孔子对冉有说：“君子之行也，度于礼。施取其厚，事举其中，敛从其薄。如是则丘亦足矣。”

69岁鲁哀公十二年（前483），孔子仍有心从政，然不被任用。孔子继续从事教育及整理文献工作。孔子的儿子孔鲤卒。

70岁鲁哀公十三年（前482），孔子自谓“七十而从心所欲，不逾矩”。颜回卒，孔子十分悲伤。

71岁鲁哀公十四年（前481），是年春，鲁哀公狩猎获麟。孔子认为这不是好征兆，说“吾道穷矣”，于是停止修《春秋》。六月，齐国陈桓弑齐简公。孔子见鲁哀公及三桓，请求出兵讨伐陈桓，没有得到支持。

72岁鲁哀公十五年（前480），孔子闻卫国政变，预感到子路有生命危险。之后得知子路果然被害，孔子十分难过。

73岁鲁哀公十六年（前479），四月，孔子患病，不愈而卒，葬于鲁城北，鲁哀公诔之曰："旻天不吊，不慭遗一老，俾屏余一人以在位，茕茕余在疚，呜呼哀哉！尼父！无自律。"［苍天不仁，不愿意留下这位老者，使我在位得到（他的）庇佑，我孤身一人困苦不已！孔夫子！我失去了律己的榜样。］不少弟子为之守墓三年，子贡为之守墓六年。弟子及鲁人从墓而家者上百家，得名孔里。孔子的故居自此后被改为庙堂，受到人们的祭祀。

教学篇

孔子的教育思想

孔子在古代被尊奉为“天纵之圣”“天之木铎”，是当时社会上的最博学者之一，被后世统治者尊为孔圣人。在联合国评选的世界十大文化名人中，孔子名列榜首，而《论语》作为记录孔子言行的一本著作，蕴含着孔子丰富的教育思想。孔子对待教育的观点至今仍具有巨大的现实指导意义。大至治国，小至齐家；外至为人处世，内至修身养性，我们都可以从中找到立身行事的标准。

一、孔子重视教育的社会功能，促进个体发展

从《论语》中可以看出，孔子认为治国治民及政治、军事、法律都不可缺少，但最根本的还是教育，他把教育放在很高的地位。

1. 教育可以影响政治

孔子认为教育可以把社会的政治思想、伦理道德传播到民众之中，从而对政治产生重大影响。

或谓孔子曰：“子奚不为政？”子曰：“《书》云：‘孝乎惟孝，友于兄弟。’施于有政，是亦为政，奚其为为政？”（《论语·为政》）

【译文】有人对孔子说：“你为什么不参与政治呢？”孔子说：“《尚书》里有句话说：‘孝就是孝敬父母，并以友爱的态度对待兄弟。（把倡导孝悌的道理）推广到政治方面。’这也算是参与了政治，为什么非要做官才算是参与政治呢？”

这就是说，通过教育把孝顺父母、友爱兄弟的风气传播开来，就会影响政治。

2. 教育以经济为前提

孔子认为教育是立国治国的三大要素之一，教育事业的发展要建立在经

济发展的基础上。

子适卫，冉有仆[①]。子曰："庶矣哉[②]。"冉有曰："既庶矣，又何加焉？"曰："富之。"曰："既富矣，又何加焉？"曰："教之。"（《论语·子路》）

【注释】①仆：动词，驾驭车马。②庶：众多。

【译文】孔子到卫国，冉有替他驾车子。孔子说："人真多呀！"冉有道："人口已经众多了，又该干什么呢？"孔子说："让他们富起来。"冉有道："已经富裕了，又该怎么办？"孔子说："教育他们。"

通过冉有之问，孔子扼要地阐明了其庶—富—教的施政大纲。"先富后教"的观点表明，须先发展经济，教育才能更好地发展，教育要受经济的制约。

3. 教育引导实现德政

孔子认为治理国家不能只靠政令、法律，而要通过教育引导实现德政。

道之以政[①]，齐之以刑，民免而无耻；道之以德，齐之以礼，有耻且格[②]。（《论语·为政》）

【注释】①道：通"导"，治理，引导。②格：正，纠正。

【译文】孔子说："用政令来治理人民，用刑法来规范，百姓就能免于犯罪，但没有羞耻心；用道德来引导，用礼来规范，百姓就会不但有羞耻心，并且真心归服，（自觉地）改过。"

这表明：教育可以感化人，即使百姓守规矩，又使百姓有"羞耻之心"，形成道德信念的力量，收到德治的效果。

4. 孔子对教育在人的发展过程中起关键作用持肯定态度

孔子在中国历史上首次提出"性相近也，习相远也"。指出人的天赋素质相近，打破了奴隶主贵族天赋比平民高贵、优越的思想。孔子的"举贤才"及整个教育思想都基于这种天赋平等的人性论基础，他尽力将教育推向平民，为其"有教无类"主张提供理论根据。同时，孔子指出人的个性差异是后天作用的结果，充分肯定了教育的影响力，肯定了教育的必要性和可能性。

二、主张"有教无类"，扩大了教育对象

春秋以前，平民是没有资格入学接受教育的。孔子创办私学，在教育对

象上进行了相应的革命，实行“有教无类”（《论语·卫灵公》）的办学方针，这是孔子教育实践和教育理论的重要组成部分。

为实现这一原则，孔子说“自行束脩以上，吾未尝诲焉”（《论语·述而》），意思是：只要本人愿意学习，主动奉送10条干肉作为见面礼，就可以成为弟子。

事实表明，孔子招收学生不分贵贱、贫富、地域、种族。他的弟子来自各个诸侯国，分布地区广；弟子成分复杂，出身于不同的阶级和阶层。其中大多数出身平民，如颜回、子路、曾参、原宪、仲弓等，也有贵族家庭出身的孟懿子、南宫敬叔、司马牛等，还有商人出身的子贡和“大盗”出身的颜涿聚。

孔子“有教无类”的招生原则，打破了贵族垄断、学在官府的格局，把受教育的对象扩大到一般平民，使教育活动扩展到了民间。虽门下人品混杂，却皆能兼收并蓄，教之成才，这说明了孔子教育家胸怀的宽大能容，教育艺术的高明善化。

三、重视德育

孔子认为道德教育是一种比政策法令更为重要的统治手段，它能起到政策法令所不能起的感化作用，是一个社会长治久安所不可或缺的东西。

1. 子曰：“弟子入则孝，出则弟，谨而信，泛爱众，而亲仁。行有余力，则以学文。”（《论语·学而》）

【译文】孔子说：“年轻人，在父母身边要孝顺父母，离开家要敬重兄长，言语谨慎守信，博爱众人，亲近有仁德的人。如果做到这些后还有余力，就可以学习文化知识。”

孔子显然是把“学会做人”即德育，放在基础或首要的地位来强调的。学知识之前先做好人。

2. 南荣三复白圭，孔子以其兄之子妻之。（《论语·先进》）

【译文】南容经常把“白圭之玷，尚可磨也；斯言之玷，不可为也”几句诗挂在嘴上，孔子便把自己兄长的子辈嫁给他。

3. 子曰：“道之以政，齐之以刑，民免而无耻。道之以德，齐之以礼，有耻且格。”（《论语·为政》）

【译文】孔子说：“用政令来治理人民，用刑法来规范，百姓能免于犯罪，但没有羞耻之心；用道德来引导，用礼教来规范，百姓就不但有羞耻之心，并且真心归服，自觉地改过。”

四、教育的基本目的是培养“志道”和“弘道”的志士和君子

孔子所提的“道”指的是周道，即“修己”“安人”之道。志士和君子德才兼备，既能弘道、志于道，又能治千乘之国，长万室之邑。他们能“笃信好学，守死善道，危邦不入，乱邦不居。天下有道则见，无道则隐。邦有道，贫且贱焉，耻也；邦无道，富且贵焉，耻也”（《论语·泰伯》）。孔子培养的高足弟子大多能如此行事。

德行：颜渊、闵子骞、冉伯牛、仲弓。言语：宰我，子贡。政事：冉有、季路。文学：子游、子夏。（《论语·先进》）

【译文】孔子的学生各有千秋。德行好的有颜渊、闵子骞、冉伯牛、仲弓。能说会道的有宰我、子贡。擅长处理政务的有冉有、季路。熟悉古代文献的有子游、子夏。

五、强调教育和学习的作用

孔子十分重视教育的社会作用。孔子认为治理国家，除了使人口增加，百姓富足外，还要加强对人民的教育，只有这样才能实现国家的真正强盛，才能达到他所向往的周王文武时代的天下为公，近者悦之，远者怀之，四方百姓向往归顺的理想境界。孔子不仅提倡教育，认为“以不教民战，是谓弃之”，而且身体力行，首创私人讲学，一生与教育结下不解之缘。《论语》中重教的思想在当时具有前瞻性，在后世也得到了继承与发扬。孟子明确提出善政不如善教的教育观点。宋代朱熹更是将教育的眼光投向未来。曾说“教明于上，俗美于下”“其遗风余韵又将有以及于方来”。放眼当今世界，凡科技先进、国力昌盛、人民富足之国均为重视教育之国，均为教育先行之国。这一事实证明了《论语》中重教育思想的前瞻性。

六、终身学习

孔子的一生是为实现仁义王道而苦苦奋斗的一生，也是学而不厌的一生。孔子自称“十五志于学”。离开鲁国去往齐国时，与齐国太师谈论音乐，并深入学习，竟然到了“三月不知肉味”的地步。孔子曾说过“加我数

年，五十而学《易》，可以无大过矣”，真正达到了“朝闻道夕可死”的境界。这种境界可以概括为八个字，即学而不厌，终身学习。孔子对知识孜孜不倦的追求也影响了他的弟子。其弟子子夏曾经说过：“百工居肆，以成其事，君子学以致道。”意思是：“各种工匠要整天在作坊里完成自己的工作，君子要终身学习来掌握他所追求的道理。”

《论语》里的这些记载告诉每个治学者一个道理，求学要持之以恒，要终身学习。终身学习的观点在我们生活的这样一个催人奋进的时代更是被每个人所实践。科学技术飞速发展，知识更替日新月异，希望、困惑、机遇、挑战随时随地都有可能出现在我们每一个社会成员的生活中，抓住机遇寻求发展，迎接挑战适应变化的制胜法宝就是——终身学习。

孔子不仅重视教育，而且更加重视学习。他曾说过：“吾非生而知之，好古敏以求之者。”从《论语》中可以看出，孔子不但爱教善教，而且爱学善学。《论语》有言：“生而知之者，上也；学而知之者，次也；困而学之者，又次也；困而不学，民斯为下矣。”《论语》记载了孔子对其子伯鲤的一次教育：“不学诗，无以言；不学礼，无以立。”孔子认为不学习《诗》在社会交往中就不会说话，不学礼在社会上做人做事就无法立足。从这里就可窥见学习在孔子心中是多么重要。孔子自称“十有五专于学”，他的学术范围很广，传说“曾问礼于老聃，访乐于长弘，问官于郯子，学琴于师襄”。以至于子贡说：“夫子焉不学，而亦何常师之有？”孔子所求之学并非一般求名求利之学，而是“志于道，据于德，游于艺”，是追求道德的完善，寻找合适的人生态度和行事准则。孔子一边学而不厌，一边诲人不倦，从中总结了许多如何学习的方法，在《论语》一书中就大量记载了孔子关于学习的思考和主张。

1. 子曰：“性相近，习相远也。”（《论语·阳货》）

【译文】孔子说：“各人的本性都相差不远，只因所受环境的不同，才拉开了距离。”

子贡、季路由“鄙人”进而为“天下列士”，即可证明教育作用之大。人的先天素质差别甚小，后天人性及知识水准的差距主要是由教育和环境的不同造成的。

2. 孔子曰：“生而知之者上也；学而知之者次也；困而学之，又其次也；困而不学，民斯为下矣。”（《论语·季氏》）

【译文】孔子说："生来就有知识的是上等，学习然后有知识的次一等；遇到困难，才去学习，是再次一等；遇到困难也不学，老百姓就是这种最下等的了。"

3. 子曰："唯上知与下愚不移。"（《论语·阳货》）

【译文】孔子说："只有上等的智者和下等的愚人是改变不了的。"

4. 子贡倦于学，告仲尼曰："愿有所息。"仲尼曰："生无所息！"（《列子》）

【译文】子贡对学习厌倦了，告诉孔子说："我希望休息一下。"孔子说："人生没有什么休息的。"

5. 子夏曰："百工居肆以成其事，君子学以致其道。"（《论语·子张》）

【译文】各类工匠在他们的作坊里才能完成他们的事情，君子则通过终身学习来掌握他所追求的道理。

孔子的一生是为实现仁义王道而苦苦奋斗的一生，也是学而不厌的一生。终身学习，使得孔子的思想闪耀着光辉，学生遍布天下。

七、重视"悟"

子贡曰："《诗》云：'如切如磋，如琢如磨。'其斯之谓与？"子曰："赐也，始可与言《诗》已矣，告诸往而知来者。"（《论语·学而》）

【译文】子贡说："《诗经》上说：'好比加工象牙和骨头，切了之后还要磨治；好比加工玉石，用刀雕刻之后还要打磨。'说的就是这种道理吧？"孔子说："赐呀，从现在起，可以开始和你谈论《诗经》了，告诉你以往的事情你就知道将来的事情。"

读书学习最难的就是一个"悟"字，水平高低和学问大小，其关键是这个"悟"字。读书用眼睛"看"并不难，但悟其道就比较难。

八、做事公正，不感情用事

子曰："君子不以言举人，不以人废言。"（《论语·卫灵公》）

【译文】孔子说："君子不因某人的一句话说得好便提拔他，也不因某人有缺点错误而废弃他的言论。"

九、提倡素质教育

子曰："君子不器。"（《论语·为政》）

【译文】孔子说："君子不能像器具那样仅有一才一艺就行了。"

孔子这句话到底是什么意思呢？因为"为政"要通才，通才就要样样懂。"不器"就是能不成为某一个专业的人，一个为政的人，就要上下古今中外无所不通。从表面上看，一个优秀的大政治家，好像一个很好的演员，演什么角色就是什么角色。演工友的时候，就是规规矩矩扫地倒茶；演大官的时候，就是温温和和做官，干哪一行就是哪一行。一个有才华的人应该多才多艺，有多方面的能力，不能太单一了。

十、教育不是万能的

孔子不是教育万能论者，他对"困而不学"者，即智力欠缺而又不肯受教的人是无能为力的。

子曰："狂而不直，侗①而不愿②，悾悾而不信③，吾不知之矣！"（《论语·泰伯》）

【注释】①侗：幼稚无知；②愿：谨慎，老实，厚道。③悾悾：诚恳，这里指表面装出诚恳的样子。

【译文】孔子说："狂妄而不直率，幼稚而不老实，无能而不讲信用，我不知道这种人怎么会这样。"

十一、学以致用

孔子治学的内容不同于向往来世的宗教趋向，也不同于观察自然的科学之道，而是着眼于伦理道德政治社会的实际，其治学就为"务实致用"。就是服务于社会。子曰："诵《诗》三百，授之以政，不达；使于四方，不能专对。虽多，亦奚以为？"意为熟读了《诗》三百篇，派他做官，却不会处理政务；派他当外交使节，却不能独立地办理外交事务。读诗多，又有什么用呢？孔子主张学以致用，也是这样实践的。孔子一生学而不厌，以博学闻名于世，但其所学并不是一般书生的纸上谈兵，而是着眼于社会实际，致力于恢复仁义道，而且注重与实践相结合。孔子51岁时，被鲁定公任命为中都宰相，掌握地方的行政事务，颇有政绩。50岁时代理宰相，兼管外交事务。其执政时，将扰乱政事的少正卯杀掉，以严肃法纪，整顿社会秩序，使百姓各守礼法，路不拾遗，四方来客都受到照顾，仅三个月就把鲁国治理得有声有色。可见孔子是力行学以致用的。不仅这样，他的门下弟子在他的指引下，大多成为社会有用之才。“德行：颜渊、闵子骞、冉伯牛、仲弓。言语：宰我、子贡。政事：冉有、季路。文学：子游、子夏。”学以致用的思想在当今仍然有重要的意义。现在中国教育突出的问题是：一方面是每年数以百万计的应届大中专毕业生为求职而苦苦挣扎的所谓人才过剩；另一方面是社会建设缺乏各方面的有用之材的人才稀缺。这就需要我们调整思路，大力引进多元化的办学思路，培养各种有用人才。

十二、乐教敬业，心中有学生

据《论语·述而》所记，孔子主要以“文、行、忠、信”四种内容教学生。其所谓“文”即历代文献，所谓“行”即包括射、御、数等在内的社会实践。孔子在授课时，不但做到了“诲人不倦”，而且也能毫无保留。他曾对学生说：“你们这些学生以为我有所隐瞒吗？我对你们是没有隐瞒的。我没有一点不向你们公开，这就是我孔丘的为人。”他是这样说的，也是这样做的。即使“厄于陈蔡”，他的心中仍然想着那些尚留在老家的学生，急着要回去给他们上课，并不时地念叨着：“归与！归与！吾党之小子狂简，斐然成章，不知所以裁之。”

十三、强调“仁”，对“仁”的解释多元化

1. 克己复礼

颜渊问仁。子曰：“克己复礼为仁。一日克己复礼，天下归仁焉。为仁由己，而由人乎哉？”颜渊曰：“请问其目？”子曰：“非礼勿视，非礼勿听，非礼勿言，非礼勿动。”颜渊曰：“回虽不敏，请事斯语矣。”（《论语·颜渊》）

【译文】颜渊问怎样做才是仁。孔子说：“克制自己，一切都照着礼的要求去做，这就是仁。一旦这样做了，天下的一切就都归于仁了。实行仁德，完全在于自己，难道还在于别人吗？”颜渊说：“请问实行仁的条目。”孔子说：“不合于礼的不要看，不合于礼的不要听，不合于礼的不

要说，不合于礼的不要做。”颜渊说：“我虽然愚笨，也要照您的这些话去做。”

“克己复礼为仁。”这是孔子关于什么是仁的主要解释。在这里，孔子以礼来规定仁，依礼而行就是仁的根本要求。所以，礼以仁为基础，以仁来维护。仁是内在的，礼是外在的，二者紧密结合。这里实际上包括两个方面的内容，一是克己，二是复礼。克己复礼就是通过人们的道德修养自觉地遵守礼的规定。这是孔子思想的核心内容，贯穿于《论语》一书的始终。

2. 爱人

樊迟问仁。子曰：“爱人。”

【译文】樊迟问老师什么是仁。孔子说：“爱别人就叫仁。”

这里“爱人”不是现代汉语的名词，爱是动词，人是泛指他人，所谓仁而爱人，就是真正心存仁念的人，会爱惜他人。帝王实行仁政，就是爱惜百姓；君子行事求仁，就是要懂得珍惜和爱护身边的人。

樊迟问仁。子曰：“居处恭，执事敬，与人忠。虽之夷狄，不可弃也。”（《论语·子路》）

【译文】樊迟问什么是仁。孔子道：“平日认真规矩，工作严肃认真，为别人忠心诚意。这几种品德，即使到了野蛮人的国度，也是不能废弃的。”

3. 己所不欲，勿施于人

仲弓问仁。子曰：“出门如见大宾，使民如承大祭。己所不欲，勿施于人。在邦无怨，在家无怨。”仲弓曰：“雍虽不敏，请事斯语矣。”（《论语·颜渊》）

【译文】仲弓问如何做才是仁。孔子说：“出门办事就像去接待贵宾一样，役使百姓就像去举行重大的祭祀一般，都要认真严肃地做。自己不愿意要的，就不强加给别人；在诸侯的朝廷上没人怨恨，在卿大夫的封地里没人怨恨。”仲弓说：“我虽然不聪慧，请让我按照您说的话去做。”

4. 杀身以成仁

子曰：“志士仁人，无求生以害仁，有杀身以成仁。”（《论语·卫灵公》）

【译文】孔子说：“志士仁人，没有贪生怕死而损害仁的，只有牺牲自己的性命来成全仁的。”

生命对每个人来讲都是十分宝贵的，但还有比生命更可宝贵的，那就是“仁”。“杀身成仁”，就是要人们在生死关头宁可舍弃自己的生命也要保全“仁”。自古以来，它激励着多少仁人志士为国家和民族的生死存亡而抛头颅洒热血，谱写了一页页可歌可泣的壮丽诗篇。

5. 不让于师

子曰：“当仁，不让于师。”（《论语·卫灵公》）

【译文】孔子说：“在实行仁的问题上（要抢先去做），就是对老师也不谦让。”

子曰：“民之于仁也，甚于水火。水火，吾见蹈而死者矣，未见蹈仁而死者也！”（《论语·卫灵公》）

【译文】孔子说：“老百姓对于仁德的需要，超过了对于水火的需要。我见到过踏进水火而死的人，没有见过因实践仁德而死的人。”

6. 恭、宽、信、敏、惠

子张问仁于孔子。孔子曰：“能行五者于天下为仁矣。”请问之。曰：“恭、宽、信、敏、惠。恭则不侮，宽则得众，信则人任焉，敏则有功，惠则足以使人。”（《论语·阳货》）

【译文】子张向孔子问仁。孔子说：“能够处处实行五种品德，就是仁人了。”子张说：“您把‘这’个五种说得具体些。”孔子说：“庄重、宽厚、诚实、勤敏、慈惠。庄重就不致遭受侮辱，宽厚就会得到众人的拥护，诚信就能得到别人的任用，勤敏就会提高工作效率，慈惠就能够使唤人。”

子曰：“巧言令色，鲜矣仁。”（《论语·阳货》）

【译文】花言巧语，装出和颜悦色的样子，这种人的仁心就很少了。

7. 博学笃志，切问近思

子夏曰：“博学而笃志，切问而近思，仁在其中矣。”（《论语·子张》）

【译文】子夏说：“广泛地学习钻研，坚守自己的志向；恳切地发问，多考虑当前的问题，仁德就在这中间了。”

十四、重视“礼”

孔子的礼是以政治而言的，其精神集中表现在“正名”思想中，也即奴隶制社会那一套等级的“礼制”。

1. 子曰：“不在其位，不谋其政。”曾子曰：“君子思不出其位。”

（《论语·宪问》）

【译文】孔子说：“不居于那个职位，便不过问它的政务。”曾子说：“君子思虑的不超出自己职位的范围。”

2. 子曰：“野哉！由也！君子于其所不知，盖阙如也。名不正，则言不顺；言不顺，则事不成；事不成，则礼乐不兴；礼乐不兴，则刑罚不中；故君子名之必可言也，言之必可行也。君子于其言，无所苟而已矣。”（《论语·子路》）

【译文】孔子说：“仲由，真粗野啊。君子对于他所不知道的事情，总是抱持存疑的态度。名分不正，说起话来就不顺当合理。说话不顺当合理，事情就办不成。事情办不成，礼乐也就不能兴盛。礼乐不能兴盛，刑罚的执行就不会得当。刑罚不得当，百姓就不知怎么办好。所以君子给出一个定义是一定要能够表达出来的，表达出来的这个事情也一定能够行得通的。君子对于自己的言行，是从不马马虎虎对待的。”

3. 定公问：“君使臣，臣事君，如之何？”孔子对曰：“君使臣以礼，臣事君以忠。”（《论语·八佾》）

【译文】鲁定公问：“君主役使臣，臣侍奉君主，应当怎样呢？”孔子回答：“君主役使臣应当以礼相待，臣子侍奉君主应当以忠诚相待。”

4. 子曰：“上好礼，则民易使也。”（《论语·宪问》）

【译文】孔子说：“在上位的人若遇事依礼而行，那么百姓就容易听从了。”

十五、追求“信”

1. 子曰：“人而无信，不知其可也。大车无輗，小车无軏，其何以行之哉？”（《论语·为政》）

【译文】孔子说：“作为一个人，却不讲信誉，不知他还能做什么。譬如大车子没有安横木的輗，小车子没有安横木的軏，如何能行走呢？”

2. 子贡问政。子曰：“足食，足兵，民信之矣。”

子贡曰：“必不得已而去，于斯三者何先？”曰：“去兵。”

子贡曰：“必不得已而去，于斯二者何先？”曰：“去食。自古皆有死，民无信不立。”（《论语·颜渊》）

【译文】子贡向孔子请教治理国家的办法。孔子说：“有充足的粮食，充足的军备，百姓对国家政权的信任吧。”

子贡说：“如果迫不得已，在粮食、军队和人民的信心三项之中去掉一项，先去掉哪一项？”孔子说：“去掉军备。”

子贡又说：“如果迫不得已在剩下的两项中还要去掉一项，去掉哪一项？”孔子说：“去掉粮食。（没有粮食，不过死亡，）但自古人都难逃一死，如果人民对掌权者没有信心，政权是站不起来的。”

3. 子曰：“君子义以为质，礼以行之，孙以出之，信以成之。君子哉！”（《论语·卫灵公》）

【译文】孔子说：“君子（对于事业），以合宜为原则，依礼节实行它，用谦逊的言语说出它，用诚实的态度完成它。真是位君子呀！”

4. 曾子曰：“吾日三省吾身：为人谋而不忠乎？与朋友交而不信乎？传不习乎？”（《论语·学而》）

【译文】曾子说：“我每天多次反省自己：为别人出主意做事情，是否尽心尽力了呢？和朋友交往，是否真诚讲信用呢？对老师所传授的知识，是否复习了呢？”

5. 与朋友交，言而有信。（《论语·学而》）

【译文】结交朋友，说话诚实守信用。

十六、崇尚“勇”

1. 子曰：“非其鬼而祭之，谄也。见义不为，无勇也。”（《论语·为政》）

【译文】孔子说：“不是自己的祖先，却去祭祀他，这是献媚。眼见应该挺身而出的事情，却袖手旁观，是缺少勇气。”

在孔子看来，人在行事的时候有两种错误倾向，一种是不该作为时“乱作为”，另一种是“当为不为”，这两种错误倾向都是应该避免的。尤其是手握大权的官员，对这两种错误倾向要保持高度警惕，以免造成严重后果。

2. 子曰：“道不行，乘桴浮于海。从我者，其由与？”子路闻之喜。子曰：“由也好勇过我，无所取材。”（《论语·公冶长》）

【译文】孔子感叹道：“德治的理想不能实行于天下，我想乘木筏漂洋过海，去开创一片新的乐土。跟从我一起的人，恐怕只有你仲由吧。”子路听了很兴奋。孔子便说：“仲由你这个人啊，勇气超过我，其他也没发现有什么特长。”

3. 子曰：“恭而无礼则劳，慎而无礼则葸，勇而无礼则乱，直而无礼则绞。君子笃于亲，则民兴于仁，故旧不遗，则民不偷。”（《论语·泰伯》）

【译文】孔子说：“只是恭敬而不以礼来指导，就会徒劳无功；只是谨慎而不以礼来指导，就会畏缩拘谨；只是勇猛而不以礼来指导，就会鲁莽惹祸；只是直率而不用礼来指导，就会尖酸刻薄。在上位的人如果厚待自己的亲属，老百姓当中就会兴起仁的风气；君子如果不遗弃老朋友，老百姓就不会对人冷漠无情了。”

4. 子曰：“好勇疾贫，乱也；人而不仁，疾之已甚，乱也。”（《论语·泰伯》）

【译文】孔子说：“以勇敢自喜却厌恶贫困，会闯乱子。对于不仁的人，痛恨太甚，也会激出祸乱。”

5. 子曰：“知者不惑，仁者不忧，勇者不惧。”（《论语·子罕》）

【译文】孔子说：“有智慧的人不会迷惑，有仁德的人不会忧虑，勇敢的人不会畏惧。”

6. 子曰：“有德者必有言，有言者不必有德。仁者必有勇，勇者不必有仁。”（《论语·宪问》）

【译文】孔子说：“有德行的人一定有善言，有善言的人却不一定有德行。有仁德的人必然勇敢，但勇敢的人不一定有仁德。”

7. 子路问成人。子曰：“若臧武仲之知，公绰之不欲，卞庄子之勇，冉求文艺，文之以礼乐，亦可以为成人矣。”曰：“今之成人者何必然？见利思义，见危授命，久要不忘平生之言，亦可以为成人矣。”（《论语·宪问》）

【译文】子路问什么是完人。孔子说：“像臧武仲那样的智慧，孟公绰那样的不贪心，卞庄子那样的勇敢，冉求那样的多才多艺，再用礼乐加以修饰，也就可以称为完人了。”又说：“现今的所谓完人又哪里一定能如此呢？看见利益能想到是否合乎义，见到危难敢于献身，早已约定的事不忘记去做，也就可以称为完人了。”

8. 子贡曰：“君子亦有恶乎①？”子曰：“有恶，恶称人之恶者，恶居下流而讪②上者，恶勇而无礼者，恶果敢而窒者③。”曰：“赐也亦有恶乎？”“恶徼④以为知者⑤，恶不孙以为勇者⑥，恶讦以为直者⑦。”（《论

语·阳货》）

【注释】①恶：憎恶，憎恨。称人：宣扬别人。居下流：处于低层或低贱地位。②讪：毁谤。③窒：固执顽固。④徼：抄袭或剽窃他人成果的。⑤知：同“智”。⑥孙：同“逊”。⑦讦：揭发别人的隐私，耻笑别人短处。

【译文】子贡问：“君子也有憎恶吗？”孔子说：“有憎恶的事。君子憎恶宣扬别人的坏处的人，憎恶处在下级诽谤上级的人，憎恶勇敢而无礼的人，憎恶处事果敢而固执己见的人。”孔子问：“你端木赐也有憎恶的人吗？”子贡脱口而出：“我憎恶窃取别人成果当作聪明的人，憎恶把不谦逊当作勇敢的人，憎恶把揭别人短处当作正直的人。”

9. 好直不好学，其蔽也绞；好勇不好学，其蔽也乱；好刚不好学，其蔽也狂。（《论语·阳货》）

【译文】爱好直率却不爱好学习，它的弊病是说话尖刻；爱好勇敢却不爱好学习，它的弊病是犯上作乱；爱好刚强却不爱好学习，它的弊病是狂妄自大。

10. 子路曰：“君子尚勇乎？”子曰：“君子义以为上。君子有勇而无义为乱；小人有勇而无义为盗。”（《论语·阳货》）

【译文】子路说：“君子崇尚勇敢吗？”孔子答道：“君子以义作为最高尚的品德，君子有勇无义就会作乱，小人有勇无义就会偷盗。”

十七、推行“孝”

1. 有子曰：“其为人也孝悌，而好犯上者，鲜矣；不好犯上，而好作乱者，未之有也。君子务本，本立而道生。孝悌也者，其为仁之本与！”（《论语·学而》）

【译文】有子说：“他的为人，孝顺父母，敬爱兄长，却喜欢触犯上级，这种人是很少见的；不喜欢触犯上级，却喜欢造反，这种人从来没有过。君子专心致力于根本的事务，根本建立了，‘道’就会产生。孝顺父母、敬爱兄长，这就是仁的根本啊！”

2. 子曰：“弟子，入则孝，出则悌，谨而信，泛爱众，而亲仁。行有余力，则以学文。”（《论语·学而》）

【译文】孔子说：“后生小子，在父母跟前，就孝顺父母；离开自己的房子，便敬爱兄长；寡言少语，说则诚实可信，博爱大众，亲近有仁德的人。这样躬行实践之后，有剩余力量，就再去学习文献。”

3. 子曰：“父在，观其志；父没，观其行；三年无改于父之道，可谓孝矣。”（《论语·学而》）

【译文】孔子说：“当他父亲活着，（因为他无权独立行动）要观察他的志向；他父亲死了，要观察他的行为；若是他对他父亲的合理部分，长期地不加改变，可以说做到孝了。”

4. 孟懿子问孝。子曰：“无违。”

樊迟御，子告之曰：“孟孙问孝于我，我对曰，无违。”樊迟曰：“何谓也？”子曰：“生，事之以礼；死，葬之以礼，祭之以礼。”（《论语·为政》）

【译文】孟懿子向孔子问孝道。孔子说：“不要违背礼节。”

不久，樊迟替孔子赶车，孔子便告诉他说：“孟孙向我问孝道，我答复说，不要违背礼节。”樊迟道：“这是什么意思？”孔子道：“父母活着，依照规定的礼节侍奉他们；死了，依照规定的礼节埋葬他们，祭祀他们。”

5. 子曰：“孝哉，闵子骞！人不间于其父母昆弟之言。”（《论语·先进》）

【译文】孔子说：“闵子骞真是孝顺呀！别人对于他爹娘兄弟称赞他的言语并无异议。”

6. 子游问孝。子曰：“今之孝者，是谓能养。至于犬马，皆能有养。不敬，何以别乎？”（《论语·为政》）

【译文】子游问孝道。孔子说：“现在所谓的孝，就是说能够养活爹娘便行了。至于狗马都能够得到饲养；若不存心严肃地孝顺父母，那养活爹娘和饲养狗马怎样去分别呢？”

7. 子夏问孝。子曰：“色难。有事，弟子服其劳；有酒食，先生馔，曾是以为孝乎？”（《论语·为政》）

【译文】子夏问孝道。孔子道：“儿子在父母前经常有愉悦的容色，是件难事。（如果仅仅做到）有事情，孩子为父母去做；有了酒肴，让父母吃喝，（但是子女的脸色很难看）难道这能算是孝吗？”

8. 季康子问：“使民敬、忠以劝，如之何？”子曰：“临之以庄，则敬；孝慈，则忠；举善而教不能，则劝。”（《论语·为政》）

【译文】季康子问道：“要使百姓（对上）恭敬、忠心，而且以此相互勉励，该怎么做？”孔子说：“对他们庄重严肃，他们就会对上敬重；（要教导他们）孝敬老人，慈爱孩子，他们就会对上忠心；任用品德高尚的人，教育能力差的人，他们就会勤勉了。”

9. 或谓孔子曰：“子奚不为政？”子曰：“《书》云：‘孝乎惟孝，友于兄弟，施于有政。’是亦为政，奚其为为政？”（《论语·为政》）

【译文】有人对孔子说：“你为什么不参与政治呢？”孔子说：“《尚书》里有句话说：‘孝就是孝敬父母，并以友爱的态度对待兄弟。（把倡导孝悌的道理）推广到政治方面。’这也算是参与了政治，为什么非要做官才算是参与政治呢？”

10. 子曰：“三年无改于父之道，可谓孝矣。”（《论语·里仁》）

【译文】孔子说：“（父亲死后）如果三年都不改变他父亲所坚持的道德及行事原则，可以说是做到了孝。”

孔子的教学观

《论语》是孔子思想的精华所在，它所体现的孔子的教学观最为后人称道，主要有“有教无类”“因材施教”“教学相长”“终身教育”“学思结合”“学行结合”“分层施教”“诱导启发式教学”“兴趣引导法”“喻教法”等。

一、有教无类，全民教学

子曰：“有教无类。”（《论语·卫灵公》）

【译文】孔子说：“人人我都教育，没有区别。”意即不分贵族和平民，不分华夏与蛮夷，都有享受教育的权利。

孔子之所以被后人奉为至圣先师、中国最伟大的教育家，是因为他在春秋末期从事教育时间最长，所办学校规模最大，招收学生人数最多，实行教育改革所取得的成就最大，对后世的影响最深远。

在春秋以前，入学读书受教育是贵族子弟的特权。孔子从开办私学开始就打破常规，提出“有教无类”的主张，让平民子弟也有机会入学读书，使原来不知文化为何物的“贱人”也有机会系统学习“六艺”（礼、乐、射、御、书、数），进而学习“六经”（《易经》《诗经》《尚书》《仪礼》《乐经》《春秋》），最终成为“大人”，进入“君子”的行列。

孔子是主张全民教育的。他明确提出“有教无类”，即人人他都可以教育，没有年龄、贫富、地域的区别。在孔门弟子中，既有小于夫子四岁的秦商、小于夫子六岁的颜由，也有小于夫子五十三岁的公孙龙（子石）、小于夫子五十四岁的叔仲会（子期），学生间的年龄差距达五十岁。甚至还有父子同列孔子之门者，如颜由、颜回父子，曾皙、曾参父子，都曾先后成为孔子的学生。从地域而言，孔子学生的来源除了齐、鲁外，还有宋、卫、陈、蔡、秦、楚、吴、越等地，几乎遍及全国。例如，子路是卞（属卫）人，子贡、子夏、高柴是卫人，司马耕是宋人，颛孙师（子张）是陈人，言偃是吴人，秦祖是秦人，公孙龙（子石）是楚人，漆雕开是蔡人。而且，学生的家庭出身及经济状况也各不一样，其中既有鲁大夫孟僖子之子孟懿子、卫将军弥牟之子弥兰，也有“贱人”出身的仲弓；有家累千金的子贡、乘肥马衣轻裘的公西赤，也有居藜藿穷巷的原宪、身陷囹圄的公冶长。以相貌论，有长得像孔子的有若，也有长不盈五尺的高柴、状貌甚恶的澹台灭明。凡此，孔子皆一视同仁，纳为弟子。

正是由于孔子“有教无类”的全纳教育思想，所以他不但有弟子三千，也培养出了一大批学有专长的杰出人才，如德行好的有颜渊、闵子骞、冉伯牛、仲弓，擅长言语交际的有宰我、子贡，善于办理政事的有冉有、子路，熟悉古代文献的有子游、子夏等。这些人才既是孔子的高足，又是中国文化的精英。

二、因材施教

朱熹有言：“孔子教人，各因其材。”（《论语集注》）因材施教是孔子最重要的教学方法。春秋以前的官学，立足于“禁”和“敬”，教师用体罚和威胁等方式强迫学生读书，并且要学生自幼养成盲从的习惯。孔子一改这种生硬死板的教学方法，他对学生总是循循善诱，诲人不倦。他注意观察学生的所作所为，听其言而察其行，从学生之间的差异性出发，施以不同的教育。孔子以此法教人，亦有其原因：一是社会需要各种专才；二是生源复杂，性格智力等差异很大；三是孔子对施教对象了解甚深，故可使用此法教人。

因材施教要取得成功，首先要了解每一个学生，即要有知人之明；其次要用恰当的方法进行教育，对教师本人的能力要求极高。孔子善知人，他的识人方法是“视其所以，观其所由，察其所安（考查一个人交什么样的朋友，观察他为达到一个目的所采用的方法，了解他安于什么，不安于什么）”。孔子精通六艺，在知识方面集古代文化之大成，所以无论对什么学生他都能找到恰当的方法进行教育。

孔子承认人的天赋禀性是有差别的，所以他的因材施教首先是根据人的资质和文化水平而定，即所谓“中人以上，可以语上也；中人以下，不可以语上也”。意思是说，中等水平以上的人，可以告诉他高深学问；中等水平以下的，不可以告诉他高深学问。有些弟子虽然人很聪明，但孔子也要等他们在某些方面有所“觉悟”之后，才开始给他们讲授有关的学问，如孔子之为子贡、子夏讲授《诗经》便是。至于日常授课，那更是具有极强的针对性。

要对学生实行因材施教，首先要了解学生的长处和短处。在这方面，孔子观察入微，对每个学生的天赋和性格特征都了如指掌。高柴字子羔，身高不到五尺，是个矮个子，其貌不扬，针对他天性愚笨这一点，孔子是怎么教育的？因史料没有记载不得而知，但他经孔子教导后相当有成就，子路就曾经推荐他当费地的长官，孔子还怕他不能胜任。高柴先后在鲁、卫两国四次为官，历任鲁国费宰、郈宰、武城宰和卫国的士师。他为官清廉，执法公正，广受好评。他是孔门弟子中从政次数最多、时间最长的一个。可见只要教育得法，愚人也可成才。

曾参字子舆，16岁拜孔子为师，是孔子晚年的学生。他的记忆力、理解力、口才等远不如颜回、子贡等人，所以被孔子评价为“鲁”。曾参也有自知之明，他以勤补拙，刻苦好学，注重修身养性，提出“吾日三省吾身”的修养方法。他为人谨慎，待人谦虚，特别以“孝”出名。据说他和母亲的感应很强烈，曾参出外，“母欲其归，则啮指，而曾子心痛”。孔子正是看出他“孝”的特点，因材施教，把孝道传给他，而曾参毕生实行“身体发肤，受之父母，不敢毁伤”的原则，直到临死前还叫弟子检查自己的手脚，发现无损后才叹道：“而今而后，吾知免夫，小子（从今以后，我才知道自己可以免于祸害刑戮了，学生们）！”他认为自己肩负着传播儒家思想的重任，任重而道远，把得自孔子的真传传给孔子的孙子孔伋（字子思），子思又传授给孟子。这样，曾参上承孔子之道，下启思孟学派，成为孔子学说的主要继承人和传播者。相传他著述的《孝经》，在汉武帝独尊儒术后，与《春秋》并列为两部最重要的经典。到宋以后，他更由贤升为圣，被尊为“宗圣”，在孔庙中的地位仅次于“复圣”颜回。这些都是孔子因材施教的成功案例。

1. 子路问曰：“闻斯行诸？”子曰：“有父兄在，如之何其闻斯行之？”冉有问：“闻斯行诸？”子曰：“闻斯行之。”

公西华曰：“由也问闻斯行诸，子曰‘有父兄在’。求也问闻斯行诸，子曰‘闻斯行之’。赤也惑，敢问。”子曰：“求也退，故进之；由也兼人，故退之。”（《论语·先进》）

【译文】子路问，凡事一听到就去干吗？孔子说，有爸爸哥哥活着，怎能听到就去干呢？冉有问，凡事一听到就去干吗？孔子说，当然一听到就要去干。公西华道：“仲由问听到就要干起来吗，您说‘爸爸哥哥还健在，不能这样做’。冉求问听到就要干起来吗，您却说‘听到就要干起来’。这使我迷惑，大胆地问问您。”孔子道：“冉求平时做事退缩，所以我给他打气；仲由敢作敢为，有时不够慎重，所以我这样回答他，以使他遇到事能退一步想想。”

2. 季文子三思而后行。子闻之，曰：“再，斯可矣。”（《论语·公冶长》）

【译文】季文子每件事情要考虑多次才行动。孔子听说了这事，说：“考虑两次就可以了。”

3. 颜渊问仁。子曰：“克己复礼为仁。一日克己复礼，天下归仁焉。为仁由己，而由人乎哉？”（《论语·颜渊》）

仲弓问仁。子曰：“出门如见大宾，使民如承大祭。己所不欲，勿施于人。在邦无怨，在家无怨。”（《论语·颜渊》）

司马牛问仁，子曰：“仁者，其言也讱。”（《论语·颜渊》）

樊迟问仁，子曰：“爱人。”（《论语·颜渊》）

【译文】颜渊问什么是仁。孔子说：“克制自己，使言行符合于

‘礼’，就是仁。有一天做到了克制自己，符合于礼，天下就都赞许你是仁人了。实现仁，在于自己，难道还在于别人吗？”

仲弓问仁德。孔子说：“出门，（工作办事）好像去接待贵宾，役使百姓好像去承担大祀典，（事事严肃认真，小心谨慎。）自己所不喜欢的事物，就不要强加于别人。在工作岗位上不对工作有怨恨，就是不在工作岗位上也没有怨恨。”

司马牛问仁德。孔子道：“仁德之人，他的言语是和缓的。”

樊迟问仁德，孔子说：“爱别人。”

从中不难看出，《论语·颜渊》篇中孔子对“仁”的答复对不同的学生有所不同。孔子是根据学生的知识与思想情况的不同，给予有针对性的回答。颜渊是孔门第一大弟子，已有很高的德行，所以孔子就用仁的最高标准来要求他，一举一动都要合乎礼的规范；仲弓对人不够谦恭，不能体谅别人，孔子就教他忠恕之道，要能将心比心推及他人；司马牛因急躁，爱乱说话，孔子就谆谆告诫他：做一个仁人，说话要谨慎，不要急于表态；而樊迟的资质较鲁钝，孔子就只对他讲“仁”的最基本概念——“爱人”。孔子这四种深浅不同的回答，既切合每个学生的实际情况，又都符合仁的基本概念，同时，它能够促使学生克服自己的缺点，发扬优点，逐渐完善自我。孔子因材施教的教学原则，在今天的教育中仍有借鉴作用。

三、学思结合

子曰：“学而不思则罔，思而不学则殆。”（《论语·为政》）

【译文】孔子说：“光学习而不动脑子思考就会陷入迷茫，只思考而不学习就会一无所得。”

子曰：“吾尝终日不食，终夜不寝，以思，无益，不如学也。”（《论语·卫灵公》）

【译文】孔子说：“我曾经整天不吃饭，整夜不睡觉，去冥思苦想，结果没有益处，不如去学习。”

在学与思的关系方面，孔子提出了一个著名的论点，即“学而不思则罔，思而不学则殆”。在孔子认为，学与思二者必须兼顾，不能有所偏废，否则便很难学有所成，应该说这是古今有关学与思关系的最辩证、最正确的理解。他自己也是身体力行，是学思结合的楷模。

1. 先说学

孔子是以《诗》《书》《易》《礼》《春秋》《乐》六经为课本来教学生的，要提高学生的知识水平和培养学生的综合素质，这些文献是不能不读的。所以孔子非常鼓励学生读书。例如，他劝学生学习《诗经》时说："小子何莫学夫诗？诗可以兴，可以观，可以群，可以怨。迩之事父，远之事君，多识于鸟兽草木之名。"意思是说，读《诗经》可以培养人的联想力，可以提高对事物的观察力，可以锻炼合群性，可以学会讽刺的方法。运用其中的道理，近可以侍奉父母，远可以服侍君王；而且还能多多认识鸟兽草木的名称。在孔子眼中，《诗经》简直就是一部百科全书。几千年后，人们对《诗经》所进行的综合研究，其开先河者便是孔子。其他各经在先秦来说也都是最重要的典籍。正如荀子在《劝学》中所说："《礼》之敬文也，《乐》之中和也，《诗》《书》之博也，《春秋》之微也，在天地之间者毕矣。"孔子还根据自己读书的体会谆谆告诫学生，要"兴于诗，立于礼，成于乐"，即通过学诗使人振奋，通过习礼使人在社会上站得住，通过音乐使所学得以完成。这与西人培根所说的"读史使人明智，读诗使人灵秀，数学使人精细，物理学使人深沉，伦理学使人庄重，逻辑修辞则使人善变"，可谓同得读书之要妙。

2. 再说思

孔子之"思"，一是要学生深入思考文献的文化蕴含，不能只停留在表面的理解；二是要学生思考如何联系实际，学以致用。例如，孔子曾多次同学生讨论《诗经》，并谈了自己的认识，他说："《诗》三百，一言以蔽之，曰：思无邪。"他认为《诗经》的文化精神就是思想纯正。他还通过对《诗经》首篇《关雎》的分析来阐明这一观点，说："《关雎》，乐而不淫，哀而不伤。"在他的启发下。弟子们也纷纷谈了对《诗经》有关篇章的理解，如子贡对"如切如磋，如琢如磨"句（《卫风·淇奥》）的认识，子夏对"巧笑倩兮，美目盼兮，素以为绚兮"句（《卫风·硕人》）的认识，都能"举一隅而以三隅反"。对《尚书》的研读也是同样。当子张谈到《无逸》中所记载的殷高宗守孝，住在凶庐，三年不言一事时，孔子立即引导他说："不仅殷高宗如此，古人都这样，国君死了，继承的君王皆三年不问政治，各部的官员听命于宰相。"

孔子认为，"终日不食，终日不寝，以思，无益，不如学也"；而只学不思，又会被古人牵着鼻子走，即孟子所说的“尽信《书》则不如无《书》”。所以只有学而思，思而学，学思结合，才是唯一正确的读书方法。

四、学行结合

1. 子曰：“学而时习之，不亦说乎？有朋自远方来，不亦乐乎？人不知而不愠，不亦君子乎？”（《论语·学而》）

【译文】孔子说：“学了知识后，能按时反复地温习它，不也是件愉快的事吗？有志同道合的人远道而来，不也是件快乐的事吗？别人不理解我，我并不怨恨，不也是个有修养的人吗？”

2. 子曰：“温故而知新，可以为师矣。”（《论语·学而》）

【译文】孔子说：“温习学过的知识，能从中悟出新的见解来，就可以做别人的老师了。”

3. 曾子曰：“吾日三省吾身：为人谋而不忠乎？与朋友交而不信乎？传不习乎？”（《论语·学而》）

【译文】曾子说：“我每天多次反省自己：为别人出主意做事情，是否尽心尽力呢？和朋友交往，是否真诚讲信用呢？对老师所传授的知识，是否复习了呢？”

孔子要求学生学思结合的同时，还要求学生在理解文献的基础上，尽量将书本知识转化为实际工作的能力，即学行结合。他告诫弟子：“诵《诗》三百，授之以政，不达；使于四方，不能专对；虽多，亦奚以为？”意思是说，虽然熟读《诗经》三百篇，但交给他政治任务办理不了，让他出使外国又不能独立地去谈判，这样的人即使书读得再多，又有什么用处？

五、兴趣引导法

子曰：“知之者不如好之者，好之者不如乐之者。”（《论语·雍也》）

【译文】孔子说：“对于学问道德，懂得它的人比不上爱好它的人，爱好它的人不如以研究它为乐的人。”

六、分层施教

1. 子曰：“中人以上，可以语上也；中人以下，不可以语上也。”

（《论语·雍也》）

【译文】孔子说："智力中等以上的人，可以告诉他高深的学问；智力中等以下的人，不可以讲那些高深的学问。"

2. 孔子曰："君子有三戒：少之时，血气未定，戒之在色；及其壮也，血气方刚，戒之在斗；及其老也，血气既衰，戒之在得。"（《论语·季氏》）

【译文】孔子说："君子有三种事情应引以为戒：年少的时候，血气还不成熟，要戒除对女色的迷恋；等到身体成熟了，血气方刚，要戒除与人争斗；等到老年，血气已经衰弱了，要戒除贪得无厌。"

七、诱导启发式教学

子曰："不愤不启，不悱不发。举一隅不以三隅反，则不复也。"（《论语·述而》）

【译文】孔子说："若非弟子努力想弄明白某个问题却还没弄明白，就不去开导他；若非弟子想表达某种意思却表达不出来，就不去启发他。举一个墙角做例子给弟子讲清楚，而弟子不能触类旁通推知另外三个墙角的情况，便不再教他了。"

八、问答法

子贡问政。子曰："足食，足兵，民信之矣。"子贡曰："必不得已而去，于斯三者何先？"曰："去兵。"子贡曰："必不得已而去，于期二者何先？"曰："去食。自古皆有死，民无信不立。"（《论语·颜渊》）

【译文】子贡问怎样治理国家。孔子说："粮食充足，军备充足，老百姓信任统治者。"子贡说："如果不得不去掉一项，那么在三项中先去掉哪一项呢？"孔子说："去掉军备。"子贡说："如果不得不再去掉一项，那么这两项中去掉哪一项呢？"孔子说："去掉粮食。自古以来人总是要死的，如果老百姓对统治者不信任，那么国家就不能存在了。"

九、平等交流法

颜渊季路侍。子曰："盍各言尔志？"子路曰："愿车马轻裘，与朋友共，敝之而无憾。"颜渊曰："愿无伐善，无施劳。"子路曰："愿闻子之志。”子曰：“老者安之，朋友信之，少者怀之。”

【译文】孔子坐着，颜回、子路侍立在孔子身旁。孔子说：“何不各自谈谈你们的志向呢？”

子路说：“（我）愿将我的车马、衣服和朋友共同享用，用坏了也不抱怨。”颜渊说：“（我）愿做到不夸耀自己的好处，不宣扬自己的功劳。”子路说：“希望听听您的志向。”孔子说：“使老人安享晚年，使朋友信任我，使年少的人得到关怀。”

通过与学生无拘束的谈话，示意学生朝着“仁”道的方向去修养去提高，这是孔子指导学生立志的一种方式。

十、教学相长

教学相长是指教和学之间存在着相互制约、相互渗透、相互促进的对立统一关系。《学记》说“学然后知不足，教然后知困。知不足，然后能自返也；知困，然后能自强也。故曰：教学相长”。在《论语》一书记载了大量孔子师徒之间相互切磋、共同讨论、教学相长的故事。

子夏问曰：“‘巧笑倩兮，美目盼兮，素以为绚兮’何谓也？”子曰：“绘事后素。”

曰：“礼后乎？”子曰：“起予者商也！始可与言《诗》已矣。”（《论语·八佾》）

【译文】子夏问道：“《诗经》上说‘漂亮的笑容上面泛起一对酒窝，美丽的眼睛黑白多分明呀，未染色的丝绸变成了艳丽的衣裳’这是说的什么啊？”孔子说：“这是说绘画是后于先有个白色的底子呀。”

子夏说：“礼后于人的本性吗？”孔子说：“启发我的是卜商（子夏）啊！从现在开始可以跟你讨论《诗三百》了。”

从《论语》记载的这些故事可以看出，教学活动并不是单向的知识传授过程，而是师生双方都能受益的双向互动活动，教师在活动过程中发现不足，受到启迪，继而使自己的道德和学业得到进一步发展和完善。学生也不只是被动地接受，而是在教师的启发下，有所思，有所悟，真正建立自己的知识结构。

十一、温故知新法

孔子说："温故而知新，可以为师矣。"这里包含两方面的意思：一是复习旧的功课，便可以帮助理解新的内容，因为学习总有一个循序渐进的过程；二是"温故"也指对已有知识和前人研究成果的掌握，"知新"则指新的发现和新的见解。孔子认为，只有教育学生全面了解某一学科的基础知识和学术进展情况，用今天的话来说便是要"进到学术前沿"，知道学术研究到达何种地步，才能在此基础上有所发现，有所创新。这在今天，也仍不失为治学的至理名言。谁违背了它，都会受到惩罚。那些基础不牢便急于创立新说的人，要么其结论如空中楼阁，一推便倒；要么就是重复别人旧说，造成浪费。近年来学术研究上所出现的低水平重复问题，究其实，正是违背了孔子的这一教导。

子张问："十世可知也①？"子曰："殷因于夏礼②，所损益③，可知也；周因于殷礼，所损益，可知也。其或继周者④，虽百世⑤，可知也。"

【注释】①十世：古时称30年为一世。这是指朝代。也：语气助词，表示疑问。②殷：朝代名。商代盘庚将首都从奄（今山东曲阜）迁到殷（今河南南阳），所以商朝又称殷。夏：朝代名。因：沿袭，继承。③损益：废除和增补。④周：周代。⑤虽：即使。

【译文】子张问道："往后十个朝代（礼法制度）的事，可以知道吗？"孔子说："殷沿袭夏朝的礼法制度，所减少和增加的，是可以知道的；周朝沿袭殷朝的礼法制度的减少和增加的，是可以知道的；将来或有继承周朝的，即使传到千秋百代，其礼法制度也是可以知道的。"

如何"温故而知新"呢？孔子强调"学而时习之"，即要经常地温习和实习，因为有些课程如"礼"（各种仪节）、"乐"（音乐）、"射"（射箭）、"御"（驾车）等，也是需要实习的。在不间断的温习中巩固和创新，这便是孔子教给学生的基本治学方法。用孔子弟子子夏的体会来说就是，"日知其所亡，月无忘其所能"，即每天知道所未知的，每月复习所已能的。

十二、循循善诱

孔子无论上课还是答疑，都非常注意方式方法，循循善诱，从而让学生在轻松愉快的气氛中学到知识，懂得深奥的道理。例如，一次子路、曾皙、冉有、公西华等侍坐，孔子先是和蔼地启发他们谈了各自的抱负和志愿，然后再加以点评，并提出自己的意见。这样，弟子们不但了解了老师的志愿，也懂得了为国以礼、为人要谦逊的道理。而对于“其言不让”的子路，孔子虽不赞成他的自负和粗率，但出于爱心，也仅是微微一笑，而让学生自己去觉悟罢了。

在辅导答疑方面，孔子更体现了中国传统的教学方法。《礼记·学记》云：“善待问者如撞钟，叩之以小者则小鸣，叩之以大者则大鸣；待其从容，然后尽其声。”孔子就是小叩小鸣、大叩大鸣的。这样的例子在《论语》中几乎随处可见。例如，孔子到了卫国，冉有替他驾车，孔子边走边说：“好稠密的人口！”冉有接着问道：“人口已经众多了，又该怎么办呢？”孔子说：“让他们富裕起来。”冉有又问：“富裕之后又该怎么办？”孔子说：“教育他们。”随着冉有提问的不断升级，孔子的回答也越来越深刻。又如，子贡请问怎样才可以叫作“士”，孔子说：“行己有耻，使于四方，不辱君命。可谓士矣。”子贡请问次一等的要求，孔子说：“宗族称孝焉，乡党称弟焉。”子贡又问再次一等的，孔子说：“言必信，行必果。”最后当子贡问到“今之从政者何如”时，孔子便直截了当地说出了自己的看法：“噫！斗筲之人，何足算也！”真是越提问到最后，回答便越加精彩。

十三、谈话法

孔子说：“不知言，无以知人也。”他有目的地找学生谈话，有个别谈话，也有聚众而谈。例如，有一次孔子有意识地向子路提出一个假定性的问题：“道不行，乘桴浮于海。从我者，其由与？”子路并未说话，仅以高兴默认，孔子便说：“由也，好勇过我，无所取材。”

十四、观察法

孔子通过多方面观察学生的言行举止，由表及里地洞察学生的精神世界：“听其言而观其行”，单凭公开场合的表现做判断还有片面性，就要“退而省其私”；只凭一时的行为做判断还不够，还要“视其所以，观其所由，察其所安”，就是要注意学生的所作所为，观看他所走的道路，考察他的感情倾向，这就可以把一个人的思想面貌了解透彻了。他在考察人品的方面积累了很多经验，认为不同的事务、不同的情境都可以考察人的思想品质。

十五、喻教法

真正的课堂讲解应是将抽象的知识形象化，理性的知识感性化，使学生易知易懂。讲解最主要的方法是“喻”，而在现代教学中，老师却很少有意识地运用。

《礼记·学记》说：“君子之教，喻也。”——君子教学，用的方法就是“喻”。“喻”是最重要的一种讲课方式，也是最好的教学方法。而在现代教学方法中，最缺乏的正是这种教学方法。

《礼记·文世子》载：“师也者，教之以事，而喻诸德者也。”“教之以事”，就是举事例来阐述，让学生体会到需要学习遵守的各种知识、品德。我们把这种教法叫“喻教法”。从这句话，我们可以知道先秦时期对教师教法的要求，是“喻”而不是“传”“授”。

最好的教学方法是什么？就是把深奥的道理浅显化，繁杂的知识简单化，运用举例子、打比方、说故事，使学生领悟得更深刻。而“喻”，就是这样的教学方法。

（一）“喻”是什么意思呢？

喻就是不明言，而暗示之，“含不尽之意于言外”，使学生心领神会，理解得更深刻，知道得更确切，明白得更清晰。

“喻”和“谕”不同，“喻”是不明言而暗示之；“谕”则是明确地告诉，直言而使人知道。《广韵》解“喻”为“譬谕也”，意思就是打个比方来告诉对方，而不直接告诉对方。譬，譬如，打比方。

喻，是打比方来说明，能使人理解得更深刻、更清晰，因此，古代把“喻”作为最重要的教学方法。

“喻”，更容易使人接受。想让学生知道的知识，不要明确地讲说，而是通过举例子、打比方、讲故事等，创设情境，提供条件，让学生自己发现知识，使学生自己领悟到该学的知识，这样学生就会有一种兴奋感，对自己感悟和发现的知识，就会记忆深刻——因为是自己感悟出来的东西。这些知识，他会积极主动地去掌握和运用。

（二）怎样喻？

古人讲学，非常注重“喻”。我们读先秦经典，会发现主要是用“喻”这种方式在讲述自己的思想，如《庄子》《韩非子》等，都是用大量的寓言故事来阐释自己的观点。读荀子的《劝学》，会发现通篇都是打比方。

写书如此，教人也是如此。《礼记·学记》载：“君子之教，喻也。道而弗牵，强而弗抑，开而弗达。道而弗牵则和，强而弗抑则易，开而弗达则思。和易以思，可谓善喻矣。”

这段话是什么意思呢？就是指出道路让学生自己去走，但绝不牵着学生的鼻子；要严格要求学生，但绝不使学生感到压抑；要在问题开头启发学生思考，绝不把最终结果端给学生。高明的教师教学，在于善于引导，不是直接灌输知识，而是创设情境，言此而意彼，让学生感悟、发现，从而培养学生的创新能力。以宽容柔忍的心态教育学生，而不是强迫、压制，使学生接受现成的观点。学生只要有自己的思考，能开悟，能有自己的结论就行，其结论并不要求与老师预设的一样。

孔子在给学生讲授知识时，经常运用“喻”这种方法。例如，子曰：“譬如平地，虽覆一篑，进，吾往也；譬如为山，未成一篑，止，吾止也。”（《论语·子罕》）

又如，子曰：“为政以德。譬如北辰，居其所而众星共之。”（《论语·为政》）等等。

孔子在教育学生时，经常运用“喻”这种讲授方法。

在他谈到出身问题不是成功的障碍时，他打了一个比方说：“如果耕牛的牛犊毛色赤红且犄角周正，虽然它是耕牛的后代不宜做祭品，但山川之神怎么会舍弃它呢？”言外之意就是：只要你有了出众的才能，不管身份如何低贱，你一样可以被重用。这个比喻，很形象地阐释了“英雄不论出身”这句话的含义，令人深思，回味无穷。

孔子总是随时随地利用身边的事物教育学生。他站在河岸上，一句“逝者如斯夫，不舍昼夜”，比任何有关要珍惜时间、珍爱生命的格言警句有意味得多。它给你的是无尽的感叹，无尽的思绪，悠悠绵长，穿越时空，使你浮想联翩。这一句“逝者如斯夫”的感叹，深入你的心灵，而不只是轻飘飘地灌进你的耳朵。这就是“喻”教的力量。

孔子说："岁寒，然后知松柏之后凋也。"这就不是抽象的说教了，而是让你真真切切地感受到坚贞，感受到坚韧。松柏的不屈形象，生动地扎根于脑海。逆境中，这句话是奋进的动力；冷语中，这句话是三春的暖日。不言而喻，比直说"人要坚强"更易让人接受，也印象深刻。

（三）现代教育如何运用"喻"教

现代教师讲授知识，最缺乏的就是"喻"这种讲授方式。我们的老师在教学中，不是不用"喻"这种教学方法，而是没有明确意识到这种教学方法的优越，没有将这种教学方法明确化、经常化。

有的老师讲课，往往只是重复教材，将教材上的知识重复说给学生就算是讲课了，而不是用"喻"来阐述教材上的道理。道理只是几句话，而要学生学透学深，则需要来"喻"教材。就是打比方、举事例，深入浅出地以喻教学，才能使学生学得更明白，掌握得更扎实，学到的是活知识，而不是死知识。讲故事是最好的"喻"方式，而很多老师几乎忘记了这种形式。并不是只有孩子才喜欢听故事，初中生、高中生，甚至大学生都喜欢听故事，大道理用小故事来阐述，更容易使人相信而接受。把说教的内容编成故事，把要传授的知识融于故事，可以收到事半功倍的效果。

知识可以"传授"，而能力是不能传授的。现代教师，不但要具有传授知识的艺术，更要具备培养学生发现问题、解决问题的创新能力。"传授"，可以使学生掌握系统的基础知识，但"喻"可以使学生在正确的道路上自主探索，提升创新能力。

孔子的教师观

一、热爱学生，忠于教职

孔子说："爱之，能勿劳乎？忠焉，能勿诲乎？"（《论语·宪问》）意思是说爱学生，自己能不任劳任怨吗；忠于教职，自己能不谆谆教导吗？

这种精神正是他作为一名优秀教师的优良品质的具体反应。他不仅是这么说的，也正是这么做的。他一生历经磨难，不屈不挠，孜孜以求，献身教育。“我非生而知之者，好古敏以求之者也。”“发愤忘食，乐而忘忧，不知老之将至云尔。”这也正是他热爱教育事业的真实写照。

二、学而不厌，诲人不倦

在孔子看来，作为一名教师，必须有不断进取，认真负责的态度。具体地说就是学而不厌，诲人不倦，这里包括两个方面：一是对自己，为了教育好学生，应该不断学习，努力提高业务水平，活到老学到老。他自己也正是这样做的：“发愤忘食，乐以忘忧，不知老之将至。”（《论语·述而》）二是对学生，不仅要不知疲倦地为他们工作，而且还要毫不保留地把自己的全部知识传授给学生，做到“无私、无隐”，还要使受教育者不倦（“善教者使人继其志”）。孔子曾对学生说：“吾无隐乎尔，吾无行而不与二三子者，是丘也。”（《论语·述而》）他不仅是这样说的，而且也是这样做的。他从未隐其学而不教的。《论语·季氏》记载了这样一则感人的故事：孔子的儿子孔鲤在孔门受业，弟子陈亢怀疑孔子给儿子以特殊的教导，于是便问孔鲤：“有异闻乎？”孔鲤说吾父教导我“不学诗，无以言；不学礼，无以立”，故退而学诗、学礼。陈亢没有听到什么“异闻”，便得出“夫子远其子”的结论，即孔子对儿子和学生没有什么不同的指教，而是一视同仁。这足以说明孔子具有教育家的伟大胸怀。孔子的学生子贡曾赞美说：“学不厌，智也；教不倦，仁也。仁且智，夫子既圣矣。”（《孟子·公孙丑上》）在这里“圣人”并没有什么神灵之光，不过是一个具有“仁且智”品格的优秀教师而已。但要做到这一点，又谈何容易。孔子“学而不厌，诲人不倦”的工作态度，是中国教师的传统美德，在今天也是难能可贵的，值得我们大力发扬。

三、以身作则，知行统一

孔子认为教师应该言行一致，成为学生的表率。为此，他强调教师应严格要求自己，处处以身作则。他说：“其身正，不令而行；其身不正，虽令不从。”（《论语·子路》）又说：“不能正其身，如正人何？”（《论语·子路》）在这里，他看到了身教重于言教的道理，这也是道德教育的最重要的原则和方法。其含义包括知行统一和言行一致两方面。孔子特别注重道德行为的训练，把“行”作为道德教育的目的，以“行”作为衡量一个人道德品质的标准。在道德践履过程中，如何做到身体力行呢？孔子特别强调：第一，“慎言敏行”，不说假话、大话、空话，言必及义，言必中伦，言必见行，做到“言中伦，行中虑”“君子耻躬之不逮”；第二，“言必信，行必果”，一切言行都要用结果和效果来检验。反对言而无信，行而未果；第三，从教者要“率身正行”，成为学生效法的典范。

四、立志乐道，志存高远

首先，强调立志的重要性。他要求人们必须树立远大理想和宏伟目标，即所谓“志于道”，成为弘道扬道的仁人志士，为“道”奋斗终生。

其次，强调正确处理远大理想与眼前利益的关系。孔子主张眼前利益必须服从远大理想，为了实现远大理想能够牺牲眼前利益。此即所谓义、利关系。他要求士君子必须做到“见得思义”“谋道不谋食”“忧道不忧贫，君子喻于义”“小人喻于利”“不义而富且贵，于我如浮云”“德者，本也；财者，末也”。我们能够做的和应该做的是“君子爱财，取之有道”。

最后，要坚持长期艰苦磨炼，持之以恒，要有百折不挠的精神和坚忍不拔的毅力。做到“磨而不磷，涅而不缁”，能经受任何困难考验，才能坚守志向，实现理想。

五、克己内省，改过迁善

这是孔子强调的一种重要的道德修养方法。道德修养贵在自觉，道德教育贵在培养人的道德自觉性，一切道德行为都是成于内而形于外的自觉行动。因此，这是自我教育的重要方法。首先，他强调严以责己，宽以待人，即所谓“躬自厚而薄责于人”“反求诸已”“不尤人”；其次，要善于自我省察，做到“吾日三省吾身”；最后，自我克制，要克制一切私欲、贪念和非礼行为的产生，做到视、听、言、动皆中礼，做到“非礼勿视，非礼勿听，非礼勿言，非礼勿动”。

道德教育和修养的过程，就是长善救失、扬是抑非的过程。孔子认为，人无完人，每个人都有优点和缺点、长处和短处，关键在于是否有正确态度，怎样对待“过”。这也是“君子”和“小人”的根本区别。因此，他要求：第一，有过必改，闻过则喜，“过则勿惮改”“过而不改，是谓过也”（《论语·学而》）。第二，要“见贤思齐，见不贤而内自省”，虚心学习别人长处，以别人错误为戒。此外，要“乐多贤友”（益者三友：友直、友谅、友多闻），“以友辅仁”，要相互“忠告而善道之”。

六、后生可畏，教学相长

孔子十分重视年轻一代的成长发展，并寄予后生很大的希望。他说：“后生可畏，焉知来者之不如今也？”（《论语·子罕》）孔子自己觉得不如颜回。他说：“贤哉，回也，不幸短命也。”在人类发展的进程中，后代与前代总有继承与发展的关系，但是，后代总是站在前代的肩上，比前人高。孔子的“后生可畏”正是揭示了这一真理。孔子主张师生关系要有一个共同的基础，那就是在真理面前完全平等。他有一句格言：“当仁，不让于师。”（《论语·卫灵公》）“仁”是孔子最高的道德原则。他教导学生在“仁”面前不分师生，一律平等，学生不要因位卑或年龄小而谦让老师。同时，他还反对学生对老师的盲目服从，不赞成“对吾言无所不悦”的态度。这种“当仁不让于师”的思想，在教育过程中就表现为师生之间可以相互批评的民主学风。也正因为有了这种民主的风气，师生关系才得以融洽，老师也深受学生的尊敬。孔子虽和子路、冉求、樊迟等争执很多，但孔子仍将他们培养为高才生。同时，他们对孔子也十分爱戴。难怪孟子说：“以德服人者，中心悦而诚服也，如七十子之服孔子也。”（《孟子·公孙丑上》）

七、因材施教，启发诱导

因材施教是孔子教学上最常用的一个重要原则，也是他教学获得成功的最重要的因素。这个概念是由宋代教育家朱熹给予概括的：“夫子教人，各因其材。”其基本含义，就是根据学生的资质、性格、才能、特长、志趣、程度等特点，有针对性地进行教学。

启发诱导是孔子教学的最高深的一条原则。他把启发式教学表述为：“不愤不启，不悱不发。举一隅不以三隅反，则不复也。”它包括两层含义：一是实行启发式教学必须把握学习者“愤”“悱”的时机，适时地进行启发、诱导，调动学生思维的主动性、积极性，自觉求知；二是实行启发式教学的目的在于培养学生举一反三的推理能力，做到触类旁通。其核心是最大限度地激发学生的积极性，主动地学习，发展思维能力。孔子使用启发式教学的主要方法：第一，掌握学生“愤”“悱”的心理状态，“当其时”而教；第二，教学内容要难易适度，循序渐进，“当其可”而授；第三，充分利用学生已有的知识，由已知到未知，温故而知新；第四，教师要“罕譬而喻”“言近旨远”，善于运用“切问近思”“叩其两端”等方法，启发学生思考，激发学习兴趣，培养思维能力；第五，存疑问难，使无疑者有疑，使有疑者无疑，“小疑小进，大疑大进，无疑不进”；第六，教师要“循循善诱”“谆谆教诲”，使学生始终处于欲罢不能、欲进不已的状态，这是启发式教学的本质特点。

孔子的学生观

孔子的学生观集中体现在他承认学生的差异性和可塑性的思想。孔子认为，人的天生素质都相差不远，只是由于环境和教育的作用，人与人之间才形成差异，即所谓“性相近也，习相远也”。孔子说：“生而知之者，上也；学而知之者，次也；困而学之，又其次也；困而不学，民斯为下矣。”孔子认为除了上知、下愚不可移易之外，其他人都是可以通过学习而改变的。这说明了教育和学习的重要性，同时也指出了人的可塑性。孔子在承认学生的差异性和可塑性的基础上，演绎出“有教无类”“因材施教”“循循善诱”的教育思想。

“有教无类”是孔子最先执行的教育方针。他自称“自行束脩以上，吾未尝无诲焉”“人洁己以进，与其洁也，不保其往也”。据《史记·仲尼弟子列传》记载，孔门弟子来自鲁、齐、宋、晋、楚、秦等国，其中有贵族子弟孟懿子，也有“贱人”仲弓；有家累千金的子贡，也有箪食瓢饮的颜渊；有愚直的高柴，也有鲁莽的子路。孔子不畏世俗，怀着极大的教育热情，“正身以俟，欲来者不拒”，对于那些出身低贱和家境贫寒的学生施以平等的教育，真正做到了“师之教也，不争轻重尊卑贫富而忠于道”，体现了师爱的理智性和广泛性。“有教无类”的思想对于我们今天所呼唤的教育公平是最好的回答。

孔子在尊重学生志向，在根据学生的不同特点进行教育方面树立了榜样。由于他对学生了如指掌，因而能因人而教，循循善诱。孔子根据学生的个性差异因材施教的例子在《论语》一书中的记载是很多的。在《论语·先进》中有这样一则故事：子路和冉有都向孔子提出了“闻斯行诸”的问题，即“得到真理就马上干起来吗”。孔子的答案竟完全相反，这引起了公西华的疑问。孔子回答说：“求也退，故进之；由也兼人，故退之。”意思是说，冉求平日做事，过分谨慎，所以我给他壮壮胆；仲由有两个人的胆量，勇于作为，所以我要压压他的锐气。这就是典型的因材施教、因人而教的范例。这个例子说明了孔子的教学注重从学生的实际出发，而不是无的放矢。

孔子的教育还十分注重顺应学生的性情，采用使学生“趋向鼓舞”和“中心喜悦”的积极教育方法，这就好像沾衣欲湿的杏花雨，吹面不寒的杨柳风，是一派盎然的生机，而不是冰霜肃落、生意萧索。据《史记·仲尼弟子列传》记载，子路在成为孔门弟子以前，“性鄙，好勇力，志伉直，冠雄鸡，佩豭豚，陵暴孔子”。但孔子对子路并没有采取憎恶的态度，而是“设礼稍诱”，以身立教，终于使子路折服，并穿上儒服发誓要跟孔子学习。后来，子路不仅追随孔子游说诸侯，而且成了孔子思想的忠实信奉者和执行者我们深知，改变一个学生，在延迟的期待中需要老师多大的耐心和韧力。这个故事，对于我们改进后进生的教育不无启迪。

一、孔子弟子绝大多数“贫且贱焉”，但通过学习改变了自己

颜渊箪瓢屡空，樊迟学稼为圃，闵子骞芦衣推车，仲弓为贱民之子，原宪摄敝衣冠，子张为鄙家子弟，子夏衣若悬鹑，公冶长身陷冤狱。

人之于文学也，犹玉之于琢磨也。《诗》曰：“如切如磋，如琢如磨。”谓学问也。和之璧，井里之厥也，玉人琢之，为天下宝。子贡、季

路，故鄙人也，被文学，服礼义，为天下列士。（《荀子·大略》）

【译文】人对于学习研究古代文献典籍，就像玉对于琢磨一样。《诗》云："就像治骨磨象牙，就像雕玉磨石器。"就是说的做学问啊。卞和的玉璧，原是乡里固定门闩的楔形石块，加工玉器的工匠雕琢了它，就成了天下的珍宝。子贡、子路，原是谫陋的人，受到了文献典籍的影响，遵从礼义，就成了天下屈指可数的名人。

二、孔子弟子性格差异很大，素质良莠不齐

1. 颜回的不违

子曰："吾与回言终日，不违，如愚。退而省其私，亦足发挥，回也不愚。"（《论语·为政》）

【译文】孔子说："我整天给颜回讲学，他从来不提不同的见解，好像很愚笨。可是，下课后我考察他私下的言行，却发现他能发挥我的观点，可见颜回并不愚笨。"

2. 子路的率性

子见南子[①]，子路不说[②]，夫子矢之曰[③]："予所否者[④]，天厌之！天厌之！"（《论语·雍也》）

【注释】①南子：卫国国君卫灵公的夫人，名声很坏，婚前与人通奸，婚后旧情不断。②说：同"悦"。③矢：发誓。④否：不对，不是，指做了不正当的事。

【译文】孔子会见了南子，子路不高兴。孔子发誓说："假如我做了什么不正当的事，那么上天厌弃我！上天厌弃我！"

子路向老师表示出不满，老师赶快解释，体现了师生间真正的平等，这种解释基于内心的纯净，彼此心中坦荡荡。

3. 子张张扬，子夏保守

子贡曰："师与商也孰贤[①]？"子曰："师也过，商也不及[②]。"曰："然则师愈与？"子曰："过犹不及。"（《论语·先进》）

【注释】①师：子张，为人才高意旷，做事常有过分之处；②商：即子夏，为人拘谨保守，做事常有不及之处。

【译文】自贡问孔子："颛孙师（子张）和卜商（子夏）两个人，谁强一些？"孔子道："师呢，有些过分；商呢，有点不及。"子贡道："那

么，师强一些吗？”孔子道：“过分和不及一样。”

4. 高柴愚笨，曾参迟钝

柴也愚，参也鲁，师也辟，由也喭。（《论语·先进》）

【译文】高柴愚笨，曾参迟钝。颛孙师偏激，仲由莽撞。

5. 宰予的懒惰

宰予昼寝。子曰："朽木不可雕也，粪土之墙不可圬也。于予与何诛（指责）？"子曰："始吾于人也，听其言而信其行；今吾于人也，听其言而观其行。于予与改是。"（《论语·公冶长》）

【译文】宰予白天睡觉。孔子说："腐烂了的木头雕刻不得，粪土似的墙壁粉刷不得，对于宰予呀，我说什么好呢？"孔子还说："起先，我对别人，听到他的话，便相信他的行为；现在，我对别人，听到他的话，还要考察他如何行动。从宰予身上，我吸取了教训，改变了态度。"

6. 闵子骞的孝

子曰："孝哉，闵子骞！人不间于其父母昆弟之言。"（《论语·先进》）

【译文】孔子说："闵子骞真孝顺呀！人们对于他爹娘兄弟称赞他的话没有异议。"

孔子的学生如同我们今天的学生，类型多样，性格各异。面对这些学生，我们要向孔子学习，对不同性格的学生，采取不同的教育方式，因材施教，耐心教导，个别谈心，诲人不倦。只有这样才能提高教学效果，达到育人目的。

孔子的课程观

可以说，孔子是我国教育史上第一个注重教材开发和课程改革的教育家。他丰富的教学理念大都收录于《论语》中，早在两千多年前，孔子教育思想中的课程观就贯穿其中。

古往今来，每个时代由于社会背景的不同都会导致课程目标的差异。两千多年前的孔子处于春秋末期，社会动荡不安，人伦失范，底层百姓的生命和尊严得不到最基本的保护。因此，孔子的课程目标首要确立的是“做人”，其次才是“做官”。孔子认为“做人”首先要具备“仁”，孔子认为“仁”是一种发自内心的情感意识，真心关爱他人，而不是一种外在的道德规范。

仁最基本的精神是爱人，只要有人的地方，大家都要相互关爱，这样社会才能维持和谐安定。孔子要求弟子“志于道，据于德，依于仁，游于艺”（《论语·述而》）。这是孔子对培养目标的总论述。由此可见，课程目标应该是“道”，即宇宙人生之根本规律，也指做人要有理想；这个目标的根据是“德”，“德”者得也，是人之得于道者，是道在人身上的凝结呈现，是做事要坚持原则和道德操守；而目的是“仁”，“仁”是德的核心，做人做事要以“仁”为基本准则；“艺”是所要学的内容，即六艺：礼、乐、射、御、书、数，学习六艺之文以成仁。因此，“依于仁”体现出课程的最终目标就是“仁”。

综上所述，孔子的课程目标是培养“仁德”之人，即培养志道弘道的志士和君子。

孔子一生以“朝闻道，夕死可矣”的精神追求道。他教育他的学生“人能弘道，非道弘人”“士志于道，而耻恶衣恶食者，未足与议也”“笃信好学，守死善道”“志士仁人，无求生以害人，有杀身以成仁”。他的学生也颇有体会，曾参说：“士不可以不弘毅，任重而道远。仁以为己任，不亦重乎？死而后已，不亦远乎！”子夏曰：“百工居肆以成其事，君子学以致其道。”可见，教道和学道是孔门师生共同的目的，孔子的教育目的已转化为学生的学习目的。

孔子主张的教育目的是培养“士”，而“士”的标准就是“君子”或“君子儒”。“君子”原是奴隶主贵族统治者的专称，即奴隶主贵族老爷的意思。孔子把它发展成为具有一定道德标准的精神贵族的理想人格，即把“君子”当作教育的培养目标。他明确提出作为一个“君子”，一要能“修养自己，保持恭敬谦逊的态度”，即要有“德”。二要有“使亲族朋友及老百姓都得到安乐”的治国安民之术，即要有“才”。君子德才兼备，以德为主。

孔子所收的弟子中，由于家庭背景、年龄、能力、性格的参差不齐，如何才能因材施教，让每个弟子发挥出他们各自的潜力，是孔子课程设置的难点。孔子很注重对自己弟子的观察和深入了解，然后在此基础上采取不同的教育方式。

孔子认为，课程设置要依据一定的次序才能达到良好的教学效果。他在进行课程设置的过程中，首先明确课程的培养目标，然后再渐进培养弟子的其他知识和技能。从《论语·述而》中可以看出，孔子的课程设置遵循了“志道、据德、依仁、游艺”的原则。

孔子的教育以“文、行、忠、信”为核心内容。在重视道德教育的同时，也不忽视知识的教育。孔子精心整理、编订了《诗》《书》《礼》《乐》《易》《春秋》“六经”作为教学用书，其教学内容涵盖了文学、道德、伦理、哲学、历史、音乐、艺术等课程。孔子的课程设置及教材开发充分表明了他重视学生的个性差异，强调“学以致用”的教育思想。目前，我国教育正面临着课程改革的严峻挑战，借鉴孔子的课程改革和教材开发观，或许对我们的课程改革及教材开发会起到深刻独到的启迪作用。

孔子的办学目标

孔子办学目标，即孔子想把学生培养成什么样的人。

子谓子夏曰：“女为君子儒，无为小人儒！”（《论语·雍也》）

【译文】孔子对学生子夏说：“你要做一个君子型的知识分子，不要做一个小人型的知识分子。”这也就道明了孔子教育学生的目的是教人做君子，而不仅仅是传授知识。

我们今天也经常用君子和小人这两个概念，称赞德行好的人为君子，批评德行差的人叫小人。其实，说某人是小人，基本就是骂人。但在孔子时代，称某人是君子，一般不是指这个人道德高尚；叫某人为小人，别人也没有被辱骂的感觉。孔子时代，君子本是指统治阶层，是国家的管理者，相当于今天我们所说的领导干部。我们今天的领导干部分为科级、处级、局级、部级等，孔子时代，君子分为士、大夫、诸侯、天子等。不过，那个时代，只有君子才能当国家管理者。也就是说，你要想当官，你最低得是士人出身。当然，在孔子时代，这种严格的出身制度已经在逐渐衰落。

历史上有些概念会出现转义——原来指这个意思，后来变成了那个意思。也就是从孔子开始，君子这个词出现了转意，本来专指社会地位的词，又被赋予了道德含义，把有道德层次的人叫作君子。在这种转义的过程中，孔子和孔门起了重要作用。在《论语》中，孔子对君子、小人的概念做了道德引申，时常在道德意义上使用。有时君子的概念是指从政者，小人是指平民；但更多的时候君子就是指道德高尚的人，小人是指道德卑劣者。也有时候，君子是指有德的从政者，小人是指无德的平民。

孔子教学生做君子，是成就大人之学，不是教一般的某个方面的谋生技巧。孔子办的学校相当于现代的综合性大学，出来之后要走向各个领域的领导岗位。而学习某一项专门的技术，这些小民之技孔子是不教的。我们来看一个关于孔门教授君子之学而不教授谋生技巧的经典案例。

樊迟请学稼。子曰："吾不如老农。"

请学为圃。曰："吾不如老圃。"

樊迟出，子曰："小人哉，樊须也！上好礼，则民莫敢不敬；上好义，则民莫敢不服；上好信，则民莫敢不用情。夫如是，则四方之民襁负其子而至矣，焉用稼？"（《论语·子路》）

【译文】樊迟向孔子请教怎么种庄稼。孔子说："我不如老农。"

樊迟又请教怎么种菜。孔子说："我不如菜农。"

樊迟退出后，孔子说："樊迟真是个当老百姓的料。身居上位的人只要重视礼，老百姓就不敢不敬畏；只要重视诚信，老百姓就不敢不用真心实情来对待。要是做到这样，四面八方的老百姓就会背着自己的小孩来投奔，哪里用得着自己去种庄稼呢？"

樊迟本来叫樊须。因为姓樊名须，字子迟，所以也叫樊迟。他比孔子小36岁，农民出身，在没有拜孔子为师之前，已经在孔子的学生中任鲁国季氏家臣的冉求手下任职。樊迟这个人有勇有谋，齐国军队攻打鲁国的时候，曾经跟随冉求作战，并且提出过很重要的建议，致使鲁国军队大获全胜。这个学生或者是因为当过农民对种植太着迷了，可能也是觉得孔子是万能的吧，居然去问孔子怎么种庄稼种菜。孔子可是大学问家，你问学问可以，哪能去问他这样的问题呢？而且先问种庄稼，人家不回答，你就别问了，接着还问种菜。遇到这样的学生，哪个老师不生气？不过孔子当面好像还没表现出不高兴，只是他走之后向同学们发了一番感叹。

这个小故事里，孔子清楚地阐明了为什么不教学生平民之学的原因，他办学的目的，是想让自己的弟子都能成为领导者，成为民风教化者。

子曰："君子谋道不谋食。耕也，馁在其中矣；学也，禄在其中矣。君子忧道不忧贫。"（《论语·卫灵公》）

【译文】孔子说："君子用心谋求大道而不费心思去谋求衣食。你亲自去耕田种地，会让人失去进取心；努力学习，却可以得到俸禄。所以，君子只为大道的存废而担忧，不担忧贫穷。"

孔子这话说得更明确了，耕地是老百姓干的事，孔子教学生就是教他们怎么成为领导者，成为管理国家的人才，做君子应该做的事。

孔子的教学组织形式

孔子在中国教育史上采用了许多行之有效的教学形式。其中，个别教学是主要的教学形式，随机教学、小组教学、分层教学、次相教学、集体教学、现场教学、无形教学等是其辅助形式。这些教学形式在孔子教学过程中起到了非常重要的作用，对方今的教学形式变革也具有十分重要的意义。

所谓教学形式，又称教学组织形式，是在教学过程中，教师、学生、时间与空间等要素的安排方式。孔子的教学乃私家授徒。据考证，其教学空间，即教学场所不只限于今日曲阜阙里的塾、堂、室，还有尼山上、杏树下、沂水旁、田野里等，到处都留下了他教学的足迹。其教学时间也没有一定的限定，真可谓时时是教学之时，处处是教学之所。概括起来，孔子的教学形式以个别教学为主，同时也沿用和创造了其他一些行之有效的教学形式。

一、个别教学：孔子主要的教学形式

这是一种教师集一些学生于一室，但采用单个讲授、单个检查、单个指导的方式进行的内容不同、进度不同的教学安排方式。个别教学这一安排方式，源于原始社会时期的自然形态教学，其后一直是中国古代主要的教学形式。这一教学形式的特点有：一是单个施教；二是教学内容各异；三是教学进度不同；四是重视学生自学；五是要求教师素质高。

当代著名教育心理学家布鲁姆在研究探索优质高效教育方法时发现，在集体教学活动中，学生的能力跟学习成绩成正向比例关系，成绩优秀者只占群体的20%，而在一名教师对一名学生的个别教学中，学生的能力跟学习成绩几乎不相关，98%的学生能获得原先只有20%学生能获得的优秀成绩。也就是说，无论学生能力的强与差，在老师进行个别教学时，都能获得优秀的成绩。

有人认为，现代班级教学不适应个别教学。觉得个别教学成本高，教学进度不能整齐划一，教学效率相对较低，个别教学增加教师负担，等等。其实，这些都不是不能进行个别教学的原因。

据考证，孔子教学的主要形式就是个别教学。正如美国著名学者顾立雅（H.G.Creel）在其《孔子与中国之道》中指出的那样，孔子的教学形式似乎完全是不拘一格的，没有提到分班或进行考试。相反，孔子同时与一名或几名学生在一起交谈，有时自己讲，有时向他们提问。尽管这种个别教学因为其费用昂贵现在已经不被广泛使用，但其却酷似于在一些学院和大学里使用的导师制。这是孔子成功使用的一种教学形式。春秋时代的孔子不仅主要采用了个别教学这一形式，而且在使用这一教学形式时还有自己的创新之处。

第一，孔子理解到实施个别教学的首要任务就是必须透彻把握弟子的差异性。正如每位好教师一样，孔子非常留意弟子的差异。溯诸史料，孔子留意的弟子差异概括起来主要有以下几个方面：其一，弟子的智力有一定差异。有“上智”之人、“中人”与“下愚”之人（《论语·雍也》）。其二，弟子的志向有一定差异。有的乐于从政，有的愿意从教，有的愿意退隐。其三，弟子的特长有一定差异。有的长于言语，有的长于德行，有的长于政事，有的长于文学。其四，弟子的年龄有一定差异。有少年、中年与老年。其五，弟子的发展有一定差异。有“可与共学”者，有“可与适道”者，有“可与立”者，有“可与权”者（《论语·子罕》）。其六，弟子的学习进度有一定差异。有的刚刚入门，有的抵达升堂，有的已经入室。其七，弟子的性格有一定差异。有的活泼开朗属于外向性格，有的沉默寡言属于内向性格。有的“兼人”，有的“退”（《论语·先进》）。其八，弟子的能力有一定差异。有的“闻一以知二”，有的“闻一以知十”（《论语·公冶长》）。其九，弟子的努力程度有一定差异。有的全力以赴，有的中道而废（《论语·雍也》）。其十，弟子的学习境界有一定差异。有“知之者”“好之者”与“乐之者”（《论语·雍也》）。可贵的是，孔子还将弟子的差异用一个字综合概括之。譬如，柴也愚、参也鲁、师也辟、由也喭、由也果、赐也达、求也艺、求也退，等等。

一部《论语》中，孔子对其弟子问同而答异的案例非常多。这涉及问礼、问政、问孝、问君子、问诗、问行、问知、问明、问崇德辨惑、问友、问士、问成人、问善人之道等等。

总之，个别教学是孔子当时主要的教学形式，也是中国古代主要的教学形式。它虽有一定的局限性，如学校规模相对较小、教学进度迥然不同、学生年龄差别大、学生发展程度参差不齐、教学时间缺乏计划性、教学效率相对较低、教学需要个别进行成本高与对教师素养要求高等，却特别有利于教师依据学生的个别差异确定不同的教学目标、教学内容、教学进度、教学梯度与教学坡度等，通过耳提面命，因材施教，使每位弟子都能得到一定程度的发展，铸就个性张扬的人才。

在以班级授课制这一教学形式为主的今天，为了照顾学生的个别差异，达到促进每个学生个性充分自由的发展的目的，我们应回首孔子时代去汲取个别教学中的某些长处以补班级授课制之弊。应注意的是，20世纪50年代产生于西方的以斯金纳的程序教学拉开序幕的新型的个别化教学，现今已经成为学校教学的主流。诚如《国际教育大百科全书》所言：“近几十年来，教育革新最积极的领域之一是个别化教学。在全世界的教育环境中，一种适合学习者个别差异的越来越多样化的技术已经发展起来。”应该说，这种个别化教学虽然与孔子时代的个别教学有所不同，却汲取孔子时代个别教学中单个施教、内容与进度各异的特点，来纠正班级授课制之弊，以充分开发每个学生的发展潜能。

二、孔子其他的教学形式

除了使用个别教学这一主要教学形式之外，孔子还继承或创造性地使用了其他一些教学形式。应该说，这些教学形式的使用是对孔子个别教学形式的补充，具有与个别教学形式相辅相成的作用。溯诸史料，孔子运用过的其他教学形式主要有以下几种：

1. 随机教学

这是教师在率学生外出游历中，针对沿途耳闻目睹到的有教育意义的人、物、事而随时随地施教的一种教学形式。这种教学形式要求教师具备敏锐的观察力、良好的教育素质与教育机制等素养，如此才能透彻把握，正确使用。孔子是中国古代随机教学的首倡者与实践家。譬如，《论子路》就如实地记录了孔子在周游列国的仆仆风尘中结合所见所闻对弟子进行随机教学的情景：“子适卫，冉有仆。子曰：‘庶矣哉！’冉有曰：‘既庶矣，又何加焉？’曰：‘富之。’曰：‘既富之，又何加焉？’曰：‘教之。’”再如，“仲尼适楚，出于林中，见佝偻者承蜩，犹掇之也。仲尼曰：‘子巧乎！有道邪？’曰：‘我有道也。五六月累丸二而不坠，则失者锱铢；累三而不坠，则失者十一；累五而不坠，犹掇之也。吾处身也，若厥株枸；吾执臂也，若槁木之枝；虽天地之大，万物之多，而唯蜩翼之知。吾不反不侧，不以万物易蜩之翼，何为而不得？’孔子顾谓弟子曰：‘用志不分，乃凝于神，其佝偻丈人之谓乎！’”（《庄子·达生》）这段话比较具体全面地记载了孔子以随机教学形式教育弟子学必立志、志必达道，以及专心致志的典型案例。

这种教学形式，简便易行，不拘一格，生动形象，活泼及时，既有潜移默化之功，又有耳濡目染之效，是一种接触现实、了解实际、回归自然、向民众学习的好形式，也是孔子弟子一项重要的社会实践活动。

在我们平时的课堂教学过程中，经常会有一些突发事件，而对这些突发事件进行良好的处理，借用这一突发事件对学生进行有针对性的教育，就是随机教育。因为此时此境，加上教师的巧妙引导，最易触及学生的心灵，而不需教师苦心孤诣地创设情境，教育的效果最好。

教师在课前要认真备课，在教学过程中，绝不能完全遵循自己的备课情况，而要根据学生的情况，进行随机教学。

教育最好的形式是创设教学情境。有意创设的教学情境，毕竟是人为创设的，而随机教学，则是利用自然现成的教学场景，学生的参与感和现实感更强，受到的教育会更深刻，教育效果会更好。老师要善于运用身边的场景、事件对学生进行教育，借用学生当时能看到的、听到的现场感受的物件为载体，对学生进行生动有效的教育。而很多教师不注意随机教学，不善于利用课堂的生成资源，错失了大量的良好教育机会；往往只是针对犯错学生进行惩罚，而不注重利用此情境对全班学生进行教育。

在教学过程中，学生出现了错误，是最佳的随机教学的机会。这时要充分利用这一情境，让学生说说为什么会这样想，说出原因，供所有学生借鉴。这时的教学，现场感较强，可以使学生记忆深刻。而我们的很多老师往往在学生答错了时，只是简单地评价说你错了，再找其他同学来说出正确的答案。而不追问一句："你为什么会这样想？"错误的出现，大部分都有它的共性原因，这时找出来，对所有的学生都是一种警示。

"处处留心皆学问"，随机教学，将对学生的教育贯穿到学生的生活中，而不只是进行课堂讲授。一来使学生容易接受，有感性的认识；二来使学生感受到知识的生活化，从生活中感受知识，将知识应用于生活。

2. 小组教学

孔子使用的小组教学是一种先生与弟子围坐在一起，通过平等的讨论、谈心与交流等求道达真的教学形式。概括而言，这种教学形式具有以下特征：一是侍坐性，只有能够陪伴侍候的弟子才有资格参与小组教学；二是互动性，小组教学既有师生互动，也有生生互动；三是平等性，当然，这里所说的平等只是相对平等而不是绝对平等，但在特别重视师道尊严的春秋时代，孔子所使用的小组教学一方面做到了师生围坐，另一方面做到了平等地讨论、谈心与交流等，这是相当不简单的。

关于孔子运用小组教学的记载较多。其中，《论语·公冶长》中的"颜渊、季路侍"章，《论语·先进》中的"子路、曾皙、冉有、公西华侍坐”章，都较为客观真实地记录了当时孔子小组教学、师生同磋共商的情景。特别是《礼记·仲尼燕居》中的一段记载，更是活脱脱地勾勒了一幅孔子小组教学的生动画面：“仲尼燕居，子张、子贡、子游侍，纵言至于礼。子曰：‘居！女三人者，吾语女礼，使女以礼周流，无不遍也。’子贡越席而对曰：‘敢问如何？’子曰：‘敬而不中礼谓之野，恭而不中礼谓之给，勇而不中礼谓之逆。’子曰：‘给夺慈仁。’子曰：‘师，尔过；而商也，不及。子产犹众人之母也，能食之，不能教也。’子贡越席而对曰：‘敢问将何以为此中者也？’子曰：‘礼乎礼，夫礼所以制中也。’子贡退，言游进曰：‘敢问礼也者，领恶而全好者与？’子曰：‘然。’‘然则何如？’子曰：‘郊社之义，所以仁鬼神也；尝禘之礼，所以仁昭穆也；馈奠之礼，所以仁死丧也；射乡之礼，所以仁乡党也；食飨之礼，所以仁宾客也。’子曰：‘明乎郊社之义，尝禘之礼，治国其如指诸掌而已乎！是故，以之居处有礼，故长幼辨也；以之闺门之内有礼，故三族和也；以之朝廷有礼，故官爵序也；以之田猎有礼，故戎事闲也；以之军旅有礼，故武功成也。是故，宫室得其度，量鼎得其象，味得其时，乐得其节，车得其式，鬼神得其飨，丧纪得其哀，辩说得其党，官得其体，政事得其施；加于身而错于前，凡众之动得其宜’……”这个画面生动地反映了当时孔子小组教学那种促膝交谈、各抒己见、畅所欲言、教学相长的情形。

这种教学形式使得教学气氛更加民主、平等、和谐、自然、融洽、活跃，学生可在无拘无束、思维活跃的教学情景中，求理达真，发展个性。正如《论语·先进》篇所描写的孔子的一次小组教学那样：“闵子侍侧，訚訚如也；子路，行行如也；冉有、子贡，侃侃如也。”

3. 分层教学

孔子在自己多年的教学实践中，充分运用“多见”“视其所以，观其所由，察其所安”，同时借助“多闻”与调查以知人，达到了“人焉廋哉”（《论语·先进》），即这个人的个性等怎么能隐藏得住呢？也就是可以充分了解一个人了。孔子在自己的教学生涯中不仅重视知人，重视依据自身的观察了解将弟子划分为不同的层次，而且采取了分层教学。披阅《论语》，仔细梳理可见，其分层教学有：

（1）依据弟子智力的不同分层教学。孔子依据自己对弟子智力的朦胧认识，把弟子划分为“上智”“中人”“下愚”三个层次分层施教。在孔子看来，“惟上智与下愚不移”（《论语·阳货》），“中人以上，可以语上也；中人以下，不可以语上也”（《论语·雍也》）。尽管孔子的上述言论现在看来不无过失之处，却与现代心理学中把儿童的智力水平划分为“超常”“正常”与“低常”三个层次不谋而合，从而开创了我国古代依据学生智力发展水平不同而分层教学的先例。

（2）依据弟子学习进度的不同分层教学。孔子曾向门人宣称：“由也升堂矣，未入于室也。”（《论语·先进》）还向子张说，善人“不践迹，亦不入于室”（《论语·先进》）。对此，朱熹释曰：“升堂入室，喻入道之次第。”（《四书集注》）我们诠释：升堂入室，也指教学之层次。由此我们推测，孔子当时似乎已把弟子按学习程度与智力水平划分为“入门”“升堂”“入室”三个层次依层施教。“入门”即初涉学界刚入门径；“升堂”即“造乎正大光明之域”；“入室”即“深入精微之奥耳”（《四书集注》）。“入门”与“升堂”教以《诗》《书》《礼》《乐》；“入室”诲以《易》《春秋》。

此外，《为政》篇载：“孟懿子问孝。子曰：‘无违。’樊迟御，子告之曰：‘孟孙氏问孝于我，我对曰，无违。’樊迟曰：‘何谓也？’子曰：‘生，事之以礼，死，葬之以礼，祭之以礼。’”据《史记·孔子世家》载，孟懿子是孔子办学早期招收的学生，樊迟则是孔子周游列国后才收的弟子，二人学习进度肯定不同，所以孔子采用分层教学区别对待之。

（3）依据弟子的学习境界不同分层教学。孔子认为，弟子的学习境界存在较大的差异，有“知之者”“好之者”与“乐之者”（《论语·雍也》）；有“可与共学”者，有“可与适道”者，有“可与立”者，有“可与权”者（《子罕》）；有“苗而不秀者”，有“秀而不实者”（《论语·子罕》），有秀而实者等。因此，教师必须对不同层次的弟子施加不同的教学。

可贵的是，孔子在其经验思维的基础上概括提出“生而知之者，上也；学而知之者，次也；困而学之，又其次也；困而不学，民斯为下矣”（《论语·季氏》）的见解。其实，这就是孔子对分层教学的归纳、概括与描述。人与人之间愚智不一、进度有别、学习境界参差，因而教学形式应采取分层教学。

4. 次相教学

这是一种弟子之间依次相传，授受学业的教学，即先由教师传授于高足弟子，再由高足弟子代教师向其他门徒进行教学的形式。次相教学之词虽然始于汉代，但我们认为，孔子是这一教学形式的最早倡导者与使用者。一部《论语》详细记载着孔子与弟子各方面的谈话，但提到名字的仅四十余人，常与孔子对话的则不足二十人，而司马迁却称，孔子“弟子盖三千焉，身通六艺者七十有二人”（《史记·孔子世家》），这真是个难解之谜。假如司马迁的记载准确，《论语》的记录又无误，解开此谜的谜底只能有一个，那就是孔子在当时教师少弟子众多的情况下，创造性地使用了次相教学。

一是因为孔子一生坎坷跌宕，30岁左右才办学收徒，这样不算中间间断，他几乎每年要招收70余名弟子，何况孔子共计有三个教育黄金时期：公元前521年至公元前517年，公元前515年至公元前500年，公元前483年至公元前479年，约25年，这样孔子每年招收的弟子必须达到百名以上。如此推算，孔子一人运用个别教学根本不可能做到尽人皆教。尤其是在孔子曾周游列国14年，而在此期间据史料记载：“孔子之从者，不过数十人。”（《洙泗考信录》）孔子有没有留高足垂教曲阜阙里，我们虽至今不得而知，不过我们猜想应该有代孔子而教者，原宪可能就是其中之一。加之，孔子早期创办私学时弟子并不是太多，直至后来才“弟子弥众，至自远方，莫不受业焉”（《史记·孔子世家》），都说明孔子可能采用了次相教学。

二是因为《论语》中有关于孔门高足代教的案例。

案例之一：

“子曰：‘参乎！吾道一以贯之。’曾子曰：‘唯。’子出，门人问曰：‘何谓也？’曾子曰：‘夫子之道，忠恕而已矣’。”（《论语·里仁》）

【译文】孔子说：曾参啊！我讲的道，拿一个道理把它贯穿起来。曾子说：我明白了。孔子就出去了。曾子的师兄弟来问：这是什意思呢？曾子就告诉他们。我们的老师所讲的道。讲忠恕之道而已。从这里开始学。学到圆满的境界，就是道。

在此，曾参作为一个典型的高业弟子即孔门小先生向门人解释：“夫子所说的吾道一以贯之的道，就是忠恕罢了。”

案例之二：

子曰：“不在其位，不谋其政。”

曾子曰："君子思不出其位。"（《论语·宪问》）

【译文】孔子说："不居于那个职位，便不要过问它的政务。"

曾子说："君子所思虑的不超出自己的职位的范围。"

此段记载虽然既没有背景，也没有场合的描述，但是仍依稀可辨这是曾子向其负责代教的弟子讲述何谓"不在其位，不谋其政"。

案例之三：

樊迟问仁。子曰："爱人。"问知。子曰："知人。"樊迟未达。子曰："举直错诸枉①，能使枉者直。"

樊迟退，见子夏曰："乡也②，吾见于夫子而问知，子曰，'举直错诸枉，能使枉者直'，何谓也？"

子夏曰："富哉言乎！舜有天下，选于众，举皋陶，不仁者远矣。汤有天下，选于众，举伊尹，不仁者远矣。"（《论语·颜渊》）

【注释】①错：通"措"放置。诸："之于"的合音。枉，不正直，邪恶。②乡：通"向"，从前。

【译文】樊迟问什么是仁。孔子说："爱人。"樊迟问什么是智，孔子说："善于了解别人。"樊迟还不明白。孔子说："选拔正直的人，使他地位在不正直的人之上，能够使不正直的人正直起来。"

樊迟退了下来，找到子夏，说道："刚才我去见老师，请教什么是智，他说：'提拔正直的人，使他地位在不正直的人之上，能够使不正直的人正直起来。'这是什么意思？"

子夏回答道："这话的意义多么丰富啊！舜有了天下，在众人之中挑选，提拔了皋陶，坏人就难以得势了。汤有了天下，在众人之中挑选，提拔了伊尹，坏人就只好远远走开了。"

当樊迟向孔子问什么是仁，孔子简明扼要地回答："爱人。"樊迟又问什么是知，孔子非常简约地回答："知人。"樊迟对此还有点糊涂。孔子进一步解释道："举直错诸枉，能使枉者直。"此时的樊迟依旧没有完全搞懂，退出来后，找到子夏问。子夏通过举例，准确而明晰地对孔子的话进行了解释。子夏此时无疑完全充当了小先生的角色。

历史史料缺乏的缘故，我们虽然已难以准确分辨出孔门中哪些弟子曾经做过孔门小先生，但是依据目前能够掌握的相关资料，我们认为：

首先，孔门小先生一定是升堂或入室者，而不可能是入门者。

其次，孔门小先生可能就是“四科十子”。即“德行：颜渊，闵子骞，冉伯牛，仲弓；言语：宰我，子贡；政事：冉有，季路；文学：子游，子夏”（《论语·先进》）。

最后，如上所述，《论语》详细记载着孔子与其弟子各方面的谈话，但提及名字的仅40余人，而常与孔子对话的不足20人。可能他们中的部分人就是孔门小先生，也就是他们帮助孔子撑起了人数达三千的庞大私学。

这种教学形式既解决了孔门师资短缺的问题，又化解了个别教学师少生多之弊，还给高足弟子提供了实际锻炼机会，可谓一举多得。这种教学形式在孔子之后得到了孟子、董仲舒、马融、郑玄等人的继承与弘扬。据记载，董仲舒曾“下帏讲诵，弟子传以久次相受业，或莫见其面”（《汉书》卷五六）。马融“教养诸生，常有千数……弟子以次相传，鲜有入其室者”[《后汉书》）卷六〇〈上〉]，“门徒四百余人，升堂进者五十余生。融素骄贵，玄在门下，三年不得见，乃使高业弟子传授于玄”（《后汉书》卷三五）。这与18世纪末英国教会牧师A.贝尔和公谊会的教师J.兰开斯特所创行的“导生制”（monitorial system），又名贝尔兰开斯特制，以及陶行知先生在1923年前后倡行的“即知即传人”的“连环教学法”，1932年改称的“小先生制”显然是开先河者。

5. 集体教学

尽管比较系统、比较完善的集体教学形式产生并发展于近代，但孔子早在2500多年前就尝试性地采用了古朴的、初级的集体教学形式。在研究孔子最可信的文献《论语》中，就有几则孔子采用集体教学形式的案例。

案例之一：

达巷党人曰①：“大哉，孔子！博学而无所成名。”子闻之，谓门弟子曰“吾何执？执御乎？执射乎？吾执御矣。”（《论语·子罕》）

【注释】①达巷党人：达巷，地名。党，五百家为党。达巷党，即达巷里（或屯）。

【译文】达巷里有人说：“孔子真是伟大啊！学问广博，可惜没有使他树立名声的专长。”孔子听了这话，对弟子们说：“我干什么好呢？是去驾马车还是去当射箭手呢？我还是驾马车吧！”

其中的“门弟子”显然泛指一群学生，而非一人，这是孔子在进行集体教学。

人越是高贵，对自己的评价就越是谦虚，孔子就是这样的人。孔子博学多才，精通六艺，也正因如此，孔子在各方面的才能都显得不是很突出，让达巷党人产生了“博学而无所成名”的误解。面对这种不知道是称赞还是讥讽的话，孔子的回答很有趣：“与射箭相比，我还是比较擅长驾车啊！”按照朱熹的注解，射、御都在六艺之中，但善射者位尊，而执御者卑，孔子这么说是谦虚的体现。

这个世界上，每个人都喜欢夸耀自己，有钱的炫耀财富，有才的恃才傲物，能说的夸夸其谈，有学问的总是小瞧他人，在这样骄傲的夸示中，获得心理满足。而谦虚的人则不然，不论有着多么卓越的才能，他们总是喜欢俯下身来，倾听别人的意见，接受别人的指点。所以，所有的人都喜欢与谦虚的人共事。也就是说，谦虚的人能打造最为和睦的人际关系，得到最大限度的认同，也能得到更多人的帮助。这一点，最典型的当属刘备三顾茅庐，这个故事可谓尽人皆知。当时，诸葛亮只有27岁，是个名不见经传的小青年。而刘备已经年近五十，并且是天下闻名的英雄。为见到诸葛亮，刘备多次来隆中拜访，足见刘备为人之谦虚。见到诸葛亮以后，刘备耐心向他请教，诸葛亮被他的尊重和谦虚感动了。不仅如此，诸葛亮还出山辅佐刘备，帮刘备打下一片江山。

案例之二：

子曰：“小子，何莫学夫《诗》？《诗》可以兴，可以观，可以群，可以怨。迩之事父，远之事君。多识于鸟兽草木之名。”（《论语·阳货》）

【译文】孔子说：“同学们，为什么不好好学一学《诗》呢？学《诗》可以培养联想力，可以提高观察力，可以使人与人合群，可以抒发不满。近可以侍奉父母，远可以侍奉君王；还可以多知道些鸟兽草木的名字。”

这段话中的“小子”是泛指一群学生，而非一人。

案例之三：

子曰：“由之瑟奚为于丘之门？”门人不敬子路①。子曰：“由也升堂矣，未入于室也。”（《论语·先进》）

【注释】①其中“门人”也泛指一群学生，而非一人。

【译文】孔子道：“仲由（子路）弹瑟，为什么在我的门下来弹呢？”因此孔子的学生瞧不起子路。孔子道：“由学问已经不错了，只是还不够精深罢了。”

案例之四：

季氏富比周公，而求也为之聚敛而附益之。子曰："非吾徒也。小子鸣鼓而攻之①，可也。"（《论语·先进》）

【注释】①此处的"小子"亦泛指一群学生，而非一人。

【译文】季氏比周朝的公卿还富，而冉有还要为季氏聚敛搜刮，增加他的财富。孔子说："（冉有）不算我的门徒了，你们大张旗鼓去攻击他好了。"

此外，《庄子·渔父》曾载："孔子游乎淄帷之林，坐休乎杏坛之上。弟子读书，孔子弦歌。"在此，孔子以弦定音，以歌传情，面向集体，鼓瑟而歌。《史记·孔子世家》也载，孔子在离曹去宋的途中，还念念不忘与"弟子习礼大树下"，借礼修外，师生共习。

古语云：一叶知秋。由上可见，孔子在其40余载的教学生涯中，已采取了集体教学的雏形形式。这对扩大孔门规模、增加弟子人数、提高教学效益、丰富教学形式，起到了十分重要的推动作用。这种教学形式后被稷下学宫继承。据刘向在《别录》中记载："谈说之士，期会于稷下也。"据考证，期会就是稷下学宫定期的学术集会，即集体教学的一种雏形。在汉代，这一教学形式得到了发扬光大。据《汉书》卷八四载，翟方进曾经让自己的门人在大儒胡常采用集体教学形式时前去学习，即"候伺常大都授时，遣门下诸生至常所问大义疑难"。这里所说的"大都授"，据唐代颜师古考证，就是"总集诸生大讲授也"。此后，集体教学这一形式被广泛采用。譬如，南朝博士严植之"每当登讲，五馆生毕之，听者千余人"（《南史》卷七一）。宋代胡瑗，"日升堂讲《易》，音韵高朗，旨意明白，众皆大服"（《宋元学案·安定学案》）。陆九渊，"每开讲席，户外履满，耆老扶杖观听"（《宋史》卷四三四）。明代王守仁，"每临席，诸生前后左右，环坐而听，常不下数百人"（《王文成公全书》）。这种集体教学虽然与班级授课制中采取的集体教学不完全一样，就同一时间面向同一群体进行讲授而言却是相同的。

6. 现场教学

这是孔子依据一定的教学任务，有目的、有计划地组织学生到一定场所，在实际工作者的协助下，通过观察、调查、问答等进行教学的一种形式。这种教学形式不仅与孔子重视学以致用的思想相关，而且与孔子重视教学与生活实际相结合相关。的确，教学的主要任务就是教会学生生活，这种生活既包括个人生活、家族生活、家庭生活、家乡生活、国家生活等，也包括生活技能、生活常识与生命意义等。孔子在当时似乎已经体悟到了这一点，因而非常重视利用现场教学这一教学形式，以期使弟子学有所得、学有所成、学有所获、学有所用。应该特别指出的是，现场教学与随机教学有所不同，其最大的不同在于，随机教学不是有目的、有计划进行的，而现场教学则是在有目的、有计划的情况下进行的。

例如，“子之武城，闻弦歌之声。夫子莞尔而笑，曰：‘割鸡焉用牛刀？’子游对曰：‘昔者偃也闻诸。’夫子曰：‘君子学道则爱人，小人学道则易使也。’子曰：‘二三子，偃之言是也。前言戏之耳。’”（《论语·阳货》）在这里，孔子确定的教学任务是教给随行弟子为政之道与从政之理，择定的教学现场为武城，实际工作者为子游，是典型的现场教学案例。在此，孔子通过与自己的得意弟子子游开玩笑的方式教育弟子要重视对君子进行道的教育，对老百姓进行道的教化。

又如，据《荀子·宥坐》载，孔子为了对弟子进行戒骄戒躁与中庸之道的教育，曾有意安排学生到鲁桓公庙参观“宥坐之器”。在守庙者的帮助下，孔子令学生亲自注水试试，从而教育学生“虚则欹，中则正，满则覆”。

现场教学这一教学形式，既有利于弟子通过形象直观地学习书本上不可能学到的丰富的直接经验，又有助于学生理解书本知识这些间接经验，还有益于学生将直接与间接经验有机地结合在一起，是理论联系实际的一种较好的教学形式。

7. 无形教学

这是孔子曾使用过的一种特殊的，而且已被人们忽视的教学形式。这种教学形式看似无形却有形，道是有形却无形。在中国教育史上首倡无形教学这一形式的学者是老子。在老子看来，“道恒无为，而无不为”（《老子》三七），“我无为，则民自化”（《老子》七三）。

概括而言，曾经拜老子为师的孔子，应该说弘扬并光大了老子的无形教学这一教学形式。在无形教学中，孔子的建树主要有以下几个方面。

（1）特别重视教师的身教。孔子认为：“其身正，不令而行；其身不正，虽令不从。”（《论语·子路》）“子帅以正，孰敢不正。”（《论语·颜渊》）在孔子看来，教师只有在教学上做到率先垂范，以身立教，行得正，做得直，才能通过自己的德识才学感化影响学生，达到“此时无声胜有声”的教育效果。

（2）重视无言之教。孔子曾经运用自然适应这一古代哲人常用的思维方式，论证了采用无言教学这一教学形式的必要性与可能性，系统阐发了他学于老子的无形教学形式。有一次，他曾对弟子子贡讲：“予欲无言。”子贡听后非常纳闷追问道：“子如不言，则小子何述焉。”孔子从容答曰：“天何言哉？四时行焉，百物生焉，天何言哉？”（《论语·阳货》）

（3）重视自然对学生的影响作用。在孔子心目中，名山大川都有可能对弟子的发展产生影响。孔子曾指出：“知者乐水，仁者乐山；知者动，仁者静。”（《论语·雍也》）阐发了自己对自然尤其是山水教育作用的见地。在这样的自然环境下，巍峨的高山，潺潺的流水，都成为孔子实施无形教学的“教本”。

（4）重视音乐环境对弟子的陶冶。孔子在教学形式中非常重视音乐对弟子学习的促进作用。因此，在学习过程中，孔子或弟子常有一人或弹奏或吟唱，以期能给弟子营造一个有利于学习的良好音乐环境。

可贵的是，孔子不仅重视无形教学，而且还常常加以利用。例如，有一次，弟子南宫适问孔子曰：“羿善射，奡荡舟，俱不得其死然。禹、稷躬耕而有天下？”孔子当时并没有作答，等到南宫适出去后，孔子才对其他弟子称赞南宫适说：“君子哉若人！尚德哉若人！”（《论语·宪问》）该章尽管没有记载孔子听到南宫适提问后的表情等体态语言，但是从上下文的关联与意义可以看出，孔子当时避而不答实为默许，有言尽在无言中。又如，“孺悲欲见孔子，孔子辞以疾。将命者出户，取瑟而歌，使之闻之”（《论语·阳货》）。孟子曾对此做过正确的阐发：“教亦多术矣。予不屑之教诲也者，是亦教诲之而已矣。”（《孟子·告子》下）换言之，这种教学形式只要能够促使求教者自省或自修的目的，这种拒绝就是一种教学形式。正如“尹氏曰：‘言或抑或扬，或与或不与，各因其材而笃之，无非教也。’”（《四书集注》）。

这种无形教学形式既重视以身立教，又重视无言之教，还重视自然影响与音乐背景的潜移默化作用等。这种通过耳濡目染而启悟弟子，使其渐仁摩义、成德达才的教学形式，迄今仍对我们有一定的启发意义。

孔子正是由于采用了上述丰富多彩、异彩纷呈的教学形式，才使得其在教学中做到了左右逢源、得心应手，使弟子达到了欲罢不能与如痴如醉的为学境界，从而培养出许多闻名遐迩的至贤弟子。他的这些教学形式，对中国后世的教育家影响深远。从孟子、荀子到董仲舒、王通、朱熹，再到近现代大教育家康有为、陶行知等，都曾受到过其不同程度、不同侧面的影响，并曾采用和发展了其教学形式。

8. 说记教学

说记教学是在课堂教学中让学生自己讲说知识，或学生给学生讲说知识，通过讲说这一手段来记忆知识、养成能力的一种教学方式。

孔子在教学中非常重视学生讲说能力的培养，他说："自行束脩以上，吾未尝无诲焉。"——自从拜师学习以来，我从不曾不告诉别人。

《礼记·学记》曰："虽有嘉肴，弗食，不知其旨也；虽有至道，弗学，不知其善也。是故学然后知不足，教然后知困。知不足然后能自反也；知困然后能自强也。故曰：教学相长也。"——虽然有美味佳肴，不吃，不能知道它的鲜美；虽然有极好的学识，不学，不能知道它的精妙。因此，学习才会知道自己的不足，教人才会明确自己的困惑。知道自己的不足，这样就可以自己再学习；知困惑，这样才会去加强自己。所以说："教人与学习是互相促进的。"

"教学相长"，指教和学相互促进。现在也有人把教学相长理解为师生之间的相互推动，共同提高。运用说记教学就是因为教学相长，能促进学生学习，巩固学生的知识，提高学生的语言表达能力和逻辑思维能力。

《尚书·兑命》曰："学学半。"——学只是学习的一半。那一半是什么？就是教，指能够讲给别人听。我们常说学习学习，学习就包括学和习两部分。"学"是从无知到有知，是知识获得的过程；"习"是对知识的运用，是知识运用的过程。只有能够将知识熟练地运用，才算真正掌握了知识。讲说知识也是对知识运用的一种形式。

在课堂教学中，注重学生讲说知识，自己给自己讲说，学生之间相互讲说，可以有效地锻炼语言表达能力、逻辑思维能力，又可以巩固知识，提高课堂效率。

课堂说记教学，就是用能提高学生素质的方法使学生掌握知识。

孔子的教学内容

教学内容是保证实现教育目的的重要条件之一，那么在孔子的那个时代，他会从哪些方面来教育学生，学生的学习教材是什么呢?

孔子的教学内容有三方面特点：

其一，偏重社会人事。他的教材，都属于社会历史政治伦理方面的文化知识，注重的是现实的人事，而不是崇拜神灵。他虽不是无神论者，但对鬼神持存疑态度。他不谈“怪、力、乱、神”，不宣传宗教迷信思想，不把宗教内容列为教学科目。这种明智的态度，成为中国古代非宗教性教育传统的开端。

其二，偏重文事。他虽要求从政人才文武兼备，但在教学内容的安排上，仍是偏重文事，有关军事知识技能的教学居于次要地位。

其三，轻视科技与生产劳动。他所要培养的是从政人才，不是从事农工的劳动者。他不强调掌握自然知识和科学技术，他既没有手工业技术可传授，也没有农业技术可传授。他认为社会分工有君子之事，有小人之事，“君子谋道不谋食”，君子与小人职责不同，君子不必参与小人的物质生产劳动，所以他从根本上反对弟子学习生产劳动技术，樊迟要学种田、种菜，他当面拒绝。

根据《论语》，人们可以从不同的角度概括孔子的教学内容：实施以道德教育为重心的丰富教育内容。

一、四教

子以四教：文，行，忠，信。（《论语·述而》）

【译文】孔子从四个方面教育学生：历史文献，行为规范，忠诚老实，讲究信用。

孔子以文学、品行、忠诚、信实教育学生，这是指教学内容的四个方面。它强调的是道德教育。

文、行、忠、信，这是指教学内容的四个基本方面。其中“行、忠、信”都是道德教育的要求。孔子还说“弟子，入则孝，出则弟，谨而信，泛爱众，而亲仁。行有余力，则以学文”（《论语·学而》），首先要求做一个品行符合道德标准的社会成员，其次才是文化知识的学习。所以，在孔子的教育内容中，道德教育占首位，文化知识的学习必须为德育服务。

二、六艺

礼、乐、射、御、书、数等“六艺”，是指孔子教学的主要科目。

子曰：“志于道，据于德，依于仁，游于艺。”（《论语·述而》）

【译文】孔子说：“志向在‘道’，根据在‘德’，依靠在‘仁’，而游憩于六艺之中。”

1. 何谓“礼”

礼：礼节（即今德育）。礼者，不学“礼”无以立。《管子·牧民》所谓“仓廪实则知礼节，衣食足则知荣辱”，民间婚嫁、丧娶、入学、拜师、祭祀自古都有礼乐之官（司礼），孔子上代屡为司礼之官，孔子少即习礼，“为儿嬉戏，常陈俎豆，设礼容”（《史记·孔子世家》），在国家宗庙祭祀方面，古代官方常设太常寺、祠祭署等礼仪衙曹，设立读祝官、赞礼郎、祭丞等礼仪官，如唐代设立郊社、太乐、鼓吹、太医、太卜、廪牺六个部门；明代则设置太常司，太常司设卿、少卿、丞、典簿、协律郎、博士、赞礼郎。

2. 何谓“乐”

乐：即音乐。有“礼”则必有庆贺燕飨之“乐”，有庆贺燕飨之乐则必有五音宫商角徵羽伴奏。古代政府设立掌管音乐的官吏，并负责宫中庆贺燕飨之乐。

3. 何谓“射”

射：射箭技术（锻炼体格，品格修养）。孔夫子在《论语》中说：“君子无所争，必也射乎，揖让而升，下而饮，其争也君子。”因此，“射”不但是一种体育活动，更是一种修身养性培养君子风度的方法。中国古代的“射艺”包含两个主要运动：射箭和弹弓。其中射箭由于在军事和狩猎活动中具有非常重要的作用，因此在历史上更受人们的重视。唐代武则天设立了武举制度，在武举制度里规定了九项选拔和考核人才的标准，其中五项是射箭，包括长跺、马射、步射、平射及筒射等。

4. 何谓“御”

御：即驾驭马车的技术。不管是古代还是现代，驾驶交通工具都是许多人必会的一种技能。御除了驾驶之余，还包括驾驭之术，比如“田忌赛马”就是一种驾驭之术的斗智斗勇。御与射分不开，一个好的射手必须会驾驶，才能更容易追逐到禽兽。

5. 何谓“书”

书：书法（书写，识字，文字）。从古至今，在文人中字写得好的人，更容易得到大家的尊敬。在古代时候，所有文人对书写都非常重视，一些有条件的家庭，在孩子很小的时候就开始学习书法。

6. 何谓“数”

数：就是算法计数。在古代时候的中国，数学就已经很发达了。汉代时候就出现了《九章算术》，古代的数学家们将数学的起源归于《周易》及“河图洛书”。许多深奥的玄学都需要算术推演，一些贵族产业的清算，更是要用到算术。

以六艺教育学生，强调的是学生的技能、技巧，培养学生的德育、智育、美育的全面发展。

三、六书

《诗》《书》《礼》《乐》《易》《春秋》等六书，这是奴隶主的文化典籍，是孔子所使用的基本教材。它强调文化知识教育。“六艺”偏重于才能和技术的训练，“六书”偏重于文化知识，属于文的范围。

《庄子・天下》说：“《诗》以道志，《书》以道事，《礼》以道行，《乐》以道和，《易》以道阴阳，《春秋》以道名分。其数散于天下而设于中国者，百家之学时或称而道之。”这几句话意思是：“《诗》表达思想感情，《书》记述历史，《礼》讲的是应对进退、周旋揖让，《乐》讲的是声音和谐，《易》讲的阴阳，《春秋》讲的是君臣上下。内中的看法和主张散布天下并施行于中原各国的，各家的学说时时有人称述和介绍。”

可以说，孔子的教学内容包括了道德教育、文化知识、技能和技巧等三个部分。这三个方面从内容的结构、社会的需要及个人人格的形成来看，应该说是初步完整化了。就三者而言，他认为“行有余力则以学文”，把道德和道德教育放在首位。它是三者的重心，也是孔子教育思想的核心。在《论语》中具体论述如下：

1. 子在齐，闻《韶》，三月不知肉味，曰：“不图为乐之至于斯也。”（《论语·述而》）

【译文】孔子在齐国听到了《韶》的乐章，好几个月尝不出肉味，说：“想不到欣赏音乐到达了这种境界。”

2. 子曰：“加我数年，五十以学《易》，可以无大过矣。”（《论语·述而》）

【译文】孔子说：“让我多活几年，到五十岁的时候去学习《易经》，就可以没有大过错了。”

3. 子曰：“兴于《诗》，立于礼，成于乐。”（《论语·泰伯》）

【译文】孔子说：“用《诗经》使自己振奋，用礼作为行为规范的立足点，用乐完成人格修养、社会之治。”

4. 子曰：“《关雎》，乐而不淫，哀而不伤。”（《论语·八佾》）

【译文】孔子说：“《关雎》这首诗，快乐而不过分，悲哀而不伤痛。”

5. 子曰：“《诗》三百，一言以蔽之，曰‘思无邪’。”（《论语·为政》）

【译文】孔子说：“《诗经》三百篇，用一句话来概括它的内容，就是‘思想纯正’。”

总之，孔子的教学内容包括道德教育、文化知识和技能技巧培养等三个部分。这三个方面，从教育内容结构，以及社会需要和个人人格形成看，是初步完整化了的。这是孔子在教学内容发展史上的贡献。值得注意的是，孔子对这三方面不是等量齐观，他把道德和道德教育放在首位，为三者的重心，也是孔子教育思想的核心。

孔子所教的三门主课是什么？

孔子所教的三门主课是什么呢？《诗》《礼》《乐》。

孔子教育学生是从读诗识礼开始的，在他看来，《诗经》中的文章多半是与修身、齐家有关；《礼》则是处理人与人之间关系的规范。

诗和礼，都是孔子教育学生的重要内容。孔子说："诗言志，歌咏言"，认为利用文艺形式对学生进行具体形象的教育，比说教往往有效得多。相传《诗经》三百零五篇，就是他亲自删订的，内容多与修身、知命、追随道义有关。孔子认为人的道德修养就应从这里开始，可以提高人的观察力，另外，通过读诗也能够学到许多历史、自然、社会知识。孔子说："兴于《诗》，立于《礼》，成于《乐》。"他所说的礼，就是社会的道德礼仪行为规范，从学礼开始，教育学生树立自己的德行，从实践中逐渐培养出学生自觉的道德主体意识，进而成为日后通达天道、经世济民的基础。

《论语·泰伯》篇第八章中说"子曰：兴于《诗》，立于礼，成于乐。"（译：一个人要从学习《诗》开始，以礼立身，礼使人在社会上站得住，经过音乐的熏陶达到完美与和谐。兴，兴起，开始的意思。）

孔子十分注重《诗》，除了诗歌之外，主要是指《诗经》。他说过"不学诗，无以言"，又说过"诗，可以兴，可以观，可以群，可以怨"。

《论语·学而》中说："子曰：赐也，始可与言诗已矣！告诸往而知来者。"（译：端木赐呀，现在可以和你讨论《诗经》了，告诉你一件，你能有所发挥，举一反三了。）《论语·为政》篇第二章中说"子曰：诗三百，一言以蔽之，曰'思无邪'。"《论语·八佾》篇第二十章中说"子曰：《关雎》乐而不淫，哀而不伤"。这里又把《诗》作为品德修养学习的开始，可见孔子对诗的重视程度。

《诗经》，本身就是一部民歌的总汇。民歌来自民间，所谓“诗言志，歌咏言”，它唱出了人民的心声。包括的内容也极其广泛。而且以民歌的形式出现，语句短小，用词精练，合辙押韵，朗朗上口，便于记忆。学起来也比较容易唤起兴趣。用它来陶冶情操，启迪心智，锻炼语言，增长知识，真是再好不过了。我们小时候读的语文课本，一开始也是儿歌：“大公鸡，呜呜啼。清晨叫我早早起，背起书包上学去。”孔子不愧是教育家。

在之后的历史长河里，诗歌成了中华民族文学宝库中的一颗璀璨的明珠。楚辞、汉赋、唐诗、宋词……真的是风格多样，劲健新奇，清新典雅，逸兴遄飞，美不胜收。

《礼》，古代礼学的经典，指《仪礼》。礼在中国古代用于定亲疏，决嫌疑，别同异，明是非。《释名》曰：“礼，体也。言得事之体也。”《礼记·礼器》曰：“忠信，礼之本也；义理，礼之文也。无本不立，无文不行。”礼是一个人为人处世的根本，也是人之所以为人的一个标准。

作为观念形态的礼，在孔子的思想体系中是同“仁”分不开的。孔子说：“人而不仁，如礼何？”他主张“道之以德，齐之以礼”。在长期的历史发展中，礼作为中国社会的道德规范和生活准则，对中华民族精神素质的修养起了重要作用；同时，随着社会的变革和发展，礼不断被赋予新的内容，不断地发生改变和调整。礼，约束了我们的行为不逾矩，守护着我们的灵魂不受玷污，规范了我们的行为举止，使得我们知礼明理，从而立身社会。

《乐》，指的是《乐经》，《六经》之一。但是，其他五经至今尚存，唯独《乐经》早在汉代之前就见不到了。孔子说“成于乐”，就是通过乐来完成对一个人的培养，把乐看成人格完善的最高境界。要想真正成为一个正人君子，必须有音乐的熏陶。《乐记》中讲：“乐以治心”，并且把音乐的产生、作用阐述得十分透彻。

在大力提倡素质教育的今天，孔子的教育思想不但没有过时，其中很多宝贵的东西，非常值得我们去领悟、去发现、去继承、去实践。

孔子看待学习的态度

在孔子看来，学习是一种信仰。“不学习，毋宁死”，学习是人们活得更好，活得更有滋味、有品位的“源头”。

一、温习旧知，生出新意

子曰：“温故而知新，可以为师矣。”（《论语·为政》）

【译文】孔子说：“在温习已学过的知识时，能有新体会、新发现，这样的人就可以成为老师了。”

“温故而知新”是孔子对我国教育学的重大贡献之一。他认为，持续温习所学过的知识，也可以获得新知识。这种学习方法不仅在封建时代有其价值，在当今也有不可否认的适用性。人们的新知识、新学问很多时候都是在以往所学知识的基础上发展而来的。因此，“温故而知新”对于每一个人，特别是处于学习阶段的人来说，是一种十分可行的学习方法。

小学阶段各种类型的题目，诸如行程问题、鸡兔同笼问题、工程问题等，每天做两个类型，每个类型做三个题目，做的时候用心思考此题的关键点，每次力求把这几个题目彻底弄明白，隔几天重复一遍，这就是温故而知新。为什么要重复呢？你会发现，你在做一道很难的题目时，当时你完全弄明白之后，如果长时间不接触这个类型的题目，再次做时，你肯定又不能马上抓住要点而攻克它。不断重复的话，你就能把每个类型题目的细节摸索得一清二楚。假如你做到了温故而知新，你就肯定学得又轻松又高效。如果你是一个有心人，你还可以使每次选择的题目难度逐渐加大，而且每次都要学会总结，学会把每个类型的题目都总结出来。

同样的道理，英语的学习更是一个不断重复的过程。首先，学习者要养成记忆单词的习惯，因为大家都知道单词是学习英语的基础，但是不要死记硬背。学习单词首先根据音标记忆几遍，然后用物品遮住英语单词，看着汉语或英文解释去写单词，能够很快写出的单词，说明你已经记住了它的写法，如果写不出来，再根据音标记几遍。其实，遮住英语单词，然后想着去写，是很有效的。这其中音标是最关键的，其次就是语法，从简单的名词单复数，到后来的句型时态，在这个学习的过程中，最为重要的是不断地重复。在重复的过程中，发现问题，解决问题，掌握知识的规律，形成自己的体系。

二、学思结合，才有长进

子曰："学而不思则罔①，思而不学则殆②。"（《论语·为政》）

【注释】①罔：迷惑而无所得。②殆：通假"怠"，精神疲倦而无所得。

【译文】孔子说："只是学习却不思考就会迷惑而无所得，只是思考却不学习就会精神疲倦而无所得。"

孔子认为，在学习的过程中，学和思不能偏废。他不仅指出了学而不思的局限，同时也道出了思而不学的弊端，孔子主张学与思的结合。只有将学与思结合，才能够使自己成为有道德、有学识的人。这种思想在今天的教育活动中很有值得肯定的地方。

这句话我们可以看作孔子所倡导的学习方法之一。一味读书，而不主动思考，只会被书本牵着鼻子走，甚至会被书本所累，也就是所谓的"尽信书则不如无书"。如果只是一味地闷头苦思而不进行一定的书本知识的积累，不对知识进行仔细的研究推敲，那么思考也只能算是空想，问题仍然得不到解决，甚至会产生更多的疑惑。只有把学习和思考结合起来，才能得到有用的真知。孔子说："吾尝终日不食，终夜不寝，以思，无益，不如学也。"子夏说："博学而笃志，切问而近思，仁在其中矣。"这些话都是强调学习与思考相结合的重要性。西方的哲人康德说"感性无知性则盲，知性无感性则空"，与孔子的这句"学而不思则罔，思而不学则殆"可以说是惊人的一致。可见人类在认知和获取知识方面，不论地域、时间如何具有差异性，其根本性的原则却往往是一致的。学与思要结合，只重视学习而不注重思考，就有可能遭到蒙蔽，陷于迷惑之中；只重视思考而不注重学习，就有可能因为误入歧途而出现疲乏及危险。

孔子学习知识就是能够虚心向别人求教，而且善于自己思考。

有一天，孔子带领他的学生们去拜访一个很有学问的人，即是老子。他们走了很远很远的路，才到了老子的住处，但不巧的是，老子正在闭目养神。孔子就没有打扰，一直安静地站立在旁边等候。过了很久，老子终于睁开了眼睛，孔子立马施了礼拜见，然后就向老子请教如何做人处世的道理。老子听了之后，又闭上了眼睛，过了一会儿，他张开嘴巴说："你看，我的牙齿怎么样？"孔子莫名其妙地看了看，老子的牙稀稀落落，大部分都已经掉了。于是他摇了摇头，说："您的牙齿差不多都已经掉光了。"老子没有说话，又伸出了自己的舌头，说："看看我的舌头。"孔子虽然很疑惑，还是认真地看了看老子的舌头，说："舌头的颜色红润，很健康啊！"听了这话，老子点了点头，又闭上了双眼，不再说话了。孔子和弟子们就向老子道谢离开了。回去的路上，孔子的弟子们感到非常疑惑，有的说："我们白白走了这么远的路，却没有什么收获。"有的说："本想求学的，没想到他老人家竟然这么小气，不肯教我们。"有的说："就是啊，只让我们看他的嘴巴，也太不懂礼仪了。"孔子听了这些话，捋着胡子哈哈大笑起来。学生们更加疑惑了。这时候，孔子说："老子他老人家是教给了我们大智慧呀！他张开嘴让我们看他的牙齿，是告诉我们，牙齿虽然很坚硬，但是它们之间却经常磨碰，以硬碰硬，时间久了，自然受到的磨损就很大，有的就会脱落了，即使没有脱落，剩下来的也是残缺的；他又让我们看他的舌头，是想告诉我们，舌头虽然软，但和牙齿如此坚硬的东西相处起来，却能以柔克刚，所以至今完整，没有丝毫的损坏。"弟子们听了，纷纷点头，表示佩服。大家一则佩服老子的大智慧和他的无私传授，二则佩服孔子能够深入思考加以学习。原来，真正的学习不是别人单纯地教什么我们就记住什么，更重要的是自己动脑筋去思考。

三、学习知识要具备三点："敏""好""下问"

子贡问曰："孔文子何以谓之文也？"子曰："敏而好学，不耻下问，是以谓之文也。"（《论语·公冶长》）

【译文】子贡问道："为什么给孔文子一个'文'的谥号呢？"孔子说："他聪敏勤勉而好学，不以向比他地位卑下的人请教为耻，所以给他谥号叫'文'。"

孔子在回答子贡提问时讲到了"不耻下问"的问题。这是孔子治学一贯应用的方法。“敏而好学”，就是勤敏而兴趣浓厚地发愤学习。“不耻下问”，就是不仅听老师、长辈的教导，向老师、长辈求教，而且还求教于一般看来不如自己知识多的一切人，而不以这样做为耻。孔子“不耻下问”的表现：一是向身边的学生学习自己不懂的知识，即边教边学，这在《论语》书中有多处记载。二是学于百姓，在他看来，群众中可以学的东西很多，这同样可从《论语》书中找到许多根据。他提倡的“不耻下问”的学习态度对后世的文人学士产生了深远影响。

“敏而好学”强调的是学习的“速度”，就是反应要快；“不耻下问”强调的是学习的态度，姿态要放低。不管你的学习多优秀，学问有多高，总有你不知道的知识和事情。因为世界很大，任何人都是渺小的一滴水。所以我们必须加快速度，放下身段来学习。

四、兴趣是最好的老师

子曰：“知之者不如好之者，好之者不如乐之者。”（《论语·雍也》）

【译文】孔子说：“懂得学习的人比不上喜爱学习的人；喜爱学习的人比不上以此为乐的人。”

这一则讲的是关于兴趣对于学习的重要性。学习知识重要的是培养学习的兴趣，俗话说“兴趣是最好的老师”。对知识的学习感兴趣，就会变被动为主动，以学习为乐事，在快乐中学习，既能提高学习的效率，还能够加深对知识的理解，这样学到的知识才能够灵活地运用。

我们经常发现，放学后，还有许多同学在操场上打篮球或排球而没有去食堂吃饭，为什么呢？是因为他们喜好运动，所以宁可不吃饭，也要玩。这就是“乐之”的力量。有些同学把手机拿到被窝里偷偷玩游戏，是什么力量让他们这样做呢？还是兴趣，他们已经由“好之”进入“乐之”的境界。平时我们在学习时，首先要了解所学内容，没有兴趣要培养，有了兴趣要发展，这是第一境界；喜好是第二境界；以之为“乐”是第三境界。如果我们达到了这三种境界，何愁知识学不会？

五、学习目标明确，主题清晰

子曰：“吾道一以贯之。”（《论语·里仁》）

【译文】孔子说：“我的道用一个根本的东西把它们贯彻始终。”

“一以贯之”这句话，第一次出现是在与他的学生子贡的对话中。子贡这个学生，比孔子小了31岁，年纪跟颜渊相仿，非常聪明，口才也非常好，子贡在言语方面是高才生，但是聪明人说话就会有一个毛病，喜欢比较着说，所以子贡说话的时候很喜欢比一比，谁跟谁相比好一点，谁比较差一点。他甚至在提到自己老师的时候，用了一句话来说孔子，叫作多学而识之，所以有了这段话出现。孔子听说了子贡的批评，就主动找他说：“子贡啊，你以为我真是多学而识之吗？你以为我是学习广泛并且记得很多知识的人吗？”子贡回答说：“是啊，难道不是吗？”孔子很肯定地说：“事实不是这样的，我是用一个中心思想来贯穿所有知识的。”

子贡以为孔子只是年纪比较大，书念得多，记忆力也不错而已，然后就可以来教学生了，就好像是有脚的书柜一样，书念了很多，就变成一个书柜。不过，这样评价孔子的话公平吗？孔子就当面对他加以了修正，他说“一以贯之”，具体是什么意思呢？孔子说：“我虽然有很多学问，也有很多知识，但是最主要的是我有一个主题思想。”我们都知道，一个人如果没有一个主题思想的话，就不能把他的学说整体系统地连贯起来。他讲的话就会前言不搭后语，没有一个系统，这样的人怎么可能成为一个好的老师呢？又怎么可能成为一个著名的学者呢？

大多数情况下，我们其实都是从具体经验知识开始学习的，学然后知道不足，然后才有追求。仔细想来，对学习的追求有依着自己的兴趣而展开的（如艺术家），有依着学问之间、事物之间的关联而展开的（如科学家），也有依照深入探究学问的义理而展开的（如哲学家），这样“一贯”的人，可以算是专家、学者。

孔子在二十几岁时开始自学精通周礼，30岁以后闻名诸侯，大夫、士人皆来问学，其教人曰：“君子不器。”我们看有关注解的话，人们多把“不器”理解为“通才”，实不知孔子之意，是指“一贯”之才。人们学习各种各样的知识、技能，或为衣食，或为职业所需，或以兴趣才能所致。“器”是比喻很多外在制约下的结果。孔子“少也贱，故多能鄙事”，然而有“朝闻道，夕死可矣”的追求，此之谓“下学而上达”。

孔子是博学的，无所不学，以至于发愤忘食、乐而忘忧，但圣人之所以是圣人，不仅在于博闻强识，更在于一以贯之。

六、勇敢再加知识，才能实现梦想

子曰："好勇不好学，其蔽也乱。"（《论语·阳货》）

【译文】孔子说："爱勇敢而不爱学习，容易犯上作乱。"

孔子用这句话来教育子路，也向世人阐释学习的意义。子路初进孔门的时候，不安心读书。有时候，孔子在上面传教，他就在下边摆弄长剑，等孔子考问的时候，他总是一问三不知。原来，子路并不喜欢读书，他的志向就是当一名武将。起初，他的性情十分野蛮、粗俗，可是后来，他不仅改掉了这些缺点，而且还很用功地学习，成了孔子的忠实弟子。孔子是如何使子路回心转意的呢？这里有一段故事。

一年春天，孔子带领弟子们到尼山游览，来到半山腰时，孔子突然喊"停住"，命子路到后山小溪里去打水。

子路到了后山，走到溪边，刚要取水，只觉身后树摇草动，寒风袭人。他猛回头，看见一只猛虎从草丛中蹿了出来，正向自己扑来。于路一个纵身，闪到了一块大石头后面，老虎扑了个空。老虎再次朝子路猛扑来。子路趁机抓住了老虎的尾巴，使劲在手腕上绕了两圈，再用力一拉，虎尾巴就被子路揪断了，老虎夺路而逃。

子路稍稍休息了一会儿，将虎尾巴揣在怀里，提起水，十分得意地来到孔子面前。可孔子对子路连看也不看，接过水便喝了。子路按捺不住，便问道："老师，书上有没有讲打虎的方法呀？"

孔子平静地说："书上是没有。但我听人说，打虎的人可分为四个等级。"

"哪四个等级？"子路迫不及待地问。

孔子说："一等打虎按的是虎头，二等打虎揪的是虎耳，三等打虎抓的是四足，四等的才是拽尾巴。"

子路一听，满脸羞愧，悄悄地溜到山崖后面，把虎尾巴扔进了山涧。

子路一个人越想越生气："老师明明知道山里有老虎，却还让我去提水，这不是故意让老虎把我吃掉吗？"想想自己一直受到孔子的奚落，还被同学们看不起，子路觉得热血直冲脑门，顺手抓起一块石头，要去和孔子算账。

子路见了孔子，怒气冲冲地问道："老师，你是学问满腹，我也比不上你，可是你能战胜一个英雄武士吗？有本事，咱们来较量较量，如何？"

孔子却不急不躁，笑了笑，说："子路，你是一个壮汉，要杀死一个手无寸铁的老者，这不是一件很容易的事吗？这根本算不上英雄武士，只不过是给自己留下骂名，叫后人耻笑你的不仁、不义、不道德，办事鲁莽粗俗，四肢发达，头脑简单。我也早就听人说，杀人也是分等级的。"

"怎么分的？"子路问。

"一共分为五等，一等杀人用笔，二等杀人用口，三等杀人用拳，四等杀人用刀，最下等杀人才用石头。"

孔子的这一席话说得子路无地自容，他悄悄地把石块丢了。

孔子问："子路，你听说过为人有六种弊病吗？"

子路摇了摇头。孔子说："你坐下，我来告诉你。喜好仁义而不喜欢学习，他的毛病是愚昧；喜好机智而不喜欢学习，其毛病是放荡；喜好信用而不喜欢学习，其毛病就是谬误；喜好直率而不喜欢学习，其毛病就是偏狭；喜好勇敢而不喜欢学习，其毛病就是祸患；喜好刚劲而不喜欢学习，其毛病就是狂妄。"

孔子所说的六种弊病中，子路也不是全有，他只不过是鲁莽、粗俗而已，所以就容易闯祸、作乱。孔子用一件件的事实告诉子路鲁莽者也要学习，这样才能成为上等的人。从此，子路在人前再也没有了傲气和鲁莽，而是用心跟着孔子学习知识，将学习和修身结合，终于梦想成真，成了孔子的得意门生。

孔子对"好学"标准的认识

孔子有弟子三千，其中贤者七十二人，都是饱学之士，但是孔子只推崇颜回（又称颜渊）一人。在《论语·雍也》中记载：

哀公问："弟子孰为好学？"孔子对曰："有颜回者好学，不迁怒，不贰过，不幸短命死矣。今也则亡，未闻好学者也。"

【译文】鲁哀公问孔子："你的弟子中谁是最好学的呢？"孔子回答说："有一个叫颜回的人很好学，他从不迁怒于别人，不两次犯同样的错误，不幸他短命死了。如今再也找不到像颜回这样的好学之人了，再也没听说谁是好学的人了。"

颜回只活了32岁，他死时，孔子号啕大哭，可见他在孔子心中的分量。孔子所说"好学"的"学"，不只是读书学文化，还包括学做人，修炼自己的道德品质，古人称之为"修身"。孔子称赞颜回"好学"，就包括以上诸多方面。其好学的标准为"不迁怒""不贰过"。

先说"不迁怒"。即不乱发脾气，不将自己的不快转嫁于别人的头上。在现实生活中，"迁怒"的事随时会发生，随处都会见到。小官在大官那里挨了批，心里窝着气，回来就朝下级发脾气，泄邪火；丈夫在单位里挨了批，受了气，回家就朝老婆、孩子发脾气。"迁怒"之事在现实社会中司空见惯。要做到"不迁怒"，一次、两次并不难，三次、四次也还行，但要真正做到，就很难了。这需要在道德品质诸方面有极高的修养，没有高度的自觉性，不经过长期、刻苦的学习磨炼，是不可能达到这个境界的。

再说"不贰过"。所谓"贰过"，就是第一次犯过的错，认识了，检讨了，可是没过多久，又犯了，这是第二次犯，即"贰过"。其实，现实生活中，岂止贰过？三过、四过都有。同样的错误，多次重犯，若是小事，可能无大碍，若是大事，那还得了？有可能是毁灭性的灾难！至于读书学文化课，譬如识字，学会了又忘了，读错字，若是一错即谨记，不再错了，刻苦认真，天长日久，不断积累，自会成为大学问家。遗憾的是多数人做不到这一点。至于修身养性，学习高尚的道德品质，道理懂了，能不能自觉地按道理去做，已属难事；即使照道理去做了，难免有反复，反复一次就谨记于心，不再犯第二次，如此磨炼，自会成为一个道德高尚的人。若是反反复复，没完没了，那就没有希望了。要"不贰过"，就要刻苦严谨地学习，将学到的道理谨记于心，并付诸实施。在这个过程中，需要善学之人有坚强的意志。

孔子在《论语·学而》中这样表述好学的标准：

子曰："君子食无求饱，居无求安，敏于事而慎于言，就有道而正焉，可谓好学也已。"（《论语·学而》）

【译文】孔子说："君子吃饭不追求饱足，居住不追求享受安逸，做事勤快敏捷，说话小心谨慎，主动向有道德的人看齐，时时改正自己的缺点错误，这样就可以说是一个好学的人了。”

孔子在《论语·子张》中又表达了好学的另一个标准：

子夏曰：“日知其所亡，月无忘其所能，可谓好学也已矣。”（《论语·子张》）

【译文】子夏说：“每天知道一些过去所未知的，每月复习已经掌握的，就可以说是好学了。”

由此看来，孔子的好学有四个标准：一是不迁怒于别人；二是同样的错误不重犯；三是做事敏捷，说话谨慎；四是掌握新知，及时复习。

学生篇

孔子最喜欢的学生是谁？

在孔门弟子中，颜回最称高足，其品德与学业均翘居群首，是孔子多次赞许的弟子。《论语·先进》篇，有个弟子排行榜。该榜分德行、言语、政事、文学四科，颜回名列最重要的“德行”科的首位。这等于说，在孔子看来，颜回是他最优秀的弟子，是第一名的弟子。

颜回，年龄比孔子小30岁，29岁头发已白，享年31岁。在三千多名孔门众弟子中有着独特而崇高的地位，生前曾多次受到孔子的赞扬。评价之高，无出其右者，具体表现在以下方面：

一、对颜回死后的悲伤

1. 颜渊死。子曰：“噫！天丧予！天丧予！”（《论语·先进》）

【译文】颜渊死了，孔子道：“哎呀，老天要我的命呀！老天要我的命呀！”

2. 颜渊死，子哭之恸。从者曰：“子恸乎？”曰：“有恸乎？非夫人之为恸而谁为！”（《论语·先进》）

【译文】颜渊死了，孔子哭得很伤心。随从的人说：“先生太伤心了？”孔子说：“真是太伤心了吗？我不为这个人哀痛，又为谁呢！”

二、对颜回好学与贤良的赞美

3. 哀公问：“弟子孰为好学？”孔子对曰：“有颜回者好学，不迁怒，不贰过。不幸短命死矣，今也则亡，未闻好学者也。”（《论语·雍也》）

【译文】鲁哀公问：“你的学生中，哪个好学？”孔子答道：“有一个叫颜回的很好学，不拿别人出气，也不再犯同样的过失。不幸短命死了，现在就没有这样的人了，再也没听过好学的人了。”

4. 子曰："贤哉，回也！一箪食，一瓢饮，在陋巷，人不堪其忧，回也不改其乐。贤哉，回也！"（《论语·雍也》）

【译文】孔子说："颜回真是贤良呀！一竹篮饭，一瓢水，住在破旧狭小的巷子里，别人都受不了那穷苦带来的忧愁，颜回却不改变他自有的快乐。颜回真是贤良呀！"

三、与其他学生的比较

5. 子曰："回也，其心三月不违仁，其余则日月至焉而已矣。"（《论语·雍也》）

【译文】孔子说："颜回呀，他的心长久地不违背仁德，别的学生，只是偶尔想起一下罢了。"

6. 子谓子贡曰："女与回也孰愈①？"对曰："赐也何敢望回？回也闻一以知十，赐也闻一以知二。"子曰："弗如也；吾与女弗如也②。"（《论语·公冶长》）

【注释】①愈：胜过，更强。②与：动词，同意，赞同。

【译文】孔子问子贡："你和颜回相比，谁强？"子贡答道："我呀，哪敢和颜回相比？他听了一分道理，能从中推出十分道理。我呢，听了一分道理，只能悟出二分道理。"孔子慨叹说："你是不如他啊，我同意你说的，你的确是比不上他啊。"

孔子之所以对颜回赞扬最多、评价最高、感情最深，除了颜回本人的确在许多方面都出类拔萃、非常优秀（勤奋好学、吃苦耐劳、性格脾气好、坚守仁道、思想深刻等）之外，也可能有如下几个原因：

一是颜回对孔子办学招生曾经起过重要作用。孔子办学之初，生源并不稳定。《论衡·讲瑞》记载："少正卯在鲁与孔子并。孔子之门，三盈三虚，唯颜渊不去。"就是说，孔子有少正卯这个强有力的竞争对手，经常招不到学生。因为颜回坚定不移地拜孔子为师，不曾跑到少正卯那里去，孔子的生源才得以稳定下来。《孔子家语·弟子解》对此亦有记载，孔子曾感慨道："自吾有回，门人日益亲。"

二是颜回其人不少地方跟孔子相似，思想上有共鸣。子谓颜渊曰："用之则行，舍之则藏，唯我与尔有是夫！"（《论语·述而》）《史记·孔子世家》记载，孔子率一众弟子周游列国，被困陈蔡之间，"不得行。绝粮。

从者病，莫能兴”。可以说是陷入绝境。子路、子贡等弟子显然都有怪孔子的意思，脸色都很不好看。孔子虽然“讲诵弦歌不绝”，但内心方寸恐怕也是有些紊乱的。因此，依次召见子路、子贡、颜回，个别谈话，讨论他们为什么“匪兕匪虎，率彼旷野”的问题，即为什么活得跟野兽似的，混迹于山野间。结果，子路的回答是，可能因为他们在仁智方面修炼不够，使得理论得不到人们的信任和奉行。子贡的回答是，孔夫子的学说太高大了，所以天下容不下他。子路、子贡的回答，都没能打开孔子的心结，孔子都能找到相反的论据。等到颜回进去，几句话就使孔子郁结的内心豁然开朗：“夫子之道至大，故天下莫能容。虽然，夫子推而行之，不容何病，不容然后见君子！夫道之不修也，是吾丑也。夫道既已大修而不用，是有国者之丑也。不容何病，不容然后见君子！”这一番话，可谓说到了孔子的心坎里，使他顿时有了信心，派子贡前往楚国交涉，师徒一行终于脱离了困境。

三是颜回在孔子面前的表现最为谦虚、顺从。子曰：“语之而不惰者，其回也与！”（《论语·子罕》）子曰：“吾与回言终日，不违如愚。退而省其私，亦足以发。回也，不愚。”（《论语·为政》）颜回不但不愚蠢，他实际上是大智。他挺会说话，嘴上抹蜜。“子畏于匡，颜渊后。子曰：‘吾以女为死矣。’曰：‘子在，回何敢死？’”（《论语·先进》）颜渊喟然叹曰：“仰之弥高，钻之弥坚；瞻之在前，忽焉在后。夫子循循然善诱人，博我以文，约我以礼。欲罢不能，既竭吾才，如有所立卓尔。虽欲从之，末由也已。”（《论语·子罕》）

四是颜回早逝令孔子同情，其他弟子亦不会太介意。如上所引，《论语》中孔子赞扬颜回的话，有些是在颜回死后说的。对于死者的赞扬，说的人措辞一般不会吝啬，听的人心态也较为宽容，不会计较，吃醋。

五是孔子借赞扬颜回教育弟子。季康子问：“弟子孰为好学？”孔子对曰：“有颜回者好学，不幸短命死矣！今也则亡。”（《论语·先进》）“今也则亡”，明显有抚今追昔、悼亡伤今的意味。

孔子最爱批评的学生是谁？

孔子最爱批评的学生是谁？毫无疑问是子路！

子路性格爽直鲁莽，为人勇武，信守承诺，忠于职守，以政事见称。他除学六艺外，还为孔子赶车，做侍卫，跟随孔子周游列国。他敢于对孔子提出批评，但孔子对他的批评无时不在。

一、孔子对子路的指责

子路使子羔为费宰。子曰："贼夫人之子！"子路曰："有民人焉，有社稷焉，何必读书，然后为学？"子曰"是故恶夫佞者。"（《论语·先进》）

【译文】子路让子羔去费地任行政长官。孔子说："这是害了人家孩子。"子路说："那地方有人民，有社稷，何必非读书才算是学习呢？"孔子说："所以我讨厌巧舌如簧的人。"

二、孔子对子路的讥笑

子路、曾皙、冉有、公西华侍坐。子曰："以吾一日长乎尔，毋吾以也。居则曰：'不吾知也。'如或知尔，则何以哉？"

子路率尔而对曰："千乘之国，摄乎大国之间，加之以师旅，因之以饥馑；由也为之，比及三年，可使有勇，且知方也。"

夫子哂之。

……三子者出，皙后。曾皙曰："夫三子者之言何如？"

子曰："亦各言其志也已矣！"

曰："夫子何哂由也？"

曰："为国以礼，其言不让，是故哂之。……"（《论语·先进》）

【译文】……曾皙说："你为什么笑仲由呢？"孔子说："要用礼来治

理国家，可他说话却不知道谦虚，所以笑他。”

三、孔子对子路说话态度生硬，略带怨气

季路问事鬼神。子曰：“未能事人，焉能事鬼？”曰：“敢问死。”曰“未知生，焉知死？”（《论语·先进》）

【译文】子路问怎样服侍鬼神。孔子说：“人还不能服侍，又怎能去服侍鬼呢？”子路又说：“我大胆地请问死是怎么回事。”孔子说：“生的道理还没弄明白，怎么能够懂得死的道理？”

四、赞美时不时提醒

闵子侍侧，訚訚（yín）如也[①]。子路，行行（hàng）如也[②]。冉有、子贡，侃侃如也。子乐。“若由也，不得其死然。”（《论语·先进》）

【注释】①訚訚（yín）：和悦而能中正直言。②行行（hàng）如也，刚强自负的样子。

【译文】闵子侍立在孔子身边，表现出正直而恭顺的样子；子路，显出很刚强的样子；冉有、子贡显出和乐而理直气壮的样子。孔子很高兴，但又担心地说：“像仲由这样（过于勇猛刚强），恐怕得不到善终。”

五、欣赏时不忘批评

子曰：“道不行，乘桴浮于海。从我者，其由与？”子路闻之喜。子曰：“由也好勇过我，无所取材。”（《论语·公冶长》）

【译文】孔子说：“我的主张得不到实行，就乘木筏漂到海外去。能跟随我的人，可能只有仲由吧！”子路听了这话很高兴。孔子却说：“仲由啊，争强好勇超过了我，其他方面没有什么可取的。”

疾风知劲草，顽生见名师。子路受到孔子的批评最多，但孔子对子路的教育也最具耐心。虽然时常敲打，但内心喜欢。

对一个随时可能出言不逊、顶撞自己的弟子，孔子是真正表现出了“不愠”的君子风度。须知，孔子不是一个天生好脾气的人。事实上，孔子是个会生气、能骂人的麻辣教师。你看他骂宰予，骂樊迟，朽木、粪土、小人，用词火力都很猛。孔子的修养也没有达到佛陀、耶稣的境界，他不主张以德报怨，他主张以直报怨，用现代的话说，就是以牙还牙，以眼还眼。对于子

路，他却非常有耐心，大度能容。

孔子非但没有对学生子路打击报复，相反还替他说好话。一次，孔子对子路的鼓瑟技艺有所不满，其他弟子便跟着不尊敬子路起来。孔子马上发表声明，子路虽然没有达到最高水平（入室），但他已经演奏得非常好（升堂）了，言外之意是："比你们强得多了。"凡遇到手中有实权的人问他子路的修养、才能，孔子都会热情地扮演起推销员的角色，恨不得对方立马给子路一个宰相、将军的职位。因为在孔子心中，鲁莽只是子路的表面现象，勇敢、忠诚才是子路的本质特性。

孔子有看走眼的学生吗？

孔子有没有看错过学生呢？

有，而且孔子表示很后悔！

子游为武城宰。子曰："女得人焉耳乎？"曰："有澹台（复姓，音为tán tái）灭明者，行不由径，非公事，未尝至于偃之室也。"（《论语·雍也》）

孔子的学生子游在任武城主管的时候，孔子去考察弟子的政绩，觉得子游干得还不错，就问他一个问题："你求得了人才没有啊？"子游说："有个叫澹台灭明的人，做事光明磊落，行事走正道而不走小道，不是因为公事，从不到我屋子里。"于是，在子游的推荐下，澹台灭明就成了孔门弟子。

澹台灭明，字子羽。这个人长得不怎么样，比较丑，孔子可能是看着很不舒服，想当然地认为这个人的资质如同他的相貌，比较低下，对这个学生有些怠慢。其实，孔子自己长得也不算帅，但他竟然因为澹台灭明的外貌而冷落了他，或许澹台灭明长得不是一般的丑，在丑人里面估计也是昌了尖的。不过人不可貌相，澹台灭明虽然天生的相貌差点儿，但他能发愤图强，不走旁门左道，专心学问，如果没有公事，就不去见卿大夫这样的大官去拉关系、投机取巧。他后来南渡到长江，跟着他求学的学生多达300人，人气很旺，粉丝很多，而且因为品行端正，当时那些大小国家的领导人（诸侯）大多都知道他。孔子以会看人著称，居然对这个学生看走眼了，而且犯了以貌取人的错误，确实应该不好意思。所以孔子听了这件事后很后悔，做了自我批评："吾以言取人，失之宰予；以貌取人，失之子羽。"（《史记·仲尼子弟列传》）

孔子说："我简单地从说话判断人，看错了宰我（这个人也叫宰予）；从长相看人，看错了子羽（澹台灭明的字）。"孔子由看错澹台灭明，又联想到看错宰我。我们可以体会出孔子作为老师对这件事是很愧疚的。澹台灭明虽然受了委屈，但内心里还是很敬重老师孔子的，孔子有点儿看不起他，也许更激起了他要有所成就的强大心理，这也许是他成功的一个动力。孔子尽管看错人了，但是他能这样反思和检讨，也很不容易，人家可是当时"国际社会"上响当当的大名人啊！

其实，孔子对年轻人是充满敬畏的。在孔子看来，年轻就是资本，年轻有无限的可能性。

子曰："后生可畏，焉知来者之不如今也？四十、五十而无闻焉，斯亦不足畏也已。"（《论语·子罕》）

孔子说："年轻人是令人敬畏的，怎么能断定他们将来的成就赶不上现在的中年人呢？但如果一个人到了四五十岁还是没有什么声望，那也就没有什么好敬畏的了。"孔子说这个既是对自己学生的鼓励与肯定，也是对他们的鞭策，激励他们充分利用年轻的资本，掌握好各种本领，以便将来发挥大的作用。这也是孔子告诫我们要及早勤学的箴言，不要因为少壮时的不努力，导致年老时的徒伤悲。

老师能否把学生教好，很重要一点是你和学生之间形成一种什么样的师生关系。孔夫子这位老师当时在社会上是很知名的，想跟随他学习的学生很多，但是孔老师并没有因为成为名师而端起架子，对学生灌输式教育，而是大家很平等，亦师亦友，谈笑风生。这样的关系，比今天的师生关系如何呢？

学渣也能成大器

在孔子弟子中，宰予属于异类。上课爱睡觉，还喜欢找老师的碴，对老师的观点喜欢质疑，是孔门中最敢于和孔子顶嘴、不听教诲的学生。

1. 宰予昼寝，子曰："朽木不可雕也，粪土之墙不可圬也！于予与[①]何诛？[②]"子曰："始吾于人也，听其言而信其行；今吾于人也，听其言而观其行。于予与改是。"（《论语·公冶长》）

【注释】①于予与：对于宰予这样的人；与：同"欤"，语气词；②诛：深责。

【译文】宰予大白天睡觉。孔子说："腐烂的木头不可以雕刻，用脏土垒砌的墙面不堪涂抹！对于宰予这样的人，还有什么好责备的呢？"又说："起初我对于人，听了他说的话就相信他的行为；现在我对于人，听了他说的话却还要观察他的行为。这是由于宰予的事而改变。"（《论语·公冶长》）

学生宰予大白天睡觉，孔子除了斥责他"朽木不可雕也，粪土之墙不可圬也"之外，还发出了关于认识一个人的感慨。读遍《论语》，这大概是温文尔雅的孔圣人最动肝火的一次震怒了。那语气有点类似今天的老子骂儿子："你这个不争气的东西，老子不说也罢！"推想起来，宰予这块"朽木"恐怕不光是大白天睡觉，很有可能经常在老师的课堂上打瞌睡呢。不然的话，犯得着孔老先生这么大动肝火吗？

2. 宰我问："三年之丧，期已久矣。君子三年不为礼，礼必坏；三年不为乐，乐必崩。旧谷既没，新谷既升，钻燧取火，期可已矣。"

子曰："食夫稻，衣夫锦，于女安乎？"

曰："安。"

"女安，则为之！夫君子之居丧，食旨不甘，闻乐不乐，居处不安，故不为也。今女安，则为之！”

宰我出。子曰：“予之不仁也！子生三年，然后免于父母之怀。夫三年之丧，天下之通丧也，予也有三年之爱于其父母乎！”（《论语·阳货》）

【译文】宰我问道：“父母死了，守孝三年，为期也太久了。君子有三年不去习礼仪，礼仪一定会废弃掉；三年不去奏音乐，音乐一定会失传。陈谷既已吃完了，新谷又已登场；打火用的燧木又经过了一个轮回，一年也就可以了。”

孔子道：“（父母死了，不到三年）你便吃那个白米饭，穿那个花缎衣，你心里安不安呢？”

宰我道：“安。”

孔子便抢着道：“你安，你就去干吧！君子的守孝，吃美味不晓得甜，听音乐不觉得快乐，住在家里不以为舒适，才不这样干。如今你既然觉得心安，便去干好了。”

宰我退了出来。孔子道：“宰予真不仁呀！儿女生下地来，三年以后才能完全脱离父母的怀抱。替父母守孝三年，天下都是如此的。宰予难道就没有从他父母那里得到三年怀抱的爱护吗？”

整个对话，宰予申述自己观点，是有理有据的；而且所据的，除了孔子平时所反复强调的礼乐维护问题，还有农事更迭、生活安排的问题，考虑相当周全。而孔子的驳斥，有明显的个人情绪，人身攻击的意味很重，没有多少讲道理的成分。孔子当时的表现，基本上可以用“气急败坏”四个字加以形容。从辩论的角度说，宰予明显占了上风，孔子是输的一方。康有为认为，三年守孝期的规定是孔子制定的，古礼是一周年的期限。如果康说属实，孔子的“夫三年之丧，天下之通丧也”，有信口开河之嫌。可见，宰予的想法可能是符合古礼制度的。孔子主张三年为期，当然也有其原因。比如说，为了矫正当时人们普遍不讲孝道的现实。但是，宰予主张一年为期，也不能算错，不能因此就被扣上不仁不孝的大帽子。在平均寿命只有二三十岁的上古时代，青壮年时期守孝三年，的确会耽误很多事情。

服丧三年，不学礼、不为乐，什么都不干，这样做无异于虚度华年，确实没必要。这道理或许孔子的其他学生也懂，其他百姓也明白，但这是“天下通丧”，是国家礼制，是权威规定，即便是错的、荒谬的，大家也得明哲保身，乖乖遵守。不是大家不能分辨好坏，而是大家明白，挑战专制，无异于以卵击石。所以，那些能看清真相的人，最终选择了沉默。久之，对于各种荒谬的规制，大家也都习以为常。整个社会安然和谐，却静如死水。宰予不一样，他敢于挑战权威，思路清晰地对“三年之丧”制度提出质疑：如果上课打瞌睡算是对光阴的糟蹋，那么服丧期间、三年不作不为又算什么？尽管最终被老师痛骂一顿，也没能改变规制，但宰予质疑权威，还是值得肯定的。

现在的老师，面对学生，不要有怨言“怎么这辈子就碰上你这样不听话的学生”。不听老师教导的学生，在任何地方，任何时代，都存在。对此类学生既要批评，更要教导。宰予最后不是也学有所成吗？不然，怎么会列入“孔门十哲”呢？

被怒斥为小人的学生

相传孔子前后招收过三千多名弟子，其中被认为品学优秀的，有七十多人（有说七十七人，有说七十二人）；孔子自己列过一个后来被称为“四科十哲”的弟子排行榜，榜中十人可谓优中之优。樊须，字子迟，也叫樊迟，因为是在孔子结束周游列国回到鲁国后投到孔子门下的，因此未能跻身“四科十哲”行列。但从《论语》所载他跟孔子的亲近关系看，樊迟是得到孔子赏识的弟子。因此，属于七十多名品学优秀者之一。

尽管如此，樊迟也曾遭到孔子毫不客气的斥责。字面上看起来，斥责措辞之严厉，比起骂宰予“朽木不可雕”“粪土之墙不可圬”，有过之而无不及。“朽木”“粪土”只是比喻的说法，而斥责樊迟的是“君子”的反义词，是孔子最鄙视的“小人”。

事情的起因是，樊迟想学习农业技术。樊迟先是说自己想学种粮食，孔子觉得意外，就委婉地告诉他：“我不如老农民。”接着，樊迟又说自己想学种蔬菜，这时孔子大概有点生气了，告诉他：“我不如菜农。”樊迟走后，孔子很生气，骂他是“小人”。

樊迟想要学习农业技术，孔子为什么骂他是小人呢？这是因为，孔子认为，在当时的形势下，让统治者懂得崇尚礼乐，讲究道义，遵守信用，四面八方的百姓就会扶老携幼前来投奔了，根本用不着学习种庄稼、种蔬菜。换言之，孔子办学，是以培养向统治者传播仁义礼智信之类治国思想的管理人才，不是进行职业技术教育，培养专门的技术人才，更不是培养农民。

那么，樊迟为什么想要学习种粮食、种蔬菜呢？

清代学者刘宝楠提出一种解释：因为春秋时期，卿大夫实行世袭制，选拔贤能的选举制度被废弃了；贤能之人多没有职位，因而没有俸禄，无法养家糊口，只能自寻生存之道。近代学者钱穆提出另一种解释，说樊迟想要效法神农、后稷“以稼穑教民”，也就是通过自身精通农业技术并向百姓传播以获得百姓的拥戴，最终达到教化百姓的目的。

这两种解释都有一定的道理。但是，从孔子的话看，樊迟学稼、学圃的直接原因是，想要解决劳动力不足的问题。春秋是军事时期，战争频仍，人口锐减，大量土地无人耕种，出现了粮食不足的严重问题。樊迟的解决之道，是知识分子身体力行，放下身段，从事农业劳动。有点类似让知识青年上山下乡，知识分子下干校，到农村去从事农业劳动。而孔子的解决办法则是，通过改善政治环境，从外国吸引民众，增加人口，解决劳动力问题。

樊迟的办法，思想境界很高，但不符合实用主义的标准，等于把自己变成了体力劳动者，只能解决自己一人或一家的问题；孔子的办法，实际上就是跻身统治阶级，目的是解决一国的粮食问题。说起来，孔子的追求挺高大上。

樊迟大约只是一时冲动，那么想了一下，并没有坚持走“农业救世”的道路。就是说，他还是接受了老师的意见。因此，除了这一次被孔子骂为小人之外，《论语》中记载的樊迟，就是一个中规中矩的弟子。他向孔子请教“知（智）”“仁”等问题，其中“仁”的问题问了三次之多，孔子都耐心地予以解答。有一天，跟着老师游祈雨台时，向孔子请教“崇德、修慝、辨惑”什么意思，得到了孔子的表扬。还有一次，樊迟给孔子驾车，孔子主动向他转述自己是如何回答孟懿子请教“孝”问题的，并加以解释。

一个中规中矩的孔门弟子，因为向孔子问了个奇葩的问题，因为姓名有意思，便被后人牢牢记住。而他危难之际能够保持沉着冷静，有勇敢的表现，这个优点，却少有人知。樊迟的故事，令人感慨：人的身后名声，真是难以预料。

甘于贫穷的学生

从《论语》中看，孔门弟子中，最能安贫乐道的是颜回。因为，孔子说过如下一番话："贤哉，回也！一箪食，一瓢饮，在陋巷。人不堪其忧，回也不改其乐。"（《论语·雍也》）日后成为中国文化史上甘于贫穷的象征人物的却不是颜回，而是孔门的另一个弟子原宪。

原宪，字子思。孔子为鲁国大司寇时，以原思为宰（孔府管家）。当时孔子给原宪的年薪是米九百斛。原宪认为太多了，坚决推辞。但是，孔子坚持让他领取，说是多余的部分可以分给邻里乡亲。从这个故事中已经可以看出，原宪对于物质的态度：他是一个没有物质欲望的人。孔子让他做自己的管家，可能是因为其家境窘迫，借此可以得到些许缓解。同时，也可能因为原宪不贪财，能廉洁自守，不会做出违背道义之事，孔子比较放心。

原宪成为甘于贫穷的象征人物，是孔子死后的事情。根据《庄子》《韩诗外传》《孔子家语》等文献记载，孔子死后，原宪退隐卫国，住在瓮牖绳枢、上漏下湿的茅草屋里。虽然生活条件极其恶劣，但他能苦中作乐，每天端坐其中，兴致勃勃地弹琴唱歌。发达之后的同学子贡，坐着豪华马车去看望他。原宪出于礼节，拄着拐杖，"盛装"出迎。但是，扶正帽子时，纸冠的带子断了；拉一把衣襟，胳膊露了出来；想穿上鞋子，鞋帮子破了。子贡表示关心，问他得了什么病。原宪回答说，没有钱财叫贫，学了知识不能付诸实践才叫病。子贡听了，感到惭愧。

原宪能够达到这种境界，固然跟他本人的心性修养有关。但是，跟孔子的教导也不无关系。有一次原宪请教"耻"的问题，孔子回答他"国有道，谷；国无道，谷，耻也"。原宪可能是遵循孔老师这个教导，认定当时是乱世，因此隐居于草泽之间。

《庄子·让王》篇记载，原宪面对尴尬惭愧的子贡，进一步说明自己甘于穷的原因："夫希世而行，比周而友，学以为人，教以为己，仁义之慝，舆马之饰。宪不忍为也。"（参考译文：行事迎合世俗，交友装出热情亲密的样子，学习是为了获得他人的赞扬，指教他人是为了炫耀自己的学识，仁义道德丢弃不讲，却追求车马装饰豪华，这些事，都是我原宪不愿意做的。）可见，原宪的贫穷，不是因为他没有能力获得，而是他压根就不愿意去追求。换言之，经营致富，原宪是"非不能而不为"的。

原宪甘于贫穷的故事，为后代文人尤其是唐代诗人所熟知，并一再称引，原宪成为贫穷的代名词。沈佺期、王维、李白、杜甫、戴叔伦、白居易、张祜、孟郊、李端、韦庄等人的诗中都出现过原宪的名字。其中，诗圣杜甫更是多次提及。例如，"不达长卿病，从来原宪贫"（《奉赠萧二十使君》），"窃效贡公喜，难甘原宪贫"（《奉赠韦左丞丈二十二韵》），"弟子贫原宪，诸生老伏虔"（《寄岳州贾司马六丈、巴州严八使君两阁老五十韵》），"处士祢衡俊，诸生原宪贫"（《寄李十二白二十韵》）。

可见，原宪的贫穷生活，对于后代文人思想感情的影响是非常深刻的。

学颜回还是学子贡？

孔子有两个特别优秀的学生，一个叫颜回，另一个叫子贡。

颜回，字子渊，鲁人，少孔子30岁。子贡，名端木赐，字子贡，卫人，少孔子31岁。

颜回比子贡大一岁。

子贡能说会道，常被孔子批评，但是他很努力。有一次孔子问子贡："你和颜回比较，谁强？"子贡说："我怎敢和颜回相提并论，回学到一点就能懂得十点，我学到一点只能懂得二点。"

孔子很欣赏颜回，曾赞赏地说："贤哉，回也！一箪食，一瓢饮，在陋巷，人不堪其忧，回也不改其乐！"颜回由于刻苦读书，生活又很苦，只活了32岁就死了，孔子悲痛异常。鲁哀公问孔子哪一个弟子最好学，孔子很伤感地说："有颜回者好学，不迁怒，不贰过，不幸短命死矣。今也则亡，未闻好学者也。"

子贡和颜回不同，他读书求道很努力，学问道德的成就也很大，以至鲁国的大夫叔孙武叔在朝会时对其他大夫说："子贡贤于仲尼。"说子贡的道德学问超过孔子，子贡对这种言论予以严厉驳斥。但也说明一点，子贡的道德学问有一定的成就。

孔子有一次很感叹地说："回也其庶乎，屡空。赐不受命，而货殖焉，亿则屡中。"（《论语·先进》）

孔子说颜回的道德学问已达到相当水平了，但是他一直穷困；而子贡有时不听话，放弃学习去做买卖，但是他猜测行情经常是很准的。

子贡和颜回一样地追求孔子的道德学问，同是孔子的忠实门徒，但是他们所走的路不一样，颜回只追求孔子的道德学问，除读书修身，别的什么也不关心，虽然书读好了，生活却一直很苦，以致而立之年就死了。而子贡不肯走呆板的读书修身之路，去做生意，生活很富有，还给老师很多支持。孔子后半生的生活多半是靠子贡维持的。

孔子病危时，子贡赶来，孔子对子贡说："你怎么来得这么迟呢？"还流下眼泪，可见孔子对子贡的思念。孔子的丧事理所当然地由子贡来承担了。

孔子多次赞颂颜回，在孔子的心目中，颜回优于子贡。颜回死后的十多年里，子贡不仅在道德学问上大有长进，而且在经济上给了孔子很大的帮助。他和子贡的感情很深，但是对颜回和子贡的看法上是否有改变，孔子没说，我们也不能乱猜。

在人生道路上，追求崇高理想一定要执着，要矢志不渝，这一点，颜回和子路都值得学习。但是在追求并实现崇高理想的道路上，不能像颜回那样呆板，而应该效法子贡，要有一定的灵活性，因为要实现崇高理想，必须具有一定的客观条件，这些条件不可能由别人来为你安排，而要靠自身去创造。对崇高理想的追求，要执着不渝，具体实施的过程要灵活多样，这就是子贡能成功的秘诀。

颜回之死给我们的教训

颜回，字子渊，是孔子的弟子。位居七十二贤人的榜首，可见非同一般。

颜回在孔子弟子中是最聪明的一个。有一次，孔子问子贡："你和颜回比较谁聪明？"子贡立即说："我怎敢和颜回比？颜回闻一知十，我闻一只不过能知二。"虽然子贡在这里有谦虚之意，但颜回比子贡聪明，这一点是可以肯定的。

哀公问："弟子孰为好学？"孔子对曰："有颜回者好学，不迁怒，不贰过。"（《论语·雍也》）

孔子告诉哀公，在众多弟子中，颜回好学，而且在学习过程中，如果自己学习中出了问题，绝不迁怒别人，只从自身找原因。学习中出了错误，只错一次，便牢牢记住，不犯重复错误。

颜回能吃苦，一直穷困，却毫无怨言。孔子说："贤哉，回也！一箪食，一瓢饮，在陋巷，人不堪其忧，回也不改其乐。"虽然居住饮食条件很恶劣，在一般人看来是无法忍受的，而颜回还是能乐呵呵的，可谓安贫乐道。

颜回也很会做人。他追随孔子读书多年，从没顶撞过孔子，和其他弟子也从无口角，也能和睦相处。所以，他死后，弟子们一起为他举办了最隆重的丧礼。

他涵养特别好。孔子被困时，随行的弟子们连饭也吃不上，大家很恼火，有的人已怒形于色。

在陈绝粮，从者病，莫能兴。子路愠见曰："君子亦有穷乎？"子曰："君子固穷，小人穷斯滥矣。"（《论语·卫灵公》）

子路怒冲冲地问孔子："君子也有穷得毫无办法的时候吗？"孔子劝子路说："君子虽然穷，还是坚持着；小人穷了就会乱来干坏事。"孔子知道弟子们都有怒气在胸，便试探问子路："吾道非邪？吾何为于此？"意思是："我的学问观点错了吗？为什么会陷入如此困境？"子路很单纯，他说："我们不是推行了仁吗？可是人家不相信。我们不是倡导知吗？可是人家不照着办。"子路的话很直率。

孔子见弟子们情绪都不顺，便有意听听大家的看法。他先问子贡："吾道非邪？吾何为于此？"子贡是个有见解的人，他崇尚孔子之道，但认为孔子要求太高，不易为人们接受，于是他婉转地说："夫子之道至大也，故天下莫能容夫子。夫子盖少贬焉。"他充分肯定夫子之道是大道，但是不能为人们接受，他建议孔子是否可以从实际出发，降低一点要求，即"少贬焉"。孔子没有采纳子贡的建议。

子贡出去了，孔子叫颜回进来问。颜回说："夫子之道至大，天下莫能容。虽然，夫子推而行之，不容何病？不容然后见君子！夫道之不修也，是吾丑也。夫道既已大修而不用，是有国者之丑也。不容何病？不容然后见君子。"颜回的意思是，夫子之道是大道，而且在推行，不被接受是掌权者的错，不是我们的错。不为所容，正说明夫子是个道德高尚的人。在当时连吃饭都成问题的情况下，他仍然很自信自豪，可见其涵养好。所以，孔子听了很激动，竟然对颜回说："如果你家里很富有，我愿意做你家的总管。"

孔子对颜回评价很高，弟子们也都很崇敬颜回，几乎视颜回为完人。其实在颜渊身上有两个缺点：一是他学习很用功，不怕苦，不怕累，夜以继日地读书，对健康不注意，生活很马虎，也很艰苦。过分的劳累和艰苦的生活，使他健康状况很坏，只有29岁就头发全白了，32岁便夭亡了，孔子为之痛哭。

颜回的另一个缺点就是自制过头。他从不发脾气，从不敞开自己的内心世界。孔子说颜回："语之而不惰者，其回也与！"（《论语·子罕》）孔子说，听他讲课而精神专注从不怠惰的人，只有颜回。孔子还说："回也非助我者也，于我言无所不说。"（《论语·先进》）这句话表明孔子对颜回是有看法的，他认为颜回听他讲话，从无异议，都很喜欢。一个学生对老师讲的话竟然毫无异议，这是不可能的。这说明颜回在克制自己，不让自己的思想敞开。一个人常常把自己的思想封闭起来，不让自己的情绪发泄出来，长期自我压抑与健康不利，这可能也是颜回短寿的原因。

一个人读书学习是为了长知识，增才干，为社会服务，也是为自己更好地生存下去。如果为了读书学习而不顾生命，书读得再好，像颜回这样，书读好了，命也丢了，这于己于社会有何意义？现在我们把读书人称作"学生”，这很有意思，学生就是学生存，学是为了更好地生存，如果学而死那就没有意义，颜回留给我们的教训就是这个。

子路为什么会死于非命?

子路，姓仲名由，子路是其字，又称季路，是孔子的优秀弟子之一。

据《论语·先进》记载，有一次，“闵子侍侧，訚訚如也；子路，行行如也；冉有、子贡，侃侃如也。子乐。‘若由也，不得其死然’”。

用今天的话说，闵子侍立在孔子身旁，神态和颜悦色；子路侍立在身旁，神态刚强威武；冉有和子贡也侍立在身旁，神态从容不迫。孔子见眼前的四个弟子个个一表人才，心里很高兴。但继而一想，有些伤感地说：“像仲由这样的人，恐怕难以得到善终。”后来的事实竟验证了孔子的担心，子路在卫国的政变中，果然被杀死。

孔子为什么担心子路不得善终？子路为什么会死于非命？

子路这个人，刚直、好勇，很有侠义之风，只知进而不知退，孔子对他的刚直、勇敢很欣赏。孔子曾说：“自吾得由，恶言不闻于耳。”《史记·仲尼弟子列传》意思是说，自从得到子路作陪，再也没有人敢侮谩于孔子。孔子还当着众弟子面，赞扬子路：“衣敝缊袍，与衣狐貉者立，而不耻者，其由也与？”《论语·子罕》意思是说，穿着很平常的丝布衣服与穿着贵重皮袍子的人站在一起而不自惭的，大概只有子路能做到吧！孔子一方面很赞赏子路刚直好义的品质，一方面对于他的不通权变、不能忍让的个性却十分担忧。所以，他不止一次地批评子路，有时甚至很严厉，据《论语》记载，被孔子批评得最多的学生就是子路了。

子路问：“闻斯行诸？”子曰：“有父兄在，如子何其闻斯行之？”冉有问：“闻斯行诸？”子曰：“闻斯行之。”（《论语·先进》）

用今天的话说，子路问：“听明白了就可以行动了吗？”孔子立即批评说："有父兄在，怎么可以听明白就干呢？"冉有问："听明白了就可以行动了吗？"孔子说："行动吧。"孔子的另一个学生子华觉得很怪，为什么同一个问题，孔子对求与由的回答却截然相反，于是他请教孔子，孔子对子华说："求也退，故进之；由也兼人，故退之。"意思是，求做事总是怕这怕那，胆小谨慎，所以我要鼓励他大胆去干；而由胆大好胜，所以我要压一压他，使他谨慎从事。可见孔子为了克服子路好勇刚直的负面作用，每时每刻都在提醒他。

还有一次，孔子病危，子路出于对老师的崇敬，为了让他临终能风光，便按诸侯之礼操办孔子的后事。他让孔门弟子打扮成家臣。孔子虽然当过"司空""司寇"这样的官职，却还属于"大夫"一级，不能享受诸侯的待遇，何况已离职很久。但子路是坦荡刚直之人，心里怎么想就怎么做，在子路心目中，孔子较之诸侯更伟大，便按诸侯的待遇办了。岂知孔子从鬼门关又回来了，病愈了，他对于子路这种不顾礼法、胆大妄为的举动给予严厉的训斥："久矣哉，由之行诈也！无臣而为有臣。吾谁欺？欺天乎！且予与其死于臣之手也，毋宁死于二三子之手乎！且予纵不得大葬，予死于道路乎？"（《论语·子罕》）全不顾子路良苦用心，把子路骂得狗血喷头。其实，孔子不是不理解子路的良苦用心，而是为了教训子路改掉那种无所顾忌的刚直脾气。

由于子路气质刚勇，弹起琴来也带有杀伐之气，孔子连这也不放过，批评了子路。孔子多次批评子路，有些弟子也瞧不起子路，孔子发觉后，当众说子路："由也升堂矣，未入于室也。"（《论语·先进》）按照孔子的看法，把研究学问分为三个档次：入门，登堂，入室。孔子肯定子路的学问已进入第二档次——登堂，再努力一下，就可以进入顶峰——入室了。在这里，孔子维护了子路的威信。

子路对孔子很敬爱，很希望得到孔子的赏识。他自诩勇武能战，有一次，他对孔子说，如果哪一天老师领兵打仗，老师会带领哪一个弟子？他心里想：孔子一定会带他去，因为他武功好。岂知孔子却说，赤手空拳去打老虎，光脚就过大河，死了也心甘情愿，我不赞赏这样的鲁莽行为，当然也不带这样的人。我会选择那种遇事能周密考虑谨慎从事确保取胜的人一起战斗。显然，孔子在这里有意压抑子路，为的是使子路克服那种刚勇而置生命于不顾的拼命脾气。

俗话说，本性难移，虽然孔子一而再再而三地教育甚至训斥子路，却并没能使子路改掉脾性。后来，子路在卫国做官，卫国发生政变，孔子有两个学生在卫国，一个是子羔，一个是子路。孔子一听到卫国政变的消息，便说：“嗟乎，由死矣！”后来的事实证明，孔子说对了。在变乱时，子羔在城内，是难以逃脱的，但他逃脱了；子路在城外，是完全可以避祸的，他不但不逃，却迎着战乱进了城，结果战死。据《史记》记载，对方击断子路之缨，子路曰：“君子死而冠不免。”他结了缨，戴正冠才死去，可见其勇敢无畏。

子路之所以最终死于非命，是因为他恃勇好斗，直爽尚义，一条道走到黑，不能临机而变，不懂权变。

孔子为什么要开除冉求？

当代学校，学生在学校读书，如果表现不好，先是教育，一次一次地教育，如果仍不改正，便要给予处分，视其错误情节轻重给予不同档次的处分。处分的等级分别有：警告、严重警告、记过、记大过、留校察看、开除学籍等。在孔子那个时代，学堂还没有严格的处分制度。但是，孔子对于表现不好的学生，也要规劝训斥，绝不马虎，这在《论语》中有所记载。

虽然没有处分学生的制度，却有处分学生的行动。孔子决然地开除了学生冉求。事情记录在《论语·先进》中：季氏富于周公，而求也为之聚敛而附益之。子曰：“非吾徒也。小子鸣鼓而攻之可也。”

季氏，鲁国的大贵族。冉求，字子有，孔子的学生，担任季氏之宰，即总管。

冉求跟随孔子读书的时候，孔子还是很看得起他的。有一次，鲁国的大贵族孟武伯和孔子交谈，问起冉求怎么样。孔子说：“求也，千室之邑，百乘之家，可使为之宰也，不知其仁也。”《论语·公冶长》孔子十分肯定冉求的能力，认为他能担任拥有千户的地方官，拥有百乘兵车的贵族的总管。

孔子这样向孟武伯介绍冉求，含有推荐之意。后来冉求任季氏宰，是否孔子推荐的不得而知。谁知冉求担任季氏宰以后，就将他当年向孔子学习的治国之道抛到九霄云外了。季氏由于善于巧取豪夺，所占有的财产超过当年的周公。鲁乃诸侯之国，其爵位较之周公还低，而季氏仅仅是鲁国的卿士，他的财产竟超过了周公，可见其对百姓搜刮敲剥之厉害。冉求当上季氏的总管后，完全忘记了孔子的教导，把孔子的“民本”思想丢在一边，对孔子倡导的仁爱理念全然不顾，不为那些被季氏敲剥下呻吟的民众着想，而是为了巴结季氏，挖空心思，巧立名目，千方百计为季氏搜刮民脂民膏，使百姓雪上加霜。冉求的所作所为，是对孔子学说，特别是仁爱学说的彻底背叛，孔子岂能容忍？所以，孔子愤怒地说道：“非吾徒也！”开除他！不仅开除他，众学生还应该大张旗鼓地讨伐他！

孔门十哲

伟大的思想家、教育家、儒家学派创始人孔子有弟子三千，其中贤士七十二人，可谓人才济济。在孔子的眼中有不少他欣赏的弟子，他的这些弟子，每个人都有自己不同的特长和性格，但有十位弟子，孔子尤为推崇，他们被称为孔门十哲。

孔门十哲指的是孔子门下的十位学生（颜子、子骞、伯牛、仲弓、子有、子贡、子路、子我、子游、子夏）的合称，受儒教祭祀。

子曰：“从我于陈蔡者，皆不及门也。德行：颜渊、闵子骞、冉伯牛、仲弓；言语：宰我、子贡；政事：冉有、子路；文学：子游、子夏。”（《论语·先进》）

孔子说：“曾跟随我从陈国、蔡国之间忍饥挨饿的学生，现在都不在我身边受教了。弟子中德行最好的是颜渊、闵子骞、冉伯牛、仲弓；表达能力强的是宰我、子贡；擅长处理政务的有冉有、子路；熟悉古代文献的有子游、子夏。”

德行好的四人：颜渊、闵子骞、冉伯牛、仲弓。

言语擅长的两人：宰我、子贡。

政事出色的两人：冉有、子路

擅长文学的两人：子游、子夏。

在这十哲中，有孔子最喜爱的颜回，有孔子经常批评、不时敲打的学生子路，还有白天睡觉，被孔子批评为“朽木可可雕也”的宰予，以及擅长经商的子贡。从十哲中可以看出，孔子教育学生时，不计前嫌，公正无私，因材施教，举贤任能。下面一一介绍。

一、德行

1. 颜渊

即颜回，姓颜名回，字子渊，亦称颜渊，比孔子小30岁，鲁国人。颜回，出身贫贱，一生没有做官。孔子赞叹说：“颜回真是难得啊！用一个竹筒吃饭，用一个瓜瓢喝水，住在陋巷里。要是一般人，一定忧烦难受，可颜回能够安然处之，没有改变尚道好学的乐趣！”颜回敏而好学，能闻一知十，注重仁德修养，深得孔子欣赏和喜爱。因此被列为孔门四科十哲（德行科）之一。

颜回才29岁，头发就全白了，而且早逝。颜回死时，孔子哭得很伤心，说道：“自从我得了颜回以后，弟子们就更加亲和向学了。”“他发了怒，很快就会消解，从不把愤怒转移到别人身上；有了错误，马上改正，绝不再犯。可惜他短命死了，现在就没有这样好学的人了。”由于颜回是孔子最得意的学生，所以至三国魏正始元年（224）祭孔时开始，以他为配享从祀之例。唐玄宗开元八年（720）被封为“亚圣”。明嘉靖九年（1530）被封为“复圣”。《韩非子·显学》将其列为儒家八派之一（颜氏之儒）。

2. 子骞

即闵损，姓闵名损，字子骞，比孔子小15岁，鲁国人。

闵损以德行著称，孔子特别表彰他的孝行，说他顺从父母，友爱兄弟。汉代刘向《说苑》中曾记载，闵损幼年时遭后母虐待，他父亲知道以后，非常愤怒，要把后妻赶走，闵损反而为后母求情。他说，母在一子寒，母去三子单。因为后母生了两个孩子，如果后母被赶走了，那么三个孩子就没人照顾了。他的孝行感动了父母，也深得远近人之赞赏。成人之后，父亲又病故，可是守丧三年未满，国家战事不断，被应征从军。艰苦的生活和复杂丰富的社会经历，使他深深感到世事艰辛难料，慢慢养成了寡言少语、老成持重的性格，他平常话语不多，然而只要讲话就说得很中肯受用，孔子说他"夫人不言，言必有中"（《论语·先进》）。闵损守身自受，"不仕大夫，不食污君之禄"。季氏曾派人去请他出任费邑宰，他却要来人替他婉言推辞，并说，如果再来召我的话，那我就渡过汶水出国去了。闵损是孔门弟子中唯一明确主张不做官的人。他被列为孔门四科十哲（德行科）之一。

3. 伯牛

即冉耕，姓冉名耕，字伯牛，比孔子小7岁，鲁国人。以德行著称。后来，冉耕患了麻风病，不愿意见人。孔子去探望他的时候，站在窗外面握着他的手，叹息着说："如果没有希望的话，这也是天命啊！这样的好人，竟然会染上这种恶病！"他被列为孔门四科十哲（德行科）之一。

4. 仲弓

即冉雍，姓冉名雍，字仲弓，比孔子小29岁，鲁国人。冉雍出身贫贱，他的父亲行为不良，有人以此作为攻击冉雍的借口。孔子驳斥说，一头耕牛，也可以生出献祭用的小牛来；父亲不好，儿子不一定也不好。冉雍气量宽宏，沉默厚重，深得孔子的器重。孔子认为冉雍具有人君的容度，可以做地方长官。冉雍曾经做过季氏宰，以德行著称，被列为孔门四科十哲（德行科）之一。战国时期的荀况很推崇他，把冉雍与孔子并列为大儒。

二、政事

1. 子有

即冉求，姓冉名求，字子有，通称冉有，比孔子小29岁，鲁国人。

冉求生性谦退，是孔门弟子中多才多艺的人，深受孔子称赞。冉求长于政事，尤其善于理财，曾任季氏宰。他很能带兵打仗，鲁哀公十一年（前484）任左师统帅，以步兵执长矛的战术打败了齐国。趁这次得胜的机会，他说服季康子迎回了在外流亡十四年的孔子。后来由于冉求帮季康子聚敛民财，受到孔子的严厉批评，但这并未影响他们师生间的关系，足见师生相知深厚。被列为孔门四科十哲（政事科）之一。唐朝开元二十七年（739）被追封为"徐侯"。宋大中祥符两年（1009）被追封为"彭城公"（后改为

“徐公”）。

2. 子路

即仲由，姓仲名由，字子路，因他曾为季氏的家臣，又被称作季路，比孔子小9岁，鲁国人。

仲由出身微贱，家境贫寒。他生性豪爽，为人耿直，有勇力才艺。仲由经常批评孔子，孔子也常批评他，仲由闻过则喜，能虚心接受。孔子对他评价很高，说他有才能，千辆兵车的诸侯国，可以让他掌理军政大事。仲由做过鲁国的季氏宰，做过卫国大夫孔悝的邑宰。被列为孔门四科十哲（政事科）之一。

仲由武功高强显忠烈，舍生取义志伉直。子路也许是十大弟子当中唯一会武功的人，不论是在从师孔子前还是从师中，子路都非常好勇争胜，但不欺幼弱。《集解》中说子路：“冠以雄鸡，佩以暇豚。二物皆勇，子路好勇，故冠之。”（意思是戴雄鸡形的帽子，佩野猪形的饰物。雄鸡野猪皆好斗，古时以冠带像其形，表示好勇）他始终不像一个儒雅学子，倒像一个侠士，孔子说他未“入室”。由于武功高强，从师孔子后，他成了孔子的贴身保镖，忠心耿耿，从此无人敢欺慢孔子。

仲由一生忠于孔子。孔子说：“我的道如果行不通，就乘上小木排到海外去，跟随我的，怕只有仲由吧！”仲由保护孔子唯恐不周，不愿使孔子遭人非议。孔子说：“自从我得到仲由，就没有听到过恶语。”

在仲由63岁时，遇到卫国内讧，他为了救援孔悝与敌人展开搏斗。混战中缨冠被击断，他想到孔子“君子虽死而冠不免”的礼仪教导，在重结缨带时，被敌人砍死。他的死，对时年72岁的孔子是一个沉重的打击。

三、言语

1. 子贡

即端木赐，姓端木名赐，字子贡，比孔子小31岁，卫国人。他口才很好，雄辩滔滔，又能料事。见于《论语》中的孔门弟子与孔子的问答之言，属他最多，孔子器重他次于颜回。曾担任鲁国或卫国之相，最善于搞外交活动，曾在齐、吴、越、晋诸国间游说，使吴国攻齐，从而保全了鲁国。对于子贡的利口巧辞，孔子有时也加以劝诫。有一次，孔子问子贡说：“和颜回相比，你自认为如何？”子贡谦逊地答道：“我哪里敢和颜回相比？他听到一分可以领悟到十分；我听到一分只能领悟到二分。”子贡与子路一文一武，犹如孔子的左右手，被列为孔门四科十哲（言语科）之一。

子贡在孔子的弟子当中最有钱，算是一位富豪，他很会做生意。在当时儒学可是提倡重文轻商，认为经商不是正道，可是子贡偏偏不吃这一套，文要摆弄，商也要经营，是一个典型的现实主义者。《史记·仲尼弟子列传》当中的记载充分可以说明他是一个经商高手：“子贡好废举，与时转货资……家累千金。”（“废举”指贱买贵卖，“转货”是指货物种类更新快，意思就是：子贡依据市场行情的不断变化，从贱买贵卖中获利润，成了一个有钱人。）除此之外，他还被鲁、卫等国聘为相辅，可谓是文、商、政三结合的第一人。孔子死后，子贡守墓六年，师生之情胜过父子。

2. 子我

即宰予，姓宰名予，字子我，也称宰我，鲁国人。

宰予口齿伶俐，才思敏捷，能说善辩，被列为孔门四科十哲（言语科）之一。随孔子周游列国，游历期间常受孔子派遣，如“使于齐”“使于楚”等。宰予遇事有自己的主见，常与孔子讨论问题，很有独到的见解。他提出改“三年之丧”为“一年之丧”，缩短丧期，遭到孔子的指责。又因为“昼寝（白天睡觉）”，被孔子批评“朽木不可雕也”。

宰予任齐国临淄大夫，《史记》记载其因参与陈恒杀君事件而被杀，但据后人考证，参与叛乱的是另一个叫“子我”的人。被列为孔门四科十哲（言语科）之一。唐开元二十七年（739）被追封为“齐侯”。宋大中祥符二年（1009）被加封为“临淄公”（后又改封“齐公”）。

四、文学

1. 子游

即言偃，姓言名偃，字子游，比孔子小45岁，春秋末吴国人。

言偃长于文学。他曾在鲁国做官，出任武城的邑宰，极力推行礼乐教化。有一天，孔子路过武城，听到琴瑟歌咏的声音很高兴，就微笑着对他说：“杀鸡何必要用宰牛的刀？”言偃听了回答说：“从前我常听老师说‘在位的学了礼乐之道，就能爱民；普通人学了礼乐之道，就很容易听从教令，好治理’，我现在就是实行这样的教化啊！”孔子听后，对随行的弟子们说："你们听听，他讲得很对。我刚才说杀鸡岂用牛刀，只不过是跟他开开玩笑罢了。"他是孔子七十二贤弟子当中唯一的南方人，孔子的绝大多数学生都来自山东和北方，南方弟子极其稀有。都说"物以稀为贵"，古代的交通和信息极为不便，南方的学子要到山东求学孔门几乎是不可能的事情，而子游身为南方人，就显得非常有意义，这对孔子的学说在南方传播起了决定性的作用。言偃被列位孔门四科十哲（文学科）之一。其后学者在战国时形成了一个较大的学派。

2. 子夏

即卜商，姓卜名商，字子夏，比孔子小44岁，卫国人。

卜商是提出"死生有命，富贵在天"观点的始祖，这句话对中国人的命理观影响了几千年，这并不是子夏在提倡一种宿命论，而是教导人们：要看得开生和死，生和死是人生不可避免的必经之路，要用一颗平常心去看待生死；富有、地位在某一程度上是由上天决定的（比如出身的家庭有富有、贫穷、皇室、平民之分），但是一个人哪怕是处于贫穷和艰难之中，也要奋发向上，努力拼搏。

子夏是孔门高足，擅长文学。有一次，他问孔子说："古诗上'美人轻盈微笑时酒窝多俏丽，黑白分明的眼睛顾盼多动人，在用素粉增加她的美丽啊'。这三句诗是指什么？"孔子说："这是说，要画画，得先把底子打好，然后再加上色彩。"子夏说："这不就是说，人先得具有忠信的美德，然后再用礼加以文饰吗？"孔子说："启发我心智的要算卜商了，像这样，就可以跟你谈《诗》了。"子夏被列为孔门四科（文学科）之一。他提出"学而优则仕"的论点，对后世儒生产生了很大的影响。孔子去世后，他就在西河教学，当时的魏文侯曾奉他为师，向他请教国政之事。子夏的儿子先他而死，他哀痛过度，把眼睛都哭瞎了。著有《诗序》《易传》。唐开元二十七年（739）被追封为"魏侯"，宋大中祥符二年（1009）增谥为"东阿公"，后又改谥"魏公"。

优秀学生名单

孔子一生，据史书记载，教导了三千多学生。有名字记录流传的，有七十余位。从学生们的年岁，以及他们的籍贯，我们大致可以推定孔子在不同的时期中，收了三批重要的学生。孔子对学生都直呼其名。

第一批是孔子30岁以后到45岁之间收的学生，比孔子小7到15岁，大都是在鲁国出生的青年。这批学生有：

仲由（字子路，少孔子9岁），鲁人。卞之野人，性鄙，好勇力，性伉直，曾陵暴孔子。孔子设礼稍诱之，子路于是“儒服委质，因门人请为弟子”。但后来仍多直言，顶撞孔子，是孔门痴儿。孔子容而爱之。以政事闻名。后死于卫国之乱，被砍作肉酱。孔子大恸，为之不食肉糜。

颜路（颜回之父），鲁人。父子俩共师孔子。颜回死后，他打过孔子的车的主意，想讨来给儿子做棺椁，被孔子拒绝。

曾点（字子皙，曾参之父），鲁人。曾拿着大棒差点把孝顺儿子打死的那位。孔子曾使诸弟子各言其志，独称曾点“浴乎沂，风乎舞雩，咏而归”的潇洒。可谁能想象得到，就是这位高超脱俗之人，竟因为一棵瓜秧子差点要了儿子的命。

公冶长（字子长），齐人。传说懂得鸟语，曾坐牢。大肚量，能忍人所不能忍之耻辱。孔子说：“可妻也。”把他招作自己的女婿。

南宫适（字子容）。以智自将，世清不废，世浊不污。孔子曾赞叹道：“这人真是君子啊，这人高尚得很哪！”（君子哉若人，上德哉若人！）把哥哥的女儿嫁给了他。

冉耕（字伯牛，少孔子7岁，冉雍之叔伯辈），鲁人。以德行著名。

闵损（字子骞，少孔子15岁），鲁人。事父母至孝。以德行著名，孔子称其孝。不仕大夫，不食污君之禄，品格很高。

第二批是孔子45岁以后至60岁左右，由出仕鲁国到周游列国期间收的弟子。这批学生年龄大多少孔子30岁左右，以鲁地和卫国年轻人为主，孔子游历外国，停留最长时间在卫国。孔子说："鲁卫之政，兄弟也。"此段时间，孔子开始在政治上（51岁为鲁中都宰，54岁为鲁大司寇，摄行相事）和学术上都有成就，有声望，因此得以举荐不少他的学生出仕于多国，荐冉求、冉雍为季氏宰，荐子路为季氏宰及卫国大夫孔悝的邑宰，荐子贡代表鲁国出使齐、吴、越、晋等国。这批学生有如下诸人。

冉求（字子有，少孔子29岁），鲁人。有才艺，以政事闻名，助季氏聚敛，孔子叫学生"鸣鼓而攻之"。

端木赐（字子贡，少孔子31岁），卫人。利口巧辩，善外交。可是孔子对他青眼有加。齐相田常伐鲁，孔子命子贡出使救鲁。子贡去齐国、吴国、越国和晋国转了一圈，凭着三寸不烂之舌，竟做下了桩天大的事业，存鲁，乱齐，破吴，强晋而霸越，一使而动五国之政。子贡又精通经济，善做生意，银子挣得哗哗的。每次出使，车仆之盛，拟于王侯，又仗着孔门高徒的名分，与诸侯相抗礼。儒学之昌盛，子贡极具声势排场的宣传功不可没。

冉雍（字仲弓，少孔子29岁），鲁人。孔子说："雍也可使南面。"

颜回（少孔子30岁），鲁人。《论语》称："回也屡空""贤哉回也"。最为孔子钟爱，并一再褒奖之："贤哉回也！一箪食，一瓢饮，在陋巷，人不堪其忧，回也不改其乐。""用之则行，舍之则藏，唯我与尔有是夫！""回也好学，不迁怒，不贰过。"因为穷而好学，营养极度不良，且用脑格外过度，导致严重早衰，29岁头发白尽，回死，孔子哭之极恸。

高柴（字子羔，少孔子30岁），卫人。《史记》载："柴也愚，长不盈五尺。"长得比较像侏儒，身长不足五尺，相貌丑陋。孔子以为愚，不怎么看重他。曾被子路提携，做了个费郈宰的官。后来卫乱，子路死，高柴逃归。孔子反又赞他明大义善保身。

宰我（字子我，与子贡大抵同年辈），鲁人。口才极好，与孔子辩三年二丧。孔子斥为不仁。昼寝，孔子斥为"朽木不可雕"。

商瞿（字子木，少孔子29岁），鲁人。孔子传《易》于瞿。

第三批是孔子晚年在60岁至70岁收的弟子。孔子游历多国，68岁返鲁定居，专心整理六经。所收弟子来自多国，而以文学、言语见长。大多是学问型弟子，得传孔子诗书六艺之学。这批学生有：

卜商（字子夏，少孔子40岁）卫人。魏文侯师，后世有子夏之儒。孔子说“商始可以言《诗》已矣”，鼓励他要做“君子儒，无为小人儒”。孔子死后，于西河行教。治学严谨，敢于怀疑经史之谬误。曾听人说史志曰：“晋师伐秦，三豕渡河。”子夏说：“‘三豕’应该是‘己亥’之笔误。”读史志者问诸晋史，果然是“己亥”之误。于是名重天下，卫人以之为圣。

曾参（字子舆，少孔子46岁），卫人。传孝经，后世有子思之儒（子思即孔伋，是曾子弟子，孔子之孙）。为人极孝，后娘待他极不好，而他孝行越谨。他老婆因为给后娘蒸梨不熟，他就把老婆给休了。一天去田里除草，他不小心弄断了一根瓜秧，他老爹曾点发起火来，拿着大棍子，一棍子将他打得昏死过去。所幸曾参命大，又活了过来，苏醒后，马上强做出一副活蹦乱跳的样子，以示无碍，并哭丧着脸向曾点请罪，说是因为打他而让老人家费了力，自己真是该死。然后又蹦跳进屋，搬出琴来大弹，以免老爹还想着这事内疚。孔子闻之，大发脾气，骂他不懂“小杖则受，大杖则走”的道理其实是大不孝：“明知道老爹拿着那么粗的大棍子发了狠要打，还不快跑了躲开？如果竟被打死了，岂不是陷父亲于不义不慈之地，让父亲背个恶名吗？”曾参于是请罪。孔子以其能通孝道，因之以作《孝经》。

有若（少孔子43岁），鲁人。又称有子。

言偃（字子游，少孔子45岁），吴人。以文学著名，后世有子游之儒。

颛孙师（字子张，少孔子48岁），陈人。孔子曾说过：“师也过、商也不及”“师也辟”等，为人有容貌姿质，后世有子张之儒。

樊迟（少孔子36岁）齐人。问稼，孔子斥为“小人”；问仁，孔子答以“爱人”。

原宪（字子思，少孔子36岁），宋人。隐而不仕，清静守节，安贫乐道。孔子死后，退隐草泽中。子贡为卫相，摆着大排场去看他，见其衣冠褴褛，耻之，说：“夫子居然乐于过这种生活，真是有病！”原宪答道：“我听说，没钱花是贫穷，辛辛苦苦学了道却不去行道，才是有病。像我，是贫穷，而不是有病。”子贡大惭，为轻易说错了话而后悔了一辈子。

学生眼中的老师形象

学生最爱评价自己的老师，那么孔子在他的学生眼中是什么形象呢？

一、学问高深

子贡曰：“夫子之文章，可得而闻也；夫子之言性与天道，不可得而闻也。”（《论语·公冶长》）

【译文】子贡说：“老师关于文献方面的学问，我们能听到并能领会；老师关于人性和天道的言论，我们能听到却不能领会。”

二、知错能改

子之武城①，闻弦歌之声②。夫子莞尔而笑，曰：“割鸡焉用牛刀？”子游对曰：“昔者偃也闻诸夫子曰：‘君子学道则爱人，小人学道则易使也。’”子曰：“二三子！偃之言是也。前言戏之耳。”（《论语·阳货》）

【注释】①武城：一个小城，子游是这个城的宰。②弦歌：以琴瑟伴奏歌唱。割鸡焉用牛刀：治理武城这样的小地方用不着礼乐大道。后喻不必小题大做或大材小用，办小事情用不着花大气力。

【译文】孔子到武城去，听到弹琴唱歌的声音，便微笑着说：“杀鸡哪里用得着宰牛刀呢？”子游回答道：“以前我听老师说过：‘君子学了礼就会爱人，小人学了礼就容易听使唤。’孔子说：“学生们，言偃的话是对的。我刚才讲的话不过是开玩笑罢了。”

三、才如日月，无可企及

1. 叔孙武叔语大夫于朝曰：“子贡贤于仲尼。”子服景伯以告子贡。子贡曰：“譬之宫墙，赐之墙也及肩，窥见室家之好。夫子之墙数仞，不得

其门而入，不见宗庙之美，百官之富。得其门者或寡矣。夫子之云，不亦宜乎？”（《论语·子张》）

【译文】叔孙武叔在朝廷上对大夫们说：“子贡比仲尼更贤。”子服景伯把这一番话告诉了子贡。子贡说：“拿围墙来作比喻，我家的围墙只有齐肩高，老师家的围墙却有几仞高，如果找不到门进去，你就看不见里面宗庙的富丽堂皇和房屋的绚丽多彩。能够找到门进去的人并不多。叔孙武叔那么讲，不也是很自然吗？”（夫子之云，不亦宜乎：意思是说，叔孙武叔还未进孔子之门，因此看不到孔子的高深，所以他说出子贡比孔子更胜一筹的话也是很自然的。）

2. 颜渊喟然叹曰：“仰之弥高，钻之弥坚。瞻之在前，忽焉在后。夫子循循然善诱人，博我以文，约我以礼，欲罢不能。既竭吾才，如有所立卓尔，虽欲从之，末由也已。”（《论语·子罕》）

【译文】颜渊深深慨叹说：“老师的思想学问，越仰望它，越觉得高，越钻研它，越觉得深。看它好像在眼前，忽而又像在后面。老师循循善诱地教诲我们，用文化典籍丰富我的知识，用礼约束我的言行，使得我停止学习也不可能。我竭尽了自己的才智，却仍然像有一物矗立在面前。虽然想登上去，却苦于无路可上了。”

3. 陈子禽谓子贡曰：“子为恭也，仲尼岂贤于子乎？”子贡曰：“君子一言以为知，一言以为不知，言不可不慎也。夫子之不可及也，犹天之不可阶而升也。夫子之得邦家者，所谓立之斯立，道之斯行，绥之斯来，动之斯和。其生也荣，其死也哀，如之何其可及也？”（《论语·子张》）

【译文】陈子禽对子贡说：“你对仲尼表现出恭敬，仲尼难道真的比你更贤良吗？”子贡说：“君子的一句话就可以表现他的智识，一句话也可以表现他的不智，所以说话不可以不慎重。夫子的高不可及，正像天是不能够顺着梯子爬上去一样。夫子如果得国而为诸侯或得到采邑而为卿大夫，那就会像人们说的那样，教百姓立于礼，百姓就会立于礼；引导百姓，百姓就会跟着走；安抚百姓，百姓就会归顺；动员百姓，百姓就会万众响应。（夫子）活着是十分荣耀的，（夫子）死了是极其悲哀的。我怎么能赶得上他呢？”

四、温和严厉

子温而厉，威而不猛，恭而安。（《论语·述而》）

【译文】孔子温和而严厉，有威仪而不凶猛，恭谨而安详。

五、安详和悦

子之燕居，申申如也，夭夭如也。（《论语·述而》）

【译文】孔子在家闲居，衣冠整齐，容貌舒展安详，神态和悦轻松。燕居，指独自闲暇无事的时候的安居、家居。申申：衣冠整齐，容貌舒展安详的样子。

孔子与学生及家长的关系

现代教育非常重视师生关系及家校关系，那么孔子是如何处理这些问题的呢?

一、孔子与学生的关系

孔子认为教学就应该是教师与学生之间的互动，只有做到师生和谐相处，才能达到教学交融。要达到这种境界就要做到以下几个方面：

首先，师生之间做到共同学习，相互促进。孔子认为知识是无止境的，他提出“当仁不让于师”（《论语·卫灵公》），即在真理面前，对老师也不必让步。作为教师不要高高在上，他说“三人行，必有我师。”（《论语·述而》）就是要教师放下架子，正是有这样的认识才使他们的师生关系非常融洽，也就达到了共同促进。例如，孔子说：“吾与回言终日，不违，如愚。退而省其私，亦足以发，回也不愚。”（《论语·为政》）这就是他从弟子颜回身上学到勤思的妙处。又如，子夏想知道《诗经·卫风·硕人》中诗句的含意，他问得很有深度，对孔子有很大的启发，孔子没有隐瞒自己在这方面的薄弱，而是对子夏说：“你能举一反三，我可以和你讨论诗了。”即子夏问曰：“巧笑倩兮，美目盼兮，素以为绘兮！何谓也？”子曰：“绘事后素。”曰：“礼后乎？”子曰：“起予者商也！始可与言《诗》已矣。”（《论语·八佾》）这就是互教带来的共同促进。孔子能承认比他小44岁的子夏在学问上对自己有帮助，说明他确实做到与学生共同学习，相互促进，实践了其教育思想。孔子这种行动本身就是一种巨大的教育力量。他以实际行动说明，如果教师对学生抱着共同学习、相互促进的思想，就能提高教学效果，同时也能提高教师的修养，从而达到促进师生关系的发展。孔子这种可贵的教育思想，我们应予以肯定并加以吸收。

其次，提倡坦诚相待，真诚相交。子曰：“二三子以我为隐乎？吾无隐乎尔。吾无行而不与二三子者，是近也。”（《论语·述而篇》）例如，他对颜渊说：“用我，则将行道于世；不用我，则将藏道于身，这只有我和你能够做到。”即“用之则行，舍之则藏，惟我与尔有是夫”（《论语·述而》）。这已不像师生间的谈话，而完全是平等的朋友之间的谈心了。又如，“伯牛有疾，子问之，自牖执其手”，感叹说：“亡之，命矣夫！斯人也而有斯疾也。”（《论语·雍也》）再如，颜回死，孔子哭之恸，从者曰：“子恸矣？”曰：“有恸乎？非夫人为恸而谁为？”（《论语·先进》）

“敬人者，人恒敬之；爱人者，人恒爱之。”孔子对学生坦诚相对，真诚交往，所以学生对孔子更是倍加尊敬。有人毁谤孔子，子贡就说：“他人之贤者，丘陵也，犹可逾也；仲尼，日月也，无得而逾焉。人虽欲自绝，其何伤于日月乎？多见其不知量也。”（《论语·子张》）这就是师生坦诚相对的表现。对孔子在言行上出现的错误，学生也能指出，这使得孔子在弟子中间的形象是“温而厉，威而不猛，恭而安”（《论语·述而》）。正是孔子对学生的深厚感情使弟子对孔子真诚交往，不离不弃，师生之间能够融洽相处教学相长，同时也成就了孔子在中国教育史上“至圣先师”的地位。

二、孔子与家长的关系

当家长有不合理要求时，断然拒绝。

颜渊死，颜路请子之车以为之椁。子曰：“才不才，亦各言其子也。鲤也死，有棺而无椁。吾不徒行以为之椁。以吾从大夫之后，不可徒行也。”（《论语·先进》）

【译文】颜渊死了，颜路请求孔子卖了车给颜渊买个棺椁。孔子说：

“虽然你的儿子颜渊与我的儿子孔鲤，一个有才，一个无才，但对各人说来，都是自己的儿子呀。孔鲤死了，只有棺而没有椁。我不能卖掉车步行，来给他买椁。因为我过去当过大夫，是不可以步行的。”

人生篇

如何潇洒送日月

人生在世，艰难一生，不如意事常八九，那么怎么才能寻找到幸福，活出潇洒呢？看儒家告诉我们如何活得潇洒。

一、看轻富贵

子曰："饭疏食，饮水，曲肱而枕之，乐亦在其中矣。不义而富且贵，于我如浮云。"（《论语·述而》）

【译文】孔子说："每天吃点饭，喝点水，头垫着弯曲的手臂睡觉，也是一种生活的乐趣。用不义手段而使自己大富大贵，这些对我来说，就如浮云般轻飘。"

二、看淡名利

子谓颜渊曰："用之则行，舍之则藏，惟我与尔有是夫！"（《论语·述而》）

【译文】孔子对颜渊说："用我呢，就去干；不用呢，就藏起来。只有我和你才能这样吧！"

三、不停地做事

子路问政。子曰："先之劳之。"请益。曰："无倦。"（《论语·子路》）

【译文】子路问怎样管理政事，孔子道："率先垂范，然后让百姓勤劳地工作。"子路请求再讲一点。孔子又道："永远不要懈怠。"

如何面对过错？

托尔斯泰说："只有什么事也不干的人，才不至于犯错误。"要工作，要生活，难免不出错误。既然出现了错误就不要隐瞒，应当让自己的错误曝光，以便更好地吸取教训，重新做人，重新做事。

一、小人饰过

子夏曰："小人之过也必文。"（《论语·子张》）

【译文】子夏说："小人对于自己所犯下的各种过错总是千方百计地去寻求一些理由以掩饰。"

二、君子改过

子贡曰："君子之过也，如日月之食焉。过也，人皆见之，更也，人皆仰之。"（《论语·子张》）

【译文】子贡说："君子的过失好比日食月食：错的时候，每个人都看得到；改的时候，每个人都景仰他。"

三、改过迁善

子曰："过而不改，是谓过矣。"（《论语·卫灵公》）

【译文】孔子说："有了错而不改正，这才是真的错了。"

正确面对错误，勇敢承认，知错就改，才会心情舒畅，才能身体健康，才有幸福生活。

孔子的交友观

子曰："有朋自远方来，不亦乐乎？"可见孔子对朋友的重视和他乐于交友的态度。对于人伦关系的探讨是孔子学说的重要组成部分。朋友关系是人伦关系的重要方面，孔子的交友思想十分丰富，仅就《论语》而言，就可以将其梳理为以下三个部分。

一、朋友的作用

俗话说："物以类聚，人以群分。"一个人既是自然的人，更是社会的人。人在社会中是不可能孤立的，人们除了自己的家庭，还需要在朋友中间找到归属感。朋友之间没有天然的血亲关系加以维系，纯粹的友情总是靠共同的价值取向得以维系的。一方面，我们通过朋友这面镜子，来了解自己；另一方面，我们在与朋友的交往中产生共鸣。

子贡问为仁。子曰："工欲善其事，必先利其器。居是邦也，事其大夫之贤者，友其士之仁者。"（《论语·卫灵公》）

【译文】子贡问怎样修养仁德。孔子说："工匠要做好工作，必须先磨快工具。住在一个国家，要侍奉大夫中的贤人，与士人中的仁人交朋友。"

朋友是难得的助手，当我们要实现某种崇高的价值或理想时，志同道合的朋友的帮助更是不可缺少的。如果没有恩格斯的鼎力支持，恐怕马克思的《资本论》创作就很难完成。因此，我们要有意去结交朋友。

二、结交朋友的标准

俗话说："近朱者赤，近墨者黑。"所以，我们在选择朋友的问题上要慎重。

孔子认为，交友首先必须交优秀的人、德才兼备的人，只有这样才能见贤思齐，有道而正。其次，要同正直的人、忠信诚实的人和见识广博的人交朋友，不同谄媚的人、背后毁谤的人和夸夸其谈的人交朋友。

1. 与学识广博的人交友

子曰："益者三友，损者三友。友直，友谅[①]，友多闻，益矣。友便辟[②]，友善柔，友便佞，损矣。"（《论语·季氏》）

【注释】①谅：诚信。②便辟（pián pì）：善于摆架子，装样子，内心却邪恶不正。善柔：善于阿谀奉承，内心却无诚信。

【译文】孔子说："有益的朋友有三种，有害的朋友也有三种。与正直的人交友，与诚信的人交友，与见闻学识广博的人交友，是有益的。与虚假做作的人交友，与善于阿谀奉承的人交友，与惯于花言巧语的人交友，是有害的。"

2. 与胜过自己的人交友

子曰："君子不重，则不威；学则不固。主忠信。无友不如己者。过则勿惮改。"（《论语·学而》）

【译文】孔子说："君子如果不庄重，就不会有威严；即使学习，学业也不会巩固。要把忠诚和信实放在待人处事的主要地位上。不要与不如自己的人交朋友。犯了错误就不要怕改正。"

《论语》中不仅对朋友做出了要求，对自己也提出了要求。友谊是需要双方共同建立的，我们不能只要求对方符合自己的要求，还要使自己能合群，能让人接受。要做到这一点，恭敬有礼是基本的条件。同时，与人交往应当有气度。当一个人能够自立于天地之间，视野已达到一定境界时，什么人不能容许我成为他的朋友？虽然时代早已不同，但是我们在交友上要慎重这一点上还是相同的。交友一定要有所选择。

三、与朋友交往时的准则

第一，朋友之间相交重在一个"信"字。"人而无信则不立"，更何况你要结交真心的朋友呢？

第二，对朋友要宽容，在朋友有难或犯错时要帮助朋友。朋友的价值在关键时刻最能显现出来，这也是"信"所要求的。一个忠诚的朋友在任何时候都不会抛弃对方。

第三，要把握好与朋友的距离。朋友关系是一种非常亲密的关系。真正的朋友之间用不了太多客套，但那并不是亲密无间。每个人都有自己独特的个性，再怎么认同，两个人总还是不同的个体。俗话说“距离产生美”，每个个体都有独立的空间，人与人之间相处不可能没有摩擦。两个人挨得越近矛盾就可能越大，从朋友间的交往来看，稍微疏远一点给双方都留出了余地。“君子之交淡如水”说的就是这个道理。

人生道路上，我们每个人都会结交很多朋友，有些朋友伴你一生，有些朋友却只能在人生旅途上同行一段路。所以，我们要珍惜朋友，珍视友情。

如何进行自我修养

《论语》中强调人人要修身。通过教师传道来使人们接受“仁”的思想和“礼”的约束；而且要求每个人进行自我修养，使“仁”逐渐成为每个人的潜在意识，使“礼”成为每个人的自觉行为。这样，才能使人人都成为追求完美人格的君子，达到大同世界的要求。

为此，以孔孟为代表的先秦儒家根据“为仁由已”的思想精心设计了一套行之有效的自我修养理论与方法，以便每个人随时了解和克制自己内心的思想与情绪，实现人格的自我完善。这种自我实施的道德修养理论与方法由以下六个环节组成：

一、自省

自省是指通过自我反省随时了解、认识自己的思想、意识、情绪与态度。孔子教导弟子说，能否坚持这样做是区别君子与小人的主要标志：“君子求诸己，小人求诸人。”（《论语·卫灵公》）又说：“吾未见能见其过而内自讼者也。”（《论语·公冶长》）“内自讼”即内心自责，自我反省。

孟子进一步发扬孔子的“求诸已”思想，提出：“爱人不亲，反其仁；治人不治，反其智；礼人不答，反其敬。行有不得者，皆反求诸己。”

（《孟子·离娄上》）意思是说，我爱别人而别人不亲近我，应反问自己的仁爱之心够不够；我管理别人而未能管理好，应反问自己的知识能力够不够；我礼貌地对待人而得不到回应，要反问自己态度够不够恭敬；任何行为得不到预期效果，都应反躬自问，好好检查自己。

孔门大弟子曾参关于自省有一段著名的论述："吾一日三省吾身，为人谋而不忠乎？与朋友交而不信乎？传不习乎？"（《论语·学而》）

曾参每日三省是从另外三个方面来检查自己的思想和言行：一是反省谋事情况，即对自己所承担的工作是否忠于职守；二是反省自己与朋友交往是否信守诺言；三是反省自己是否知行一致，即是否把学到的内容身体力行。

总之，自省是要从思想意识、情感态度、言论行动等各个方面去深刻认识自己、剖析自己。

二、克己

克己是指自我克制、自我约束能力的培养。

关于"克己"孔子有一句名言："克己复礼为仁。"意思是说，每个人都应克制自己不正当的欲望、冲动、情绪和不正确的言行，自觉遵守社会道德规范（即"礼"的规定）。做到"非礼勿视、非礼勿听、非礼无言、非礼勿动"，使自己的视、听、言、行，一举一动都符合礼的规定，即符合社会道德规范的要求。

孔子一贯主张以礼驭情，以礼约束自己言行，多次批评感情用事，不能克制冲动的鲁莽行为。他对学生说："一朝之忿，忘其身，以及其亲，非惑与？"（《论语·颜渊》）指出不能克制一时冲动往往会干出伤害自己和亲人的蠢事，这是很不明智的。他还说："好勇不好学，其蔽也乱。"（《论语·阳货》）意思是说，只好武勇，不爱学习就不能以礼驭情，容易感情用事，难免闯祸。

在自我修养的六个环节中，孔子对"克己"看得比较重，认为只要每个人都能够按礼的要求来克制、约束自己，就可以使人人成为君子，全社会也就可以弘扬仁道，实现理想的大同世界。所以孔子说："一日克己复礼，天下归仁焉。"（《论语·颜渊》）

三、忠恕

忠恕要求根据自己内心的体验来推测别人的思想感受，达到推己及人的目的。这是儒家道德修养中用于处理人际关系的重要原则。

“恕”是由孔子最早提出的，并为恕下过这样的定义：“其恕乎，己所不欲，勿施于人。”（《论语·卫灵公》）这是孔子在回答子贡的一个提问时说的。

子贡的问题是：“有一言可以终身行之者乎？”（有没有可以终身奉行的一句话？）孔子在《论语·雍也》篇中还说过：“夫仁者，己欲立而立人，己欲达而达人。能近取譬，可谓仁之方也已。”这里的“己欲立而立人，己欲达而达人”和“己所不欲，勿施于人”有相似的含义，但是后一句话较为消极些，而前一句显得主动、积极。

关于“忠”，则和曾子说过的“为人谋而不忠乎”有关。这里的“忠”是指尽己之力为人谋事，忠于职守。据此，宋代朱熹在四书集注中提出：“尽己之谓忠，推己之谓恕。”后世儒家对忠恕的解释不尽相同，但都有推己及人，即将心比心、设身处地为他人着想之意。之后“忠恕”二字逐渐被连在一起作为一个特定的概念使用，不再分开。

“己所不欲，勿施于人”和“己欲立而立人，己欲达而达人”则作为“忠恕”一词的具体内涵或解释。

两千多年来，“忠恕”一直是儒家道德修养的重要内容，并且至今对于人际关系的正确处理仍有实际的指导意义。

四、慎独

慎独是儒家对个人内心深处比较隐蔽的意识、情绪进行管理和自律的一种修养方式。它是孔门后学在“自省”和“克己”的基础上，为使自我修养达到更高境界而提出的一种修养方式。它最早出现于《中庸》：“莫见乎隐，莫显乎微，故君子慎其独也。”意思是说，对于“幽暗之中，细微之事，迹虽未形而几则已动，人虽不知而己独知之，遏人欲于将萌，而不使其滋长于隐微之中，谨言慎行，追求道德规范”。

换句话说，慎独就是在个人独处，没有别人看见时，更须谨慎从事，自觉遵守道德规则。

五、思齐

“见贤思齐焉，见不贤而内自省也”出自（《论语·里仁》）。意思是几个人在一起，其中必有一人是可以学习的能者，选择他的长处学习，看见没有德行的人，自己就要反省是否有和他一样的错误。

六、力行

力行就是努力实践；竭力而行。

孔子非常强调身体力行，躬行践履，强调在严酷的环境中通过实践锻炼成长，完善自己的人格。《论语》开宗明义第一句话就是：“子曰：‘学而时习之，不亦说（悦）乎？’”“时习”就是经常练习、经常实践的意思。孔子一贯重“行”，在言与行的关系上，他明确主张要“听其言而观其行”。他告诫学生，衡量人的品德不能只听其言论，而应看其实际行动。他认为学习的目的在于“行道”：“君子学以致远。”（《论语·子张》）“行义以达其道。”（《论语·季氏》）只有“行”才能使“道”变为现实。孔子所说的“道”就是他的仁学或称仁道（即通过向全社会传播仁爱思想，来实现人人相互敬爱的天下为公的大同世界）。为了做到躬行践履，孔子要求学生做到言行一致，“言必信，行必果”（《论语·子路》），要以“言过其实”及“躬之不逮”为耻。在孔子的严格教诲下，孔门终于形成崇尚力行的风气。孟子继承和发扬孔子的“力行”思想，进一步指出：“天将降大任于斯人也，必先苦其心志，劳其筋骨，饿其体肤，空乏其身，行拂乱其所为，所以动心忍性，增益其所不能。”这就是说，要想担当大任、开创伟大的事业，对于道德的修养不仅要身体力行，还要能自觉地接受各种严酷环境的磨炼和艰难挫折的考验。这样才可获得卓越的才能，形成完善的人格，达到崇高的道德境界。

坐怀不乱柳下惠，公正执法令人佩

柳下惠在世人的眼中，有君子之范。相传在一个寒冷的夜晚，柳下惠夜宿于城门，遇到一无家女子。柳下惠恐她冻死，叫她坐在怀里，解开外衣把她裹紧，同坐一夜，并没发生非礼行为。于是柳下惠被誉为“坐怀不乱”的正人君子。此外，他为人刚正不阿，不怕得罪权贵，坚持正义。

柳下惠为士师，三黜。人曰：“子未可以去乎？”曰：“直道而事人，焉往而不三黜？枉道而事人，何必去父母之邦？”（《论语·微子》）

【译文】柳下惠做法官，多次遭罢免。有人对他说：“先生您难道不可以离开鲁国吗？”他说：“正直地工作，到哪里去不多次撤职呢？不正直地工作，为什么一定要离开祖国呢？”

这就是人生观、价值观对于生命道路选择的指导意义了。无论怎样做，他都不会放弃“直道而事人”的原则。

孔子儿子为何才能平平？

孔子的儿子孔鲤，字伯鱼，是孔子唯一的儿子。他有名，因为他是孔子的儿子；他活得并不快乐，遭受误解，也因为他是孔子的儿子。他的爸爸是圣人，他的儿子孔伋，也就是子思，因为写了《中庸》，阐述爷爷的思想有功，被称为“述圣”。只有他很普通、很平常，什么都不是。论基因，他既有圣人老爸，又生有“述圣”这样的儿子。为什么他比较普通平常呢？

黄厚江老师在《论语读人》一书中把孔鲤没成器的原因归于孔鲤是圣人的儿子。孔鲤的一生，只活了50岁，先孔子而亡，妻子改嫁。这个悲剧与生活压抑有关系！孔鲤生活在圣人的阴影之下和贤人的群体之中，一定感到压抑。

黄老师的说法，应该是有道理的。另一种说法认为，孔鲤其实是一个胸襟豁达的人。

孔鲤不出色，是一件遗憾的事，他的儿子却是一个人才，有人说这是孔子隔代教育的成功。孔子作为父亲，没有教好自己的儿子，但他作为爷爷，教出了个好孙子。作为孔丘的儿子，孔鲤比不过自己的师兄弟，从来不会嫉妒自己的师兄弟，也绝不埋怨自己父亲的一视同仁。

关于孔鲤，民间传说，孔鲤从不因自己无才而自卑，心生怨愤，相反，他每天过得很高兴。一天，祖孙三代人坐在一起，孔鲤对父亲孔丘说：“你其实没比我强，毕竟你儿子比不上我儿子。”又对儿子子思说：“你也没我强，你父亲没有我父亲厉害。”孔鲤无奈以此为自豪，这是后人为之解嘲。其实，孔鲤在儿子出生当年，即公元前483年就去世了，这是后人编出的故事。俗话说“一辈欢一辈蔫”，儿子不争气，孙子却出息了，为孔家争了无上光彩。

我们先看看孔鲤的诞生。

《孔子家语·卷九·本姓解》：“至十九，娶于宋之亓（qí）官氏，一岁而生伯鱼。鱼之生也，鲁昭公以鲤鱼赐孔子，荣君之贶，故因以名曰鲤，而字伯鱼，鱼年五十，先孔子卒。”

大意是：孔子十九岁的时候，娶宋人亓官氏为妻。一年后，亓官氏为孔子生下一子。孔子当时是管理仓库的一个小官，但得到鲁昭公赏识。鲁昭公派人送来一条大鲤鱼，表示祝贺。孔子觉得国君亲自赐物是莫大的荣幸，因此给自己的儿子取名为鲤，字伯鱼（据说，孔氏的后世子孙因此讳鲤鱼而称之为“红鱼”，祭祀时不用鲤鱼而用鲫花鱼）。

孔子其实对儿子是寄予厚望的，因为国君都能给自己送来礼物，对自己是一种荣耀，对儿子是一种好运的预示。

那么孔鲤为什么没有大作为呢？

一、家庭环境沉闷，孔鲤“怕”孔子

《论语·季氏》记载：陈亢问于伯鱼曰：“子亦有异闻乎？”对曰：“未也。尝独立，鲤趋而过庭。曰：‘学诗乎？’对曰：‘未也。’‘不学诗，无以言。’鲤退而学诗。他日又独立，鲤趋而过庭。曰：‘学礼乎？’对曰：‘未也。’‘不学礼，无以立。’鲤退而学礼。闻斯二者。”陈亢退而喜曰：“问一得三，闻诗，闻礼，又闻君子之远其子也。”

意思是，陈亢问伯鱼（孔鲤）说：“你（在老师那里）有什么特别单独的教育吗？”（孔鲤）回答说：“没有。（孔子）曾经一个人站在那里，我小步快走从庭院经过。（孔子）说：‘学习《诗经》了吗？’回答说：‘没有。’‘不学习《诗经》，不会应对说话。’我退回去学习《诗经》。又一天又一个人站在那里，我小步快走经过庭院。（孔子）说：‘学习《礼记》了吗？’回答说：‘没有。’‘不学习《礼记》，不会立身处世。’我退回去学习《礼记》。我只知道这两次（特别、单独）教育。”陈亢回去后高兴地说：“问一件事得到了三个结论，知道学习《诗经》，知道学习《礼记》，又知道君子之人不偏私自己的儿子。”

对于这段话的理解，每个人的角度不同，得出的观点也不一样。从这段话至少看出三点：

（1）《诗经》和《礼记》很重要。它们是孔子教育儿子及其弟子的必修课目，孔子很重视诗礼教育。

（2）孔子对儿子和弟子的教育一视同仁，并没有给儿子“吃小灶”。

（3）孔子对儿子太严厉，缺少了父爱，只把孔鲤当学生看待，而没有当孩子看。“趋”意为快跑。为什么跑呢，大多数学者认为是对长者的尊重。其实这种理解有失偏颇，忽视了语境。此时应该是家庭中的闲谈、游玩、放松、孩子们的游戏时间，因为孔子是一个人站在那儿，并没有其他事做。但作为孩子的孔鲤看到自己的父亲，立刻改变了行走的方式，改为“小步快跑”，其原因并不是“尊重”而是“怕”。如果一个孩子时时都对父亲很尊敬，那他一定会和父亲保持一定的距离，而在心中，肯定是“怕”多于“尊重”。一个在“怕”甚至在“恐惧”中长大的孩子，长大肯定是没有多大出息的。

二、父亲给孩子当老师，不利于成才，影响沟通

在古代，师生关系和父子关系是不同的，父子关系强调亲情，师生更强调“师道尊严”。尽管古代是“严父慈母”，但父亲之严和为师之严还是有很大区别的。在古代，为了更好地教育孩子，古人往往“易子而教”，即交换孩子来教育。

公孙丑说：“君子不亲自教育自己的儿子，为什么呢？”

孟子曰：“势不行也。教者必以正；以正不行，继之以怒。继之以怒，则反夷矣。‘夫子教我以正，夫子未出于正也。’则是父子相夷也。父子相夷，则恶矣。古者易子而教之，父子之间不责善。责善则离，离则不祥莫大焉。”

大意是：公孙丑问孟子，君子为什么不亲自教育自己的儿子呢？孟子说：“因为情理上行不通。（父亲）教育（儿子）必然要用正确的道理；用正确的道理行不通，接着便会动怒。一动怒，就反而伤了感情了。儿子会说：‘你用正确的道理教育我，而你自己的做法就不正确。’这样，父子之间就伤了感情。父子之间伤了感情，就坏事了。古时候相互交换儿子进行教育，父子之间不求全责备。相互求全责备会使父子关系疏远，父子疏远，那就没有比这更不幸的了。”

孔子亲自教育自己的孩子，会让孩子产生一种抵触情绪，这种情绪会伤害双方的感情，从而影响学习的效果。所以孔鲤在学问上很难有所提升。

三、角色混乱——“师”与“父”、“生”与“子”长期混杂

孔子在教育孔鲤时，常常是从老师的角度来要求孩子，缺少了父亲对儿子的宽容和理解。孔鲤从孔子那儿感受到的更多的是“师道”的“尊严”，没有父爱的温暖。没有调皮胡闹的空间，一切都要守规矩。太中规中矩，失去了个性的锋芒，失去了自我，也就没有了充足的发展。

虽然说父母是孩子的第一任老师，可是真正的学校教育跟家庭教育应该是有很大的区别的。孩子在家的心理角色和在学校的心理角色也是截然不同的。在学校，绝大多数学生都是唯师者是尊，对教师的话语多不会违背。教师也习惯以听话乖巧当作衡量学生德养的一条重要尺规，把不听教、言行不合常规的孩子视作后进生。长期的职业习性，使得大多数教师在心理上有一

种定式，很担心自己的孩子也会像班上某个特别难教的孩子一样最终成为差或坏的学生。因此，教师对自己的子女也像对学生一样，格外严谨，要求孩子言行举止中规中矩，以对老师的态度对父母，以言听计从为尺规，不可有超常的举动。

殊不知，孩子的天性是顽皮的、好动的，是需要在不断破坏规矩中走向规矩的，他们是需要犯错的。不犯错误的孩子，永远是没有出息的！长期处于屈从的心理状态，孩子极难获得创造型个性的发展。

此外，教师普遍爱唠叨，容易关注琐碎的细节，喜欢随时教育孩子，让孩子的成长空间大大缩小。职业是教师的父母，对孩子过于个性化的举动都视作大不敬，会不遗余力地对孩子进行教导，尤其偏爱说教。这种环境中成长起来的孩子遇事也会更多地考虑困难的一面，他们关注细节过程比关注结果要强烈，对处事难度的预设会更为仔细，因而也容易产生退缩情绪。孩子不敢冒险，不敢挑战，不敢尝试，这些独创个性的致命伤似乎在一线的中小学教师身上格外集中，无疑也会导致自己的孩子因袭这种个性。个性决定命运，把孩子的个性打磨得过于平整后，留下的就只有自卑、怯懦、服从了。实际上，孔子的学生大多数都是个性鲜明的，如子路、子贡、宰我、颜回等。

四、孔鲤在压抑的环境下成长

父亲孔子太优秀，给儿子孔鲤的身心形成了一种无形的压力与阴影。孔子在孔鲤心中，是一座无法超越的大山。这座山太高大了，他只能在山的影子下生长，接受不到太阳光，所以长得有些萎缩，而不是葳蕤。再者，父亲的学生中，优秀者太多，才华各异，而自己才能平平，不免产生自卑自弃、随波逐流的心理。父亲对自己从没有格外的照顾与关心，让孔鲤产生被遗弃的感觉。在他眼中，孔子更是一位老师，而非父亲。所以，有些本来可以跟父母交谈的心里话，他却没有倾诉的空间和对象。他也无法向其他师哥师弟倾诉，因为在他们眼中，孔鲤是老师的孩子，而不是他们的同窗密友。压抑的环境抑制了孔鲤才能的发挥。

从对孔鲤表现平平的探讨，我们又得出了一个结论：优秀的老师，并不是都能培养出优秀的学生。教育不是万能的，要因人而异。不是人人都能成才。

孔鲤毕竟是圣人的儿子，又是“述圣”子思的父亲，所以世人还是给了他很好的名分。他被宋徽宗封为“泗水侯”。

五、孔鲤的名字有点大

孔鲤，这个名字本身就带有政治色彩，因为国君送给孔子一条鲤鱼作为孔子儿子诞生的贺礼，孔子就以此为名，体现了孔子的志得意满，其实表现的是国君对自己的肯定。伯鱼，即大鱼、表现的是孔子对儿子的期望，希望他能够一日冲天，飞黄腾达，像鲲鹏一样展翅高飞！名字起得如果太大，往往会带来两种结果，一种是与之相称，成就经天纬地之业；另一种则与期望刚好相反，平平常常，无所建树。孔鲤属于后者。

孔子择婿

《论语》中孔子有两次挑选女婿：一次是给亲闺女，另一次是给侄女。

一、给闺女找女婿

子谓公冶长：“可妻也。虽在缧绁之中，非其罪也。”以其子妻之。（《论语・公冶长》）

【译文】孔子对公冶长说：“可以把女儿嫁给他，他虽然曾被关在牢狱里，但这并不是他的罪过呀。”于是，孔子就把自己的女儿嫁给了他。

李泽厚说：“孔子不以一时之荣辱取人，虽在今日，亦属不易。”

孔子把亲生闺女嫁给一个劳改犯，在今天看来没有足够的魄力和眼光，绝对是不能这样做的。这说明孔子重视的是自己对事物的判断，不管别人如何来看。相信自己的眼光，从发展的眼光看问题，绝对不是只看眼前，鼠目寸光。

公冶长婚后，生了两个儿子，一个叫子犁，早亡，另一个叫子耕。

公冶长一生治学，鲁国君主多次请他为大夫，但他一概不应，而是继承孔子遗志，教学育人，成为著名文士。深受孔子赏识。

关于公冶长为什么坐牢？有一段传说。

传说公冶长能解百禽之语。关于他“在缧绁之中”的原因，有一部叫《论释》的书中讲：公冶长从卫国返回鲁国，走到两国边界处，听见鸟互相招呼往清溪吃死人肉。不一会儿见一位老婆婆在路上哭，公冶长问她为什么哭，老婆婆说：“我儿子前日出门，至今未回来，恐怕已死了，不知他在什么地方。”公冶长说：“我刚才听到鸟相呼往清溪食肉，恐怕是您的儿子吧。”老婆婆去看，果然发现她儿子的尸体。老婆婆报告了村中官吏，村官问老婆婆从哪儿知道的，老婆婆说：“是公冶长说的。”村官说：“公冶长没杀人的话，怎么可能知道？”于是将公冶长逮捕入狱。狱吏问：“你为什么杀人？”公冶长说：“我懂鸟语，没杀人。”狱吏说：“那试试你，如果真的懂鸟语，就放了你；如果不懂，你就要偿命。”于是将公冶长囚在狱中六十天。后来有一天有麻雀停在监狱的栅上，互相叽叽喳喳地叫，公冶长听了面带微笑，狱卒去报告狱吏：“公冶长听了雀语发笑，好像懂得鸟语。”狱吏问公冶长，听到麻雀讲了什么而发笑。公冶长说：“麻雀叽叽喳喳，说白莲水边有装粮食的车翻了，公牛把角折断，粮食收拾不尽，招呼去吃。”狱吏不信，派人去看，果然如此。后来公冶长又听懂了猪和燕的言语，于是被释放了。

二、为侄女找女婿

子谓南容：“邦有道，不废；邦无道，免于刑戮。”以其兄之子妻之。（《论语·公冶长》）

【译文】孔子对南容说：“国家有道时，他有官做；国家无道时，他也可以避免刑戮。”于是把自己的侄女嫁给了他。这里的“兄之子”是指孔子哥哥孟皮的女儿。这时，孟皮可能已死，所以孔子替他女儿主婚。

相关的内容还有：“南容三复白圭，孔子以其兄之子妻之。”（《论语·先进》）

白圭出自《诗经·大雅·抑》的诗句：“白圭之玷，尚可磨也；斯言之玷，不可为也。”意思是白玉上的污点还可以磨掉，我们言论中有错，就无法挽回了。这告诫人们要谨慎自己的言语。意思是，南容反复诵读

“白圭之玷，尚可磨也；斯言之玷，不可为也”这句诗，孔子便把侄女嫁给了他。

从孔子嫁女，可以看出孔子的择人之道：首先推重的是人品。仁德是孔子最看重的品德。其次是性格才智。他崇尚中正谦和，机智明达，过于伉直和拘谨都是弊病。再次相信自己的判断，不被别人左右。孔子从长远发展看人，喜欢言语谨慎、处世圆滑、懂得进退的人。孔子的处世之道，能当官，就一定要当官，不能当官才退隐。只要有从政的机会，绝不放弃。如果试过，感觉不能实现愿望，也别豁出命来硬拼，而是不抛头，不露面，说话小心，把自己保护好就行。

孔子形象的“丑化”与“神化”

历史上孔子的形象有多种，其中之一是“丑化”。

晚清以来，孔子的形象江河日下，或被严重扭曲，或被无情抨击。太平天国的洪秀全率领农民起义，要推翻清王朝的统治，对于所谓“历代帝王专制之护符”的孔子本人及其思想自然全无好感。他说：“推勘妖魔作怪之由，总追究孔丘教人之书多错。”《太平天日》一书甚至编造了荒诞的神话：天父上帝审判孔子，命天使捆绑并鞭挞他，孔子跪在天兄基督前哀求不已，上帝始命停止鞭打，永不准他下凡。

太平军所到之处，焚烧孔庙，捣毁孔子像，宣布“四书”“五经”为“妖书”，规定“凡一切妖书，如有胆敢念诵教习者，一概皆斩”。太平军抵制孔子及其思想，或许还有另外一层原因：孔子“不语怪、力、乱、神”，敬鬼神而远之，对鬼神持怀疑态度。洪秀全创立了拜上帝教，对于不信鬼神的孔子自然要打倒、要丑化。这是孔子因政见及信仰不同而遭到丑化。

后来，袁世凯窃国，登上了民国总统之位，定孔教为国教，提倡尊孔读经。革命先驱章太炎写了《订孔》一文，指出儒学是“中国的祸本”，孔子

“最大的污点是使人不脱富贵利禄的思想”“我们今日要想实行革命，提倡民权，孔教是断不可用的”。

五四新文化运动的倡导者陈独秀，号召青年“以彻底之觉悟，猛勇之决心，塞绝与新社会、新国家、新信仰不可相容之孔教”。被誉为“只手打孔家店的老英雄”的吴虞，认为孔子的忠、孝观点是维护宗法的专制制度，直言“儒家之主张，徒令宗法社会牵制军国社会，使不克完全发达，其流毒不减于洪水猛兽矣”。他痛骂孔子为“盗丘”，说：“盗跖之为害在一时，盗丘之遗祸及万世。”这些批判在当时看来不无道理，但情绪化、夸张化的言论使孔子的形象受到了严重丑化。

历史上孔子的另一种形象，则是“神化”。

孔子在汉代，除了被官方及御用学者董仲舒等人独尊而“正统化”之外，还受到一些公羊学派儒生的高度“神化”。在《春秋纬·演孔图》《孝经援神契》等书中，从出生、相貌到行为方式，孔子被进行了一系列精心的“神化”。

（1）孔子并非俗人凡胎，他诞生于人神交合之中。他的父母“祷尼丘山，感黑龙之精，以生仲尼”。

（2）孔子生有异相殊表。“孔子长十尺，海口，尼首，方面，月角日准，河目龙颡，斗唇昌颜”“手垂过膝，耳垂珠庭，眉十二采，目六十四理，立如凤峙，坐如龙蹲”。

（3）孔子作为奉天承运的“素王”，编纂《春秋》《孝经》，为后世制定了治理天下的大法。他带领七十二位弟子朝拜北斗星，其时天空“白雾摩地，赤虹自上而下化为黄玉，长三尺，上有刻文，孔子跪受而读之，曰：‘宝文出，刘季握，卯金刀，在轸北，字禾子，天下服。’”。臆造孔子曾预言刘邦将取代秦皇而登上帝位。

从一定意义上说，“神化”是对“正统化”的加码，是为了树立孔子更大的权威，把他从人性世界的典范提升到神性世界的救世主。《古微书》卷二十五中记载的一则神话便是极好的例证：鲁国有个人出海而迷失方向，后来遇见了孔子，孔子给他一条手杖，“令闭目乘之归”，那个人骑在手杖上飞回鲁国，向鲁王转告孔子的告诫：不久有外敌入侵，应趁早高筑城墙。鲁王依言做好了准备，后来齐国军队果然兵临城下，因鲁国已早有准备，最终只得无功而返。

处世篇

孔子的逆袭——从遭人斥退到受国君赏识

孔子三岁而叔梁纥卒，葬于防。至十九，娶于宋之亓官氏，一岁而生伯鱼。鱼之生也，鲁昭公以鲤鱼赐孔子。荣君之贶，故因以名曰鲤，而字伯鱼（《孔子家语·本性解》）。

孔子三岁时，他的老爹叔梁纥就死了，埋在一个叫防山的地方。孔子到了19岁那年，娶了宋国一位姓亓（qí）官的姑娘做老婆。看来两人的爱情很成功，一年后就生下儿子伯鱼。为什么孩子叫伯鱼呢？因为伯鱼出生时，鲁国当政的国君鲁昭公送来一条鲤鱼表示祝贺。孔子感到非常喜悦，就给子取名为鲤，字伯鱼，这名字合起来就叫鲤鱼。

我们现在把孔子尊为圣人，但这圣人可不是容易当的。孔子的祖上也曾是牛气的显贵，孔子的六代祖先叫孔父嘉，是宋国的一位大夫，做过大司马，在今天就是常委级别管军队的大官。可惜他命不好，在一次宫廷内乱中被杀了。他儿子木金父为了避难逃到鲁国的陬（音邹）邑这个地方。就这样，孔子家族在陬邑定居了，就变成了鲁国人。

孔子的老爹叫叔梁纥（音何），妈妈叫颜徵在。孔家一直有习武艺带部队的传统，叔梁纥是当时鲁国有名的武将，建立过两次大的战功，是一个猛男型的人物。英雄爱美女，叔梁纥先娶了姓施的漂亮姑娘做老婆。这个老婆生育能力很强，一连生了九个女儿，可就是没能生出一个儿子。为了生儿子，这老头就又娶了一个妾，不负期望，还真生了一个儿子，取名伯尼，又叫孟皮。好歹有了个儿子，可是这个孟皮算不上帅哥，脚还有毛病，可能是小儿麻痹症。没办法，老头儿为了要一个健康的儿子，又四处找老婆。这老头费尽辛苦，找到了一个叫颜徵在的小姑娘。当时叔梁纥已66岁，颜徵在还不到20岁。这小姑娘还真行，第二年就生了个儿子，这就是后来名满天下的孔子。完成了这项历史性的任务，三年后这老头儿抛下老婆孩子就死了。孔子也真是可怜，三岁时就死了老爸。更可怜的是，在孔子17岁时，年仅37岁的老妈也离他而去了。

老妈去世后，还没成年的孔子做了一件很雷人的事。他把老妈的遗体放在一个十字路口，见人就问："你知道当年我老爹埋在哪里了吗？我必须让我老妈和老爹埋在一块儿！"人们很惊讶这孩子的孝敬与执着。其实孔子这样做是很智慧的，他有个一箭双雕的目的：一方面，因为老爹是武士，找到老爹的墓地之后，可以把老妈与老爹合葬起来，是为了成全父母的爱情；另一方面，确认了战斗英雄老爹的墓地，也就确立自己士人后代的地位，也就是明确一个低级贵族的身份。这是一个很好的策划案。

"士"其实是最低级别的贵族，但再低毕竟也是贵族啊，毕竟是有一个重要的特权——做官的权利。孔子这样雷人的干法还真有效果，他的行为感动了一位老太太，这位老太太的儿子曾参加过当年孔子老爹的安葬工作。在这位好心老太太的指点下，孔子终于找到老爹的墓地，顺利地把老妈与老爹合葬了。或许大家会问，孔子怎么会连他老爹的坟墓在哪里都不知道呢？原因其实很简单，三岁的孩子怎么记得老爹埋葬在哪里呢？何况，那个时候的坟墓是"不树不封"，既不像现在这样隆起一个土堆，也不像现在这样树石碑。春秋时期，人们不墓祭，不去墓地磕头上香，而是在家里摆个牌位来祭拜。也就是说，那个时候没有坟，也没有标志，还不上坟祭奠，所以找到自己老爹当年的坟墓实在不容易啊！

就在这一年，在孔子服丧期间，鲁国的执政大臣（相当于现在的总理）季平子发布通告，邀请全国所有的士（也就是有身份有地位的人）来季氏家吃饭。这可不是一个简单的饭局，这既是季氏笼络人心的方式，也是士人们谋官的重要机会。《史记·孔子世家》里记载：

孔子要绖，季氏飨士，孔子与往。阳虎绌曰："季氏飨士，非敢飨子也。"孔子由是退。

孔子知道这个机会必须抓住，于是腰间还缠着丧服麻绳就去参加季氏设宴款待士的宴会。没想到，走到门口被季氏的家臣阳货（阳虎又称阳货，本文统一用阳货）拦住了。阳货是个势利小人，这个家伙我们在后文还会提到。阳货看着孔子阴阳怪气地说："季氏设宴款待的是士人，但没敢请你啊。”被人家当作蹭饭的，孔子吃了闭门羹，很丢面子，只好灰头土脸地离开了。

孔子是士人的后代，也是士。可是，当孔子穿着孝服来季氏家吃饭时，却被季氏的管家阳货挡在门外。孔子没吃上这顿饭在当时可不只是丢面子，更重要的是这意味着他的士人身份没有被认可，意味着他找老爹的策划没有达到最终效果。

其实，孔子受人歧视这事也容易理解。这是由于孔子家族多少年来基本上一直在走下坡路。当时一般是贵族的大老婆生的大儿子才更有身份的继承权，孔子是他爹的小老婆生的，且出生不久他老爹就死了。另外一个原因，可能是孔子长得应该说比较丑，不但算不上高富帅，而且有些人一看他的长相就不喜欢他。我们现在嘲讽一个长得丑的人也会说：长得丑不是你的错，可是出来吓人就不对了。孔子当时应该是有点儿吓人。

但是，被人瞧不起的孔子自有他的好运，很快就实现了逆袭。他19岁时就找到了老婆，第二年就生了个娃。作为当时鲁国最高领导人的鲁昭公居然让人送来了一条鲤鱼，给足了年轻孔子的面子。孔子当然是个聪明人，立即抓住机会进行了一个宣传策划：把自己的儿子取名为孔鲤，字伯鱼。“伯”是老大的意思，其实孔子就叫他儿子为大鲤鱼。这其实也是向鲁昭公表示对他送鱼的重视和纪念，反过来也给足了鲁昭公面子。他孔子为什么如此看重鲁昭公送来的鲤鱼呢？因为这条鲤鱼代表的不仅仅是一件小礼物，更代表着统治阶层对孔子贵族身份的认可。联想到17岁时去参加季氏家的聚餐被赶出来的场景，现在大翻盘获得国君的认可，这的确是一件值得庆贺的事。当然，孔子能得到国君认可，主要因为孔子好学博学的名声已经传开了，成了社会上知名的学界新秀代表。可见，孔子年轻时候就已经是个受国家领导人重视的文化牛人了。

孔子的识人之道——听言观行

子曰："始吾于人也，听其言而信其行；今吾于人也，听其言而观其行。于予与改是。"（《论语·公冶长》）

【译文】孔子说："起初我对于人，是听了他说的话便相信了他的行为；现在我对于人，听了他讲的话还要观察他的行为。在宰予这里我改变了观察人的方法。"

春秋时期，孔子带领着他的弟子们周游列国，从陈国逃往蔡国后，也没能得到蔡国国君的重用，常发出"饱食终日，无所用心"的感慨。一天，他发现弟子宰予白天还在睡大觉，生气地说："宰予是朽木不可雕！"弟子们就赶紧来安慰孔子，孔子才说出了今后要听其言而观其行的话。

这个故事刻画了怠惰、言行不一的宰予形象，让我们也明白，判断一个人的品德修养，不但要听他说的，更要观察他的行动。

"听其言而观其行"，孔子之所以需要如此，是因为在当时那个社会上真的有部分人说起来比唱起来还好听，就是不行动。所以，我们不仅要听别人怎么说，而且要擦亮眼睛观察他的行动。

判断一个人的好坏，不仅要听他怎么说，还要看他行动得怎么样；不仅看他做的事情，更要看他做的事情是否有成果。"今吾于人也，听其言而观其行。"这就是孔夫子说的识人的道理。

言是言，行是行，言非心声。当然某些言者在一些时候的言语确实反映了言者的部分心声。但是，可能基于外在的限制，言者会做出与"言"完全不同的"行"来。因而，我们不能轻易根据言来推断言者的行为。这些年来，我们从新闻媒体上看到不少贪官因东窗事发而锒铛入狱的事。这些贪官在东窗事发之前，其言辞无不是振奋人心的，其清廉的决心往往是前无古人的，反腐的决心更是后无来者的。假如不是东窗事发，我们怎能知道他们的言行是如此的不一致？

我们平时在与人相处时，不要完全听信他说的话，一定要看他的行动。这样才能真正地认识一个人。

孔子的变通之道

《史记·孔子世家》记载：

过蒲，会公叔氏以蒲畔，蒲人止孔子。弟子有公良孺者，以私车五乘从孔子。其为人长贤，有勇力，谓曰："吾昔从夫子遇难于匡，今又遇难于此，命也已。吾与夫子再罹难，宁斗而死。"斗甚疾。蒲人惧，谓孔子曰："苟毋适卫，吾出子。"与之盟，出孔子东门。孔子遂适卫。子贡曰："盟可负邪？"孔子曰："要盟也，神不听。"

孔子周游列国路过卫国的蒲邑时，正赶上公叔氏在那里发动叛乱，他们把孔子扣住，逼孔子发誓不去卫国，就放了他。孔子一听立马就发誓，他们就放孔子出了东门。结果孔子一转身就去了卫国。子贡说："你刚才起了誓，难道可以随便改变吗？"孔子说："在要挟下订立的盟约，神是不会认可的。"在武力威胁下订立的盟约，神是不给做证的。所以，我们在日常生活中，也要懂得通达权变，见机行事，懂得变通，信诺也是有环境和条件的。像这类不合理的，在逼迫下许下的承诺，是没有必要兑现的。

孔子的君子观

在传统文化中，儒家的君子人格是中国人文精神的重要体现，而孔子的君子观又是儒家君子人格的基础与核心。在今日中国，了解孔子的君子观，提倡儒家的君子人格，对于道德的重建，具有非常重要的价值。

“君子”一词，在孔子以前，只是指国王以下、大夫以上的官员，常与小人对举，如“君子劳心，小人劳力”（《左传》），“君子务治，小人务力”（《国语》）。但是，孔子把这个只是身份、地位含义的称谓，变为儒家道德人格的一种理想，他提出了“君子儒”的概念。

他对门人子夏说：“女（汝）为君子儒，无为小人儒。”儒是古代对读书人的称谓，朱熹说：“儒，学者之称。”由此可知，在孔子看来，儒（学者）是一个人外在的身份，而君子则是一个人内在的修养，按照儒家的习惯，应该说是内修的功夫。那么，怎样才能成为君子呢？

一、先做后说

子贡问君子。子曰：“先行其言而后从之。”（《论语·为政》）

【译文】子贡问怎样才能成为君子。孔子说：“先把要说的话去兑现，再说出来，这就算是一个君子了。”

二、团结不勾结

子曰：“君子周而不比，小人比而不周。”（《论语·为政》）

【译文】孔子说：“君子团结人但不结党营私；小人互相勾结而不能团结人。”

三、庄重和蔼

子夏曰："君子有三变：望之俨然，即之也温，听其言也厉。"（《论语·子张》）

【译文】子夏说："君子给人有三种不同的印象：远望着庄重令人敬畏；走近又显得和蔼可亲；听他说话，则严厉不苟。"

四、九思处世

孔子曰："君子有九思：视思明，听思聪，色思温，貌思恭，言思忠，事思敬，疑思问，忿思难（nàn），见得思义。"（《论语·季氏》）

【译文】孔子说："君子在九个地方要考虑清楚：看的时候，考虑是否看明白了；听的时候，考虑是否听清楚了；脸上的表情，考虑是否温和；举止容貌，考虑是否端庄；言语谈吐，考虑是否忠诚老实；工作态度，考虑是否严肃认真，遇到疑问，考虑如何向人请教；要生气了，考虑有什么后患；看见可得的，考虑自己是否该得。"

君子儒的理想

子路问君子。

子曰："修己以敬。"

曰："如斯而已乎？"

曰："修己以安人。"

曰："如斯而已乎？"

曰："修己以安百姓。修己以安百姓，尧舜其犹病诸？"（《论语·宪问》）

【译文】子路问怎么做一个君子。

孔子说："修养自身，使自己变得恭敬谦逊。"

子路说："这样就够了吗？"

孔子说："修养自身，使自己周围的人感到安乐。"

子路说："这样就够了吗？"

孔子说："修养自身，使百姓都安乐。能够使百姓都安乐，尧舜这样的贤君还很难做到呢！"

这就是孔子谈论的君子的理想：修养自我，让身边的人过得更好。当然，这个理想就像是水中的涟漪，是一圈一圈地向外扩散的。当自己能力还比较小时，君子要修养自我，使自己变成一个恭敬谦逊的人，有德有才的人。当自己的能力得到提高，能够担当一些重任时，就要带着自己的亲朋好友一起安居乐业，使他们的生活好起来。当自己的德才得到大家的认可，能够承担更大的责任，能够为官一方或者在一个社会组织中担任要职时，就要尽力为老百姓做实事、做好事。

在现实生活中，我们常常用企业家冯仑的一句话来形容理想与现实的反差，那就是"理想很丰满，现实很骨感"。因为现实与理想总是有差距的，理想往往很美好，现实却很不理想。其实这很正常，如果当前的现实就是你的理想，那只能说明你没有理想。孔子谈到的君子的理想也很丰满，要最终达到"安百姓"的程度。但这个理想的实现方式很骨感，只是实实在在的"修身"。

孔子还在另一个地方表达了类似的观点，这次交谈的对象多了一个，是孔子、颜回和子路三个人在一起谈君子的理想，而且这一次是孔子自己明确表述了自己的理想。子路说他的理想是同朋友分享好的东西，颜回说他要做到不自夸。当子路问孔子的理想时，孔子说他的理想是"老者安之，朋友信之，少者怀之"（《论语·公冶长》），就是使老年人能安乐，使朋友们信赖他，使年轻人得到关爱。

在孔子看来，君子的理想固然可以是成就自己的功业，但这绝不是君子的最高理想。君子的最高理想是能够为整个国家的人做出自己的贡献，使老百姓过得安好。孔子的这一思想在《孔子家语·致思》中记载的"农山言志"的故事中完整地呈现了出来。

有一天，孔子去鲁国北部游览，登上了农山山顶，子路、子贡和颜回陪同孔子来到山顶。孔子登高远望了下，感慨道："在这个地方进行思考人生问题，什么问题都会想得很透彻。这样吧，你们三个分别谈谈你们各自的理想，我就从你们的理想中做出我的选择。”

子路率先走上前说：“我希望能够拿着像月亮样洁白的帅旗，挥动着像太阳一样火红的战旗，让战鼓响彻云霄，让旌旗迎风飘扬。我率领一队人马与敌人英勇作战，一定能攻占敌人的千里土地，拔下敌人的军旗，割下敌人的左耳来计数报战功。这种事只有我子路能做得到吧？老师，您让他们俩跟在我后面就行了。”

孔子说：“子路真勇敢！”

接着子贡走上前说：“如果齐国和楚国这两个大国在宽广辽阔的原野上交战，两国军队阵势遥遥相望，布阵时扬起的尘埃连成一片，士兵们手持兵器正准备奋勇作战。此时的我一袭白装，凭借自己的三寸不烂之舌在两国之间纵横捭阖，陈述各种利害关系，从而让他们罢兵不战。这种事只有我子贡能做到，老师，您让他们俩跟在我后面就行了。”

孔子说：“子贡真是好口才！”

颜回没有上前回答孔子的问题。

孔子就问：“颜回，过来！你怎么不谈谈自己的理想呢？”

颜回说：“文武两方面的事，子路和子贡都做了很好的回答，我没有什么好说的了。”

孔子说：“即便这样，每个人都有自己的理想嘛，你就说说自己的吧。”颜回说：“听说薰草和莸（yóu）草这两种香草不能保存在同一个容器内，尧和桀不能共同治理一个国家，因为他们不一样。我的理想是希望能够辅佐贤能的君主，实行父义、母慈、兄友、弟恭、子孝这五种教化。用礼乐来教导民众，这样老百姓就不用去修建城池了，刀枪入库，马放南山，夫妇不再有分离的相思之苦，千年不再有战争的灾祸。这样子路就没有地方去施展自己的勇猛了，而子贡也没有地方去发挥他的口才了。”

孔子听了很庄重地说：“颜回真是仁德啊！”

子路举手行礼问：“老师，那您选谁啊？”

孔子说：“不耗费钱财，不危害老百姓，不用讲太多话，这样来治理国家，只有颜回才能做得到啊！”

读完这个“农山言志”的故事总能让人莞尔一笑，对于孔子的提问，有点儿谁先回答谁吃亏的感觉。子路说自己要当一个勇敢的将军，奋勇杀敌建立战功，子贡说自己凭借自己的口才让仗打不起来，这就直接把子路的志向给废掉了。颜回更狠，他要实行仁德教化，让天下没有战争，如此一来，子路的勇猛和子贡的口才都废掉了。而结尾是子路傻乎乎地问老师选谁，子贡应该还没等颜回讲完就知道老师的选择了。

其实他们没有相互打压的意思，子路就是勇敢，适合当武将；子贡就是口才好，适合当外交官；颜回就是仁德，适合当大夫；这些都是他们自己的真正内心理想的表述。孔子选择颜回的志向就在于颜回的志向给广大的民众带来了最大的利益，是最仁德的。

士的精神

在商周时代，士属于贵族的最下层，到春秋时代，则成了介于贵族与平民之间的一个特殊阶层。他们从诸侯、大夫之家分离衰落出来，靠自己的一技之长谋生，相当于现在的专业技术人员。孔子所说的士，不仅能谋生，还要有独立的人格、独立的精神，有社会责任感，做他说的“君子儒”。

《论语》中，孔子的眼里，君子儒就是士，士就是君子儒。这是孔子对弟子的要求和期待。因此，他说“士而怀居，不足以为士矣”，士不可以留恋安逸的生活，不可以窝在家里。好男儿志在四方。曾子说：“士不可以不弘毅，任重而道远。仁以为己任，不亦重乎？死而后已，不亦远乎？”（《论语·泰伯》）宋代张载的“四为句”说：“为天地立心，为生民立命，为往圣继绝学，为万世开太平。”用现在的话说，即为社会重建精神价值，为民众确立生命意义，为前圣继承已绝的学统，为万世开拓太平的基业。这些是中国古代士的精神和使命。

现在中国社会正是要弘扬这种士的精神，有更多的人，为民族的未来，为所有人的福祉，有所担当；而不仅仅为了个人或少数团体的利益，为了眼前的暂时利益。

1. 子曰："士而怀居，不足以为士矣。"（《论语·宪问》）

【译文】孔子说："士人如果留恋安逸的生活，就不足以做士人了。"孔子认为，士就要有达己达人的天下情怀，修身齐家，为的是治国平天下。

2. 子曰："贫而无怨难，富而无骄易。"（《论语·宪问》）

【译文】孔子说："贫穷却没有怨恨，很难；富贵却不骄傲，倒很容易做到。"

这句话里没有出现士，其实也是对士说的。士是贵族的最底层，很容易沦落为贫者。从高贵的出身，而后沦落为庶民，难免抱怨命运的不公。所以，孔子说"贫而无怨难"。但抱怨是没有用的，唯有靠自己的奋斗去改变命运。孔子的祖先是贵族，到他的父亲已经沦落为士了。到了他自己，更惨。三岁死了父亲，成了穷孩子，"无爹可拼"，只能"多鄙事"，养家糊口。孔子没有抱怨，而是"十有五而志于学"，用学习去改变自己的命运。孔子是靠自己改变命运的榜样，是"士"成长的楷模。孔子的魅力源于他的智慧，更源于他自我奋斗的精神和追求。

孔子的这句话，对现代人同样有启发。现在，我们有太多的"贫而怨"。虽然这是个复杂的社会问题，但是如何对待"贫"，也与个人修养和思维方式有关。另外，很多人炫富，为富不仁。做到富而不炫、不显、不露，"富而无骄"，也不容易。

3. 子路问成人。子曰："若臧武仲之知，公绰之不欲，卞庄子之勇，冉求之艺，文之以礼乐，亦可以为成人矣①。"曰："今之成人者何必然？见利思义，见危授命，久要不忘平生之言，亦可以为成人矣。"（《论语·宪问》）

【注释】①成人，可以理解为人格完美、完整的人。子路问怎么才算是人格完美、完整的人。这里出现"成人"这一称呼。其实，君子、士、善人、成人，只是说法不同而已，从人品、人性的完美、完善角度来看，都是相似的、相通的。

【译文】子路问怎样做才是一个完美的人。孔子说："如果具有臧武仲的智慧，孟云绰的克制，卞庄子的勇敢，冉求那样多才多艺，再用礼乐加以修饰，也就可以算是一个完人了。"孔子又说："现在的完人何必一定要这样呢？见到财利想到义的要求，遇到危险能献出生命，长久处于穷困还不忘早先的诺言，这样也可以成为完美的人。"

孔子回答子路，没有定义，也没有描述，而是以几个代表性的人的品行，讲成人的标准——像臧武仲那样智慧，孟公绰那样清心寡欲，卞庄子那样勇敢，冉有那样多才多艺，再用礼乐来丰富自己，也就可以成为一个完美的人了。大概孔子觉得这样要求太高了，他接着说："现如今的成人何必要这样呢？看到利益能够想到符不符合道义，看到危险勇于承担，长期处于困顿之中，却不忘记一生立下的诺言，也就可以说是'成人'了。"其实，这样的要求并不低，坚守道义、敢于担当，人生有所追求，这不就是"士"的精神吗？

4. 子贡问曰："何如斯可谓之士矣？"子曰："行己有耻，使于四方，不辱君命，可谓士矣。"

曰："敢问其次？"

曰："宗族称孝焉，乡党称弟焉①。"

曰："敢问其次。"曰："言必信，行必果，硁硁然小人哉！——抑亦可以为次矣。"

曰："今之从政者何如？"

子曰："噫！斗筲之人，何足算也！"（《论语·子路》）

【注释】①弟：通"悌"，敬爱兄长。硁硁：小石坚固的样子，形容浅薄固执。斗筲之人：指气度狭小的人。

【译文】子贡问道："怎样才可以叫作'士'？"孔子说："以羞耻之心约束自己的行动，出使各国不负君主的使命，这就可以叫作'士'了。"

子贡道："请问次一等的。"

孔子说："宗族称赞他孝顺父母，乡里称赞他恭敬兄长。"

子贡又道："请问再次一等的。"

孔子说："言语一定要信实，行为一定坚决，这是不问黑白而只管自己贯彻言行的小人呀！但也可以说是再次一等的'士'了。"

子贡道："现在的执政诸公怎么样？"

孔子说："咳！这班器识狭小的人算什么东西！"

《大戴礼记·哀公问五义》中记载了孔子分别对庸人、士、君子、贤人不同形象特点的具体总结描述。

孔子说："现在的人可以分为四类：庸人、士、君子、贤人。"

鲁哀公问孔子说："请问什么样的人可以叫作庸人呢？"

孔子说："所谓的庸人，是说嘴里不能说好话，心里不知道忧虑，不知道选择贤人善士寄托自身并借以除去忧难，行动不知道该做什么，七情六欲支配着自己，这样的人就可以叫作庸人了。"

（子曰："所谓庸人者，口不能道善言，心不知邑邑；不能选贤人善士而托身焉，以为己忧。动行不知所务，止立不知所定；日选于物，不知所贵；从物如流，不知所归；五凿为政，心从而坏。如此，则可谓庸人矣。"）

鲁哀公说："很好，那么什么样的人可以叫作士呢？"

孔子说："所谓的士，是指他虽然不能全部知道做事的方法，但是还能够有所遵循；虽然不能把事情做得十全十美，但是肯定有所处置。所以他不追求知识的渊博，而追求知识的正确；不追求语言的冗杂，而追求所说的话正确；不追求行为的杂多，而追求所做的正确。"

（"所谓士者，虽不能尽道术，必有率焉；虽不能尽善尽美，必有处焉。是故知不务多，务审其所知；言不务多，而务审其所谓；行不务多，而务审其所由；故知既已知之矣，言既已谓之矣，行既已由之矣，则若性命肌肤之不可易也。故富贵不足以益也，贫贱不足以损也。如此，则可谓士矣。"

鲁哀公又问："那么怎样才算是君子呢？"

孔子回答说："说话忠诚守信，但是内心不以为这是什么了不起的品德；做事讲究仁义，但是并不以此为骄傲；思虑明通，但是言辞上并不争强好胜。所以他舒舒缓缓的，不怕别人可以赶得上，这就是君子。"

（"所谓君子者，躬行忠信，其心不买；仁义在己，而不害不志；闻志广博，而色不伐；思虑明达，而辞不争；君子犹然如将可及也，而不可及也。如此，可谓君子矣。"）

鲁哀公说："说的对极了！您能告诉我怎样便可以是贤人呢？"

孔子回答说："所谓的贤人，就是有才有德的人，所爱好、厌恶的情感与人民完全相同，想要选择与舍弃的事物与人民完全一致；他做事合乎规矩，但又不违反他的本性；言论足以做天下的表率，但是又不会因此而损害到他自身；身为平民时有志向、有抱负，希望能够身居高位为人民造福，成为王侯将相时也不积攒财物。这样的人，被人们称作贤人。（"所谓贤人者，好恶与民同情，取舍与民同统；行中矩绳，而不伤于本；言足法于天下，而不害于其身；躬为匹夫而愿富贵，为诸侯而无财。如此，则可谓贤人矣。”）

每个人都能够通过学习与实践来增加智慧才干，不断取得进步。庸人也可以通过“博学之，审问之，慎思之，明辨之，笃行之”（《礼记·中庸》）逐步成为士、君子、贤人。

孔子为什么倡导仁？

孔子的一生中，倡导最多的是仁，仅《论语》中，孔子谈及关于仁的地方就有三四十处。在孔子的理念里，仁是最高尚的品德，是应该终身追求的。

孔子为什么不遗余力地倡导仁？对这个问题，孔子并没有正面说过。但是，孔子这样极力倡导仁，定有其重大目的，这是无疑的。孔子虽然没有明确地说什么，我们从孔子多次有关“仁”的谈话中，却可以窥见孔子竭力倡导仁的良苦用心和崇高目标。

有一次，樊迟向孔子请教仁的问题。樊迟是孔子的七十二贤弟子之一，但是他与众不同，是孔子的弟子中很特别的一个。绝大多数弟子都是按照孔子的办学思想，按照孔子培养士的教育方针，学习研究相关的知识，只有樊迟，当着其他弟子的面向孔子请教种谷和种菜，弄得孔子很难堪，只好老老实实地承认：“吾不如老农”“吾不如老圃”。由此可见，樊迟是心直口快的人，心里想什么，口中就会说出来，是一个不善于自我克制的人。这和孔子的“克己复礼以为仁”的理想是不相容的。怎么回答樊迟关于仁的请教，孔子没有正面地回答，他巧妙地说：“居处恭，执事敬，与人忠。虽之夷狄，不可弃也。”（《论语·子路》）

意思是说，你即使在自己家里，也不可随随便便，随心所欲，而要约束自己，言行举止要端正有礼；做任何事，都不可以随便草率，而要有敬业的精神，认认真真，严肃负责，把事做好；对任何人要忠，时时处处忠诚老实，一言一行，不可意气用事，不能以任何借口，说假话骗人。即使到了夷狄之地，也不可背弃。

其实，如果我们真心做到“居处恭，执事敬，与人忠”，就意味着已完全克制了自己的感情和欲望，已做到“克己复礼”了。

有一次，樊迟问孔子怎么才算仁者，孔子说：“仁者先难而后获，可谓仁矣。”（《论语·雍也》）

意思是说，仁者为了成就某项事业，首先想到的是如何付出艰苦和努力，经历各种磨难，至于成事后的得利则放在后面。和我们今天讲的吃苦在前，得利在后，是一个意思。宋代的名臣范仲淹在《岳阳楼记》中说：“先天下之忧而忧，后天下之乐而乐。”也正是这个意思。如果在人世间，每个人都能吃苦在前，得利在后，那么，人与人之间的利害冲突也就不存在了，人与人之间就存在仁爱了。

孔子之所以竭力倡导仁，把仁作为最高尚的品德，其目的就是要创建一个充满仁爱的社会。这一点，在他和弟子颜渊、子路一道闲聊时得到充分的表露。他要弟子们讲自己的理想，子路和颜渊先后讲了自己的理想，他俩要求老师也讲一讲自己的理想，孔子说，他的志向是“老者安之，朋友信之，少者怀之”（《论语·公冶长》）。意思是说，让老年人得到养护，平平安安地活着；在人与人相处的过程中，能够像朋友之间那样互相信任；所有青少年，都能得到充分的关怀和爱护。这就是孔子理想的社会形态，要实现这样的社会形态，靠的是仁爱。

孔子创立仁的学说，就是创建一个理想的社会形态：人们都能自觉地克制自己的各种私欲，使自己的言行服从于社会的行为规范，服从于全社会的公德。这样，在社会上就不会有尔虞我诈，不会有激烈冲突，在人与人之间，有的是互相关爱，而不是冲突。自己好了，就要想让别人和自己一样好；自己快乐了，就想到让别人和自己一样快乐；凡事推己及人，换位思考，与人为善，人与人之间关系和谐融洽。由此可见，孔子的仁的学说，最终目的是创建一个和谐的社会。

大仁不顾小信，管仲不死相齐

齐僖公三十三年（前698），齐僖公驾崩，留下三个儿子：太子诸儿、公子纠和公子小白。齐僖公死后，太子诸儿即位，是为齐襄公。齐桓公和公子纠都是齐襄公的弟弟。齐襄公无道，两人都怕牵累，桓公便由鲍叔牙侍奉逃往莒国，公于纠也由管仲和召忽侍奉逃往鲁国。

公元前685年，齐君死于宫廷政变，纠与小白即刻启程回国抢夺君位。管仲奉公子纠之命借鲁军欲截杀小白，曾一箭射中小白腰间的带钩。小白跌倒车中“佯死以误管仲”，纠与管仲误以为小白已死，大患已除，便悠然回国。然而公子小白抢先一步回国夺得齐国国君之位，成为齐桓公。桓公本想任命鲍叔牙为太宰，委以国政，鲍叔牙却主动让贤，推荐挚友管仲，曰：“君将治齐，即高傒与叔牙足矣。君且欲霸王，非管夷吾不可。夷吾所居国国重，不可失也。”起初，桓公不允，然谦让、大度、知人、智慧的鲍叔牙荐贤不避友，力荐管仲，其诚心终于打动桓公，说服桓公用贤不避仇，亲迎管仲于郊，礼见于庙，任为大夫，后又拜管仲为相，尊为“仲父”，授以国柄，位居鲍叔牙之上。鲍叔甘居管仲之下，无怨无悔，二人同心同德，共辅桓公成就霸业。对于这一影响深远的历史事件，后世有学者赞叹齐桓、鲍叔、管仲曰：“三人可以不朽矣：一是齐桓公不计私仇，任用贤能，其以社稷国家为重的宽宏大度可嘉可叹；一是鲍叔牙推荐管仲，屈己让贤，其宽广胸怀叫人折服；一是舍私情图大义，其眼光长远及图霸的毅力才智流芳千古。一事而有三贤，实在难得，怪不得司马迁要立传赞叹了。”

桓公兴兵伐鲁，逼迫鲁国杀了公子纠，召忽自杀以殉，管仲却做了桓公的宰相。这段历史可看《左传》庄公八年和九年。

就“召忽死之，管仲不死被囚”，孔子弟子子路与子贡都曾对管仲的人品、德行颇有微词，孔子却撇开管仲对主子的“不忠”“不信”，给予管仲

"仁"的肯定性道德评价。《论语·宪问》载：

子路曰："桓公杀公子纠，召忽死之，管仲不死。"曰："未仁乎？"子曰："桓公九合诸侯，不以兵车，管仲之力也。如其仁，如其仁。"

【译文】子路道："齐桓公杀了他哥哥公子纠，（公子纠的师傅）召忽因此自杀，（但是他的另一师傅）管仲却活着。"接着又道："管仲应该不是有仁德的人吧？"孔子道："齐桓公多次地主持诸侯间的盟会，停止了战争，都是管仲的力量。这就是管仲的仁德，这就是管仲的仁德。"

子贡曰："管仲非仁者与？桓公杀公子纠，不能死，又相之。"子曰："管仲相桓公，霸诸侯，一匡天下，民到于今受其赐。微管仲，吾其被发左衽矣。岂若匹夫匹妇之为谅也，自经于沟渎而莫之知也？"（《论语·宪问》）

【译文】子贡道："管仲不能算仁人吧？桓公杀掉了公子纠，他不但不以身殉难，还去辅助他。"孔子道："管仲辅助桓公，称霸诸侯，使天下一切得到匡正，人民到今天还受到他的好处。假若没有管仲，我们都会披散着头发，衣襟向左边开，（沦为落后民族）了。他难道要像普通老百姓一样守着小节小信，在山沟中自杀，还没有人知道吗？"

在子路和子贡看来，管仲未能像召忽那样不事二主、从一而终，以死忠信于君，违背了"信守君命""信不叛君"（《春秋·左传》）的臣道，非"忠臣""信臣"，因而给了他否定性的道德评价，贴上了"未仁""非仁"的道德标签。

而在孔子看来，管仲虽没有始终如一地忠信于旧主，以死谢君恩，但他能在战争频仍之春秋乱世"相桓公，霸诸侯，一匡天下"，使"民到于今受其赐""利泽及人""有仁之功"（《四书集注·论语集注》），符合孔子所谓"君子贞而不谅"（《论语·卫灵公》），"大德不逾闲，小德出入可也"（《论语·子张》）的道德评价原则，因而他撇开管仲对主子的"不忠""不信"，给予管仲"仁"的肯定性道德评价。

尽管孔子弟子子夏曾说："事君，能致其身"（《论语·学而》），但前提是"成仁"，所谓"志士仁人，无求生以害仁，有杀身以成仁"（《论语·卫灵公》）。可以为"成仁"而死，不可以为"忠信于君"而死，"仁"比"忠""信"具有更高的道德价值。

在孔子心目中，"忠""信"必须服务于"仁"，受"仁"制约。

孔子给为政者开的妙药

孔子认为，政令要顺畅实施，为政者首先要做到端正自身。

季康子问政于孔子。孔子对曰："政者，正也。子帅以正，孰敢不正？"（《论语·颜渊》）

【译文】季康子向孔子问政治。孔子答道："政字的意思就是端正。您自己带头走正道，谁敢不走正道呢？"

作为国家的管理者，首先自身要正，只有当一个人的内心修养达到了君子的要求，他才可能为国家做事，也才能够做成事。所以，后代的儒家主张诚意、正心、修身、齐家、治国、平天下，一个人自身的修炼是治国平天下的前提。

其次，身正令行。

子曰："其身正，不令而行；其身不正，虽令不从。"（《论语·子路》）

【译文】孔子说："当权者自己品行端正，不发命令，政令也能贯彻。自己行为不检点，即使三令五申，老百姓也不会听从。"

孔子明确提出："其身正，不令而行；其身不正，虽令不从。"如果统治者有感召力，就如北极星一样，"居其所而众星共之"。如果这样，就没必要"杀无道，以就有道"。小人必然会被感化，"君子之德风，小人之德草，草上之风必偃"。这样，孔子自然反对武力征服，主张"故远人不服，则修文德以来之"，统治者自身的榜样是对老百姓最好的教育，"临之以庄，则敬；孝慈，则忠；举善而教不能，则劝"。你用庄重的态度对待老百姓，他们就会尊敬你；你对父母孝顺，对子弟慈祥，百姓就会尽忠于你；你选用善良的人，又教育能力差的人，百姓就会互相勉励，加倍努力。

影响篇

古代统治阶级为什么喜欢儒家思想

儒家思想为什么在封建社会被统治阶级所欢迎，流传几千年而不衰呢?

1. 儒家思想维护统治阶级的利益

儒家思想最符合封建统治阶级的需要，最能维护统治阶级的利益。儒家思想强调人是不平等的，君主至高无上的地位是天赐的，是应该的，是要维护的，人们都得遵守这种等级制度，要忠于君主，要以忠君为美德。

2. 孔子的仁爱思想是统治者和老百姓共同的价值追求

儒家虽然讲究等级，但是也讲仁爱、讲温情，强调君仁臣忠，父慈子孝，这样一种折中的方案，是最能照顾最大多数人的利益的，也是能让广大人民群众所接受的观念。其他诸家就不能做到这些，道家主张道法自然，无为、不争。但“无为”将导致社会不能进步，财富不能生产、积累，人们将永远生活在衣不遮体、食不裹腹，饥寒交迫，风餐露宿自然状态之下，虽然思想纯朴、身心自由，但吃不饱穿不暖是大家无法容忍、无法接受的一种状态，所以道家思想不可能成为主流思想。法家提出了富国强兵、以法治国的思想。法家思想是最能够让一个国家强盛发达的思想，但是法家强调公开、公平、公正，法律面前人人平等，王子犯法与庶民同罪，统治阶级想搞特权、想搞腐败没有空间和机会，受约束太多，法家的主张将大大损害统治阶级的利益，是统治阶级所不能容忍的。不仅统治阶级不能容忍，老百姓也不能容忍，因为法家太过严苛，人们不能有任何私情，试想一下人间只有法理，没有温情，大家感受不到爱，还得处处小心不犯错，还要防备别人的告密，天天生活在提心吊胆之中，这种社会怎能长期维系下去。墨家主张兼爱，非攻，都不符合统治阶级的利益。相比之下，儒家的仁爱思想，既是人们日常生活中一种思想追求，也是政治家们为政的一种理论基础，更是人们所憧憬向往的一种理想的社会境界。作为普通人，做到了仁的要求，就会对他人产生爱心，就会做出孝敬父母、爱护子女，爱老怜贫、扶危济困的善行义举；作为统治者，符合了仁的标准，就会对国家实行仁政的治理方式，就会在制定各项政策的时候充分兼顾普通百姓的利益，就会做到轻徭薄赋，与民休息，就会促进经济的繁荣，百姓的富裕。因此孔子的仁爱思想便成了统治者和老百姓共同的价值追求。

3. 儒家思想对稳定天下有积极的作用

儒家的“天下观”有利于多民族大一统的发展，对维护华夏文明起到了重要作用。儒家“四书五经”经过从董仲舒到朱熹的不断注释后强调王朝“正统”，这种“正统观”有利于维护家天下的政治制度和王朝的长治久安，有利于调节统治阶级内部关系，缓和贵族地主阶级内部矛盾。总而言之，汉代以后的儒家思想对统治阶级是有利的，既有利于他们压迫人民，也有利于维护他们内部的稳定和统一。

4. 儒家思想符合人伦的价值

儒家重视和强调每个人在社会关系中的地位及其应有的义务与权利。孔子强调“君君，臣臣，父父，子子”关系的重要性，孟子则提出了“父子有亲，君臣有义，夫妇有别，长幼有序，朋友有信”的处世准则。儒家特别重视“父慈子孝”，把这看作各种人伦关系的基础和根本，进而又强调“移孝作忠”，由此达到维护统治秩序和国家利益的目的。

5. 儒家思想强调整体的精神

在儒家思想中，国家利益、社会利益、民族利益和整体利益，都占着特殊重要的地位。孔子认为，达到“仁”的唯一条件是“克己复礼”，即克制自己一切不符合“礼”的思想和行为。而这个“礼”，即国家的政治制度、法律规范和伦理道德。在“礼”之外，儒家又强调“义”，主张“义以为上”“先义后利”。在这里，“义”主要是指整体利益，“利”主要是指个人私利。宋代以后儒家的义利之辨，也同样强调国家利益与社会利益的重要，认为义利之辨的实质就是公私之辨。儒家的整体主义思想，对弘扬中华民族的爱国主义精神起到了重要作用。

孔子的学说是怎样变成封建教条的?

孔子是中国历史上最伟大的教育家、思想家、政治家。可是近百年来，孔子学说却一次一次地遭受批判，批孔运动接二连三，难道孔子的学说真的错了?孔子的学说真的过时了?还是批孔批错了?若说孔子的学说是错的，那么，为什么几千年来中国人都崇尚孔子的学说?如果说批孔都是错的，那么，为什么会有那么多人参加，有的还是著名的学者?这些问题，都令人费解。

问题的症结在哪里?这就不得不提宋代理学家朱熹。

朱熹是宋代的名儒，他继承并发展了程颐兄弟的理学，形成了完整的理学体系，后人称之为“程朱理学”。朱熹按照其理学原则，对孔子的学说进行诠释，将孔子的崇实而又有生气的学说，变成了僵死的封建教条，在很多问题上歪曲了孔子的思想。这在当初并不是什么大不了的事，学术问题，智者见智，仁者见仁，各抒己见，谁也不能限制谁。然而，朱元璋当了皇帝后，下令以《四书》）考选功名，而且必须采用朱熹的注释。所谓《四书》，即《大学》《中庸》《论语》《孟子》，朱熹所著的《四书集注》就成了读书人的终身读物。从那时起，中国的读书人为了考功名，都在朱熹所著的《四书集注》中打圈子。读书人所研读的孔孟学说，已不再是孔子和孟子学说的原貌，而是被朱熹及其弟子诠释过的孔孟学说，是一些僵死的封建教条，成了禁锢读书人思想的工具，是思想镣铐。人们要解放思想，必须敲碎这些镣铐，在推翻封建王朝之后，批判这些封建教条是必然的，所以五四运动的批判大旗一举，全国响应，是理所当然的事。遗憾的是批判的矛头直指孔孟，尤其是孔子。如此一来，孔子就糊里糊涂地吃了冤枉官司，这是孔子生前绝对想不到的。这既是人世间最大的冤案，也是历史的大悲哀。

孔子，中国历史上第一个民办学校创立者

在今天，人人都有受教育的权利，人人都可以上学校读书。但是在古代，教育都是官府办的，官府为了培养人才，办起了官学，能够入学的人都是贵族子弟。那时的学校是贵族子弟学校。普通老百姓是不能入学的。普通老百姓受教育的权利被剥夺了，受教育是贵族的特权。两千多年前的春秋时代，中国出了位最伟大的教育家，他的名字叫孔丘，字仲尼。因为他对社会做出了很大的贡献，所以人们尊称他为孔子、圣人。是他，在中国历史上第一个创办了民办学校。私人兴学，是中国历史上的一件大事，可以说是伟大的创举，也可以说是中国教育史上一场最伟大的革命。孔子先后教过的学生有三千余人，其中优秀者七十二人，所以后人称孔子有“弟子三千，七十二贤人”。汉代史学大家司马迁在他著的《史记》中，不仅写了《孔子世家》，将孔子与公侯宰相并列，还写了《仲尼弟子列传》，专门记述孔子的学生，可见孔子的教育事业影响之大，在历史上地位之高。

自孔子以后，中华民族的教育事业就形成了“两条腿走路”的格局，教育事业得到空前发展，历朝历代都有官府办学和民间办学两种形式。官府办学，往往有很多清规戒律，将很多人排斥在学校之外。私学则不然，它没有固定的模式，少有清规戒律，因地制宜，因人而异，只要能教给孩子文化知识，在任何情况下都可以办学，于是产生了书院、学堂、私塾、家塾等，这为很多人提供了受教育的机会。

孔子有句名言，叫作“有教无类”，至今仍为人们津津乐道。所谓“有教无类”，意思是任何人，不论是贵族还是平民百姓，是富豪还是乞丐，都有受教育的权利。在今天，这句话并无惊人之处，而在当时，教育是贵族阶

层的特权，说这句话就不是一件简单的事了，是对当时等级制度的一种挑战，是要冒风险的。幸而，当时正值春秋战国时代，等级制度虽然森严，但思想意识的统治并不严，百家争鸣之风很浓，各种学说可以自由发挥。孔子的“有教无类”之说，虽然有悖于当时的等级制度，却没有遭到围攻或迫害。此事若发生在秦始皇焚书坑儒的思想统治之后，孔子必将遭到杀身之祸。

孔子不仅创立了“有教无类”的教育理念，而且是个伟大的实践者。孔子说：“自行束脩以上，吾未尝无诲焉。”脩，脯也；十脯为一束，古人相见以礼，束脩是当时最微薄的礼物。孔子说，不论什么人，只要带十条以上的肉干来向我求教，我没有不教诲的，换言之，任何人只要尊重我，诚心诚意以礼来向我求教，我都教他，绝不拒绝。后人将“束脩”解释为学费，那是对孔子的曲解。

孔子的三千弟子中，既有出身贵族的，也有出身平民的，甚至有出身社会最底层，父母从事贱业的。在《史记·仲尼弟子列传》中有这样一段记载：

仲弓（冉雍）问政，孔子曰：“出门如见大宾，使民如承大祭，在邦无怨，在家无怨。”

孔子以仲弓为有德行，曰：“雍也可使南面。”

仲弓父，贱人。孔子曰：“犁牛之子骍且角，虽欲勿用，山川其舍诸？”

仲弓的父亲是“贱人”，可能是从事某种被人瞧不起的低贱之业，但孔子仍然收仲弓为学生。在仲弓向他求教如何从政时，孔子并不认为可笑，而是很认真地教导他从政应注意的事项。不仅如此，孔子还通过实际考察，发现仲弓有德行，是个人才，“可使南面”，即可以担当管理诸侯国的大任。当时，可能有人不同意孔子的意见，认为像仲弓这样出身微贱的人，怎么能担当治理诸侯国的大任呢？于是，孔子打了个比喻：耕牛生下的小牛，牛毛尽是赤色，两只角也生得很周正，像这样的小牛若不用作祭祀，山川会舍得吗？意思是说，虽然仲弓的父亲是贱人，但仲弓本人是个品德高尚而有才华的人，我们怎么能不用他呢？在两千多年前，在那个等级制度很严格的社会里，孔子能提出不论家庭出身，不管父母是哪一类人，只问人的品德和才干，用人“唯德唯才”的观念，这实在是很了不起的。

孔子的私人办学，也就是民间办学，是中华民族教育史上的一个伟大创举。他的“有教无类”的教育理念，也是个划时代的学说。在两千多年前，孔子的一个教育创举，以及随之而来的教育理念，为千千万万中华民族的子孙打开了受教育的大门，提供了受教育的机会。今天，中华民族璀璨辉煌的文化为世界各民族所崇尚，孔子的贡献是不可磨灭的，用什么词都不足以表达孔子贡献的巨伟。

半部《论语》治天下

关于《论语》有一个经典美谈，即“半部《论语》治天下”。《论语》的学术价值当然重要，但这里彰显了《论语》巨大的实践与实用价值，而此中的智慧值得关注并发掘。

这要说到宋代赵普（922年—992年），宋幽州蓟县人，后迁河南洛阳，字则平。他是宋代的开国元勋、政治家，为一代名相。他与《论语》有一段很深的渊源。

后周时，赵普为赵匡胤的亲信幕僚，任掌书记。公元960年，在开封东北四十里的陈桥驿，赵匡胤发动兵变，黄袍加身，自立为天子。赵普参与并策划了“陈桥兵变”。

北宋建立后，赵普历任右谏议大夫、兵部侍郎、枢密使、检校太保等职，因为屡建奇功，后来提升为宰相。从乾德二年至开宝六年（964年—973年）做了近十年的宰相，皇上视为左右手，事务不分大小，悉与其商量决定。在宋太祖晚年，对他的宠爱渐衰，出为河阳三城节度使。宋太祖死后，他的弟弟赵光义继位，史称宋太宗，赵普又曾两次入相。他经历了宋太祖、宋太宗两朝三十多年，前后为宰相约十四年。他对宋代做出了很大的贡献。

赵普“少习吏事，寡学术”（《宋史·赵普列传》），因此宋太祖在提拔赵普为宰相时，“常劝以读书”。赵普便去读书，甚至于“晚年手不释卷，每归私第，阖户启箧取书，读之竟日”。赵普在读书时，是关上门一个人在那里静静地读、静静地思考的。这书也很奇怪，不放在书架上、书桌上，而是每次要读的时候便从箱子里拿出来，读完又放回箱子里去了。

赵普还有趣闻，朝廷上能处理的政事，他随即处理了；处理不了的便带回家，研读《论语》，思考怎样处理。第二天上朝的时候，他做出的决断居然就像流水那样，有描述说“次日临政，处决如流”（《宋史》）。

然而，当时流传着赵普“所读止《论语》”，有人就向当宋太宗提意见，让赵普当宰相甚为不妥。宋太宗有一次特地当面问赵普这件事，赵普也没有隐瞒，很诚实地回答：“臣平生所知，诚不出此。昔以其半辅太祖定天下，今欲以其半辅陛下致太平。”此在宋代罗大经《鹤林玉露》中有记载。这就是“半部《论语》治天下”的出典。

奇怪的是，赵普家里的人也不了解真情，只是“家人见其断国大议，闭门观书，取决方册”（《宋史》）。赵普活着的时候，别人是不能进他的屋子的。赵普死了，打开他藏书的箱子，发现里面果真只有一部《论语》，原来确是如此。

当然“半部《论语》治天下”之说，最早出自南宋史籍，如罗大经的《鹤林玉露》、黄震的《黄氏日钞分类》、林駉的《古今源流至论》等，但是也遭到了学者的怀疑，认为不可信。最近数十年来，于此说也曾有所阐发，如著名学者洪业便有《半部论语治天下辨》之文，而邓拓则以“半部《论语》治天下”作为一个读书少而精的例子加以推崇。赵普的“半部《论语》治天下”之说，已成为一种美谈、一个典故。我们如果撇开那些待解的谜不去纠缠细节，也许可以从中发觉不少启示。

1.《论语》确实蕴藏着巨大的实用价值

宋代能臣赵普将之运用于治天下，其实在社会实践层面可以使之运用于各个方面，如修身的、行政的、教育的、经商的、交友的、处世的等等。

2.《论语》智慧的实用，不管文化水平高低均可以做到

赵普之所以选择《论语》就是一种智慧：《论语》篇幅短小，文句精练，名言警句易读易懂易用。确实，《论语》不像《尚书》那样艰深难读，也不像《周易》《老子》那样抽象深奥。另外，《论语》涉及了方方面面，内容极其丰富，智慧的含金量极高，熟读深思，必资启发，足以发挥。

3. 运用《论语》智慧，有具体的操作路线

赵普启示我们，要有意识地带着问题去读《论语》，即为解决当下的现实问题去读其中有关的内容，进而汲取其中的智慧来解决具体问题，如此轮回反复的操作，时间一长，真会越来越有效益，越读越爱读。也许就像赵普一样“爱不释手”了。这不就是“学而时习之，不亦说乎”？

4.《论语》智慧之学习与运用，也有不同的效应

谁对社会与人生越有丰富深刻的体验与经验，谁越是喜欢思考，谁便越能深入领会《论语》的内蕴、智慧与精华。试看，北宋初期这么多的重大方针政策，比如罢宿卫、节镇兵权、让文人知州；还有诸州置转运使，设置通判，以此来集中行政权和财政权；再有先南后北、先难后易的统一战略，以及对契丹采取守势等谋略，如此等等，都有赵普参与其间。这些或许都可以视为他将丰富的实际经验与读《论语》的智慧融合在一起的结果。

如果从赵普那里能深思一番，定能豁然开朗于“半部《论语》治天下”的真义，也会猛然醒悟《论语》实践、实用价值之不可估量。

再顺便一说，宋代还有一位贤相李沆（947年—1004年），宋真宗时由副宰相升为正宰相，也常常读《论语》。有人问其缘故，李沆回答说：“沆为宰相，《论语》中‘节用而爱人，使民以时’，尚未能行。圣人之言，终身诵之，可也。”这也可以体会一番宋代官员们的某些《论语》情结，他们不仅常读《论语》，且活用《论语》的智慧来治天下。

古今名人评孔子

古波斯摩尼教创始人摩尼，早在公元270年时就说过：“除了用双眼观察世界的中国人和只用一只眼睛观察世界的希腊人之外，其他的民族都是瞎子。”

中国现代大儒梁漱溟，早在1934年时就说过：“孔子学说的价值，最后必有一天一定为人类所发现，为人类所公认，再重光于世界。”

20世纪70年代，英国历史学家汤恩比博士说：“能够帮助解决21世纪的世界问题的，唯有中国孔孟的学说。”

1988年，75位诺贝尔奖得主在巴黎发表联合宣言说：“人类要生存下去，必须回首25世纪去汲取孔子的智慧。”

美国诗人、哲学家、思想家、一代宗师爱默生（1803—1882）认为“孔子是哲学上的华盛顿”“孔子是全世界各民族的光荣”，并表示“对这位东方圣人极为景仰”。

2001年，美国加利福尼亚州议会通过决议，将孔子的生日——9月28日定为“孔子日”，以纪念这位对人类教育事业做出杰出贡献的先贤。负责起草议案的议员表示：“中华民族悠久、灿烂的文化极大地丰富了美国多元文化的内涵。孔子的教育思想是世界文明的宝贵财富。在加州举行这一纪念活动，充分显示了该州对教育的支持和对中华民族传统文化的尊重。”

20世纪80年代，英国出版的《人民年鉴手册》将孔子列为世界十大圣人之首。

联合国教科文组织将孔子列为世界十大文化名人之首，并设有“孔子教育奖”。

孔庙四配十二哲

人们在祭奠孔子时，还祭奠孔庙四配十二哲。

一、四配

兖国复圣公颜回、郕国宗圣公曾参、沂国述圣公孔伋和邹国亚圣公孟轲：在孔庙的受奉祀人中，他们的地位仅次于孔子。他们的塑像分坐于孔子像的两侧：孔子像东为颜回、孔伋，西为曾参、孟轲。早在南宋度宗咸淳三年（1267），国家即规定以四配四享。曲阜孔庙则于元成宗大德十一年（1307），开始以四配附祀，并沿袭至今。

1. 颜回

颜回，字子渊，孔子弟子。终身未仕，一生追随孔子。孔子称赞他“闻一而知十”“贤哉，回也！一箪食，一瓢饮，在陋巷，人不堪其忧，回也不改其乐”。对于“仁”德的修养，颜回为最高。颜回仁德突出，是孔子最得意的学生。故自三国魏正始元年（240）祭孔时，首以他为配享，并开配享之例。唐玄宗开元八年（720），颜回被封为“亚圣”，开元二十七年（739）被封为“亚圣兖国公”，宋大中祥符二年（1009）被封为“兖国公”，元至顺元年（1330）被改封为“兖国复圣公”，明嘉靖九年（1530）改称“复圣”。

2. 曾参

曾参，字子舆，孔子弟子。青壮年时参加农事劳作，生活不太宽裕，为养活父母，到莒国去谋了一个“得粟三秉”的小官。受业于孔子后，学有成就，便开始讲学。父母死后，他南游楚国，“得尊官焉”。后齐国欲以为相，楚国欲以为令尹，晋国欲以为上卿，他都一概谢绝，而专事研习孔学并授徒，最终成为儒家名师。唐总章元年（668），曾参被封赠“太子少保”，唐开元二十七年（739）被封为“郕伯”，宋正和元年（1111）被封为“武城侯”，咸淳三年（1265）被赠“郕国公”，元至顺二年（1331）被封为“郕国宗圣公”，明嘉靖九年（1530）改称“宗圣”。

3. 孔伋

孔伋，字子思，是孔子的孙子。他不到4岁时，孔子就去世了。相传孔伋受业于曾参，曾为鲁缪公师。他一度迁居卫国，又至宋国，晚年才又返回鲁国。他发扬了孔子的“中庸”思想，并使之系统化，成为自己学说的核心。他宣传儒家“诚”的道德，并视之为世界的本原。孔伋颇得孔子思想的真传，一生除授徒外，还致力于著述，儒家经典《中庸》即是他所作。孔伋是儒家中承前启后的重要人物，他前承孔子，后传孟子。他的思想经门人传给孟子，孟子将其继承并有所发展。宋徽宗崇宁元年（1102），孔伋被追封为“沂水侯”，南宋咸淳三年加封“沂国公”，元至顺二年（1331）被封为“沂国述圣公”，明嘉靖九年（1530）改称“述圣”。

4. 孟子

孟子，名轲，战国时期思想家、政治家、教育家。生活在诸侯兼并，战争异常酷烈之时，为“正人心，息邪说，距诐行，放淫辞，以承三圣”，他聚众授徒，历游齐、宋、滕、魏等国。任齐宣王客卿，因其主张不见用，退而授徒、著述。孟子的思想学说，以孔子为旗帜，又深刻全面地继承发展了孔子的思想。所以，孟子被后世的统治者和儒家学者尊奉为仅次于孔子的圣人。两人的思想也在长期的历史过程中糅合为一体，被称为孔孟之道，成为儒家思想学说及中国传统文化的骨干与核心。北宋元丰七年（1084），孟子被封为“邹国公”配享孔子，元代加封“邹国亚圣公”，明嘉靖九年（1530）改称“亚圣”。

二、十二哲

闵损（子骞）、冉雍（仲弓）、端木赐（子贡）、仲由（子路）、卜商（子夏）、有若（子若）、冉耕（伯牛）、宰予（子我）、冉求（子有）、言偃（子游）、颛孙师（子张）、朱熹（元晦）。十二哲等级较四配为低。哲，即贤哲的意思。唐开元八年（720），玄宗李隆基命国学祭祀孔子，定十哲配享。后来，宋、清等朝代几经更添，直到清乾隆年间才将十二哲配享固定下来。

1. 闵子骞

闵子骞（前530—前487），闵氏，名损，字子骞，春秋末年鲁国人。生于鲁昭公六年，卒于鲁哀公八年，少孔子15岁。出身贫寒，后拜师孔子。中年时期父亲亡故，在三年守孝期内，适逢鲁国有战事，他不避时贤之议，受召服役，役罢，归而致事。季氏使之为费（今山东费县西北）宰，辞不受命，故终生未仕，直到50岁时死去。

2. 冉雍

冉雍（前522—？），冉氏，名雍，字仲弓，春秋末年鲁国人。生于鲁昭公二十年，卒年不详，少孔子29岁。出身寒微，早年拜孔子为师，随孔子周游列国。回鲁后的第三年，即鲁哀公十三年（前482），41岁的仲弓当上了季氏的家臣，并曾向孔子问政。

3. 子贡

子贡（前520—？），端木氏，名赐，字子贡，春秋末年卫国（今河南省濮阳市）人。生于鲁昭公二十二年，卒年不详，少孔子31岁。出身寒微，青年时期即从事商业活动，孔子周游列国至卫，拜孔子为师，后仕于卫，经商于曹、鲁之间，累致千金。公元前479年，孔子逝世，众弟子皆为之服丧三年，唯子贡庐于冢上，历六年方归。后去他国游历，终于齐（今山东省淄博市临淄区）。

4. 子路

子路（前542—前480），仲氏，名由，字子路，又称季路，春秋末年鲁国人。生于鲁襄公三十一年，卒于鲁哀公十五年，少孔子9岁。出身寒微，从师孔子后，先是随孔子在鲁国做官，为鲁国执政者季氏的费邑宰；后又随孔子去鲁至卫，为卫国大夫孔悝的蒲邑（今河南省长垣县）令。鲁哀公十一年（前484），孔子结束了14年的周游列国返鲁，子路则留在卫国，后死于乱中，时年63岁。

5. 子夏

子夏（前507—？），卜氏，名商，字子夏。少孔子44岁，约生于公元前507年，卒年未详。《史记·仲尼弟子列传》载："子夏居西河教授，为魏文侯师。"魏文侯于公元前424年即位，则子夏卒年必于公元前424年之后，合享年80多岁。

6. 有若

有若（前518—？），名若，字子有，或子若。据记载，有若是孔子门下很出色的学生，因为跟孔子相貌气质很像，在孔子逝后，子夏、子张，子游等人曾推举有若继承孔子的地位，但因为曾子坚决反对而作罢。

7. 冉耕

冉耕（约前544—？），字伯牛，春秋末鲁国人。为人正派，善于待人接物，在孔子弟子中，以德行与颜渊、闵子骞并称，因恶疾早逝。孔子哀叹其："亡之，命矣夫！"（《论语·雍也》）唐玄开元二十七（739），冉耕被追封为"郓侯"，宋大中祥符二年（1009）被改封为"东平公"，南宋咸淳三年（1267）被改封为"郓公"，明嘉靖九年（1530）被改称为"先贤冉子"。

8. 宰予

宰予（前522—前458），宰氏，名予，字子我，亦称宰我，春秋末年鲁国人。生于鲁昭公二十年，卒于周定王十一年，少孔子29岁。家世及生平事迹不详，据史书记载，他自始至终跟随孔子周游列国，孔子曾多次派他出使齐、楚等国。

9. 冉求

冉求（前522—？），冉氏，名求，字子有，亦称冉有，春秋末年鲁国人。生于鲁昭公二十年，卒年不详，少孔子29岁。出身寒微，青年时期曾做过季氏的家臣，并拜孔子为师。后随孔子周游列国。

10. 子游

子游（前506—？），言氏，名偃，字子游。据《史记·仲尼弟子列传》）云："少孔子四十五岁。"卒年不详。

11. 子张

子张（前503—？），即颛孙师，字子张，春秋末陈国阳城（今南省登封市）人。出身微贱，且犯过罪行，后经孔子教育而成为"显士"。虽学干禄，未尝从政，以教授终。孔子死后，他独立招收弟子，宣扬儒家学说，是"子张之儒"的创始人。子张之儒列儒家八派之首。

12. 朱熹

朱熹（1130—1200），字元晦，一字仲晦，号晦庵、晦翁，又称考亭先生、云谷老人、沧州病叟、逆翁，汉族，南宋江南东路徽州府婺源县（今江西省婺源县）人。南宋著名的理学家、思想家、哲学家、教育家、诗人，闽学派的代表人物，世称朱子，是孔子、孟子之后最杰出的弘扬儒家的大师。19岁进士及第，曾任荆湖南路安抚使，仕至宝文阁待制。为政期间，申敕令，惩奸吏，政绩显著。

新时代，孔子学院遍布全球

随着全球化进程的加快，当今国家间的竞争已经不仅局限于以经济、军事为代表的硬实力的竞争，而且以文化、科技为代表的软实力的竞争正在愈演愈烈。因此，各个国家都积极投身于文化软实力的建设。随着我国改革开放进程的不断加快，综合国力不断增强，国际地位显著提高，并在全球化大的国际背景下，我国的孔子学院以语言作为载体，以文化作为支撑，在世界范围内应运而生，并不断地发展壮大，受到了许多国家的欢迎。孔子学院在越来越多国家的建立，以及汉语国际化水平的不断提高，有利于带动相关产业的发展，提升中国文化的软实力，增强中国的国际影响力，树立积极和谐的国际形象。

一、孔子学院的建立与我国的对外开放政策

党的十一届三中全会以来的40年，是改革开放的40年，是持续快速发展的40年。随着我国改革开放进程的不断加快，我国的国家面貌发生了翻天覆地的变化，经济发展水平不断提高，综合国力不断增强。特别是20世纪90年代以来，随着经济全球化进程的加快，国际不仅注重经济的较量，而且更加注重本国文化的传播。面对这一国际形势，以全球化作为支撑，每个国家都力图把本国的文化推向世界，不同国家间的文化开始在世界范围内进行交流。

近几年，随着我国经济实力的不断增强，我国的综合国力和国际地位随之攀升，对外经济、文化交流的也日益深入，我国不仅GDP总量首次超过日本，成为世界第二大经济实体、第一大出口国，而且我国文化的对外开放也取得了显著的成就。汉语已经走出了国门，受到越来越多国家人民的喜爱，汉语在全世界范围内得到越来越广泛的传播。汉语不仅是中国独有的语言，正逐步地走向世界，全球掀起了学习汉语的热潮。

二、孔子学院概述

孔子学院作为非营利性的教育机构，旨在传播汉语和中国文化及国学教育，注重语言与文化的双重教育，使其成为沟通中国与世界各国文化的桥梁和纽带。2004年，全球首家孔子学院在韩国正式挂牌成立，从成立之初的鲜为人知到今天的声名大噪，孔子学院在全球范围内正一步步地发展壮大起来。截至2018年12月，中国已在154个国家和地区建立548所孔子学院和1193个中小学孔子课堂，现有注册学员210万人，中外专兼职教师4.6万人。在世界文化交流及教育合作方面取得了不错效果。

随着信息时代的到来，孔子学院除了进行课堂的教学外，还设有网络孔子学院，作为孔子学院的重要补充，成为中国文化传播的重要途径之一。网络孔子学院面向全球汉语学习者，提供在线教学、在线交流、在线测试等，使学习汉语变得更加方便化、网络化、国际化。

三、建立孔子学院重要的战略意义

1. 扩大中国的影响力

汉语作为我国的官方语言，扩大汉语的传播范围，提高汉语在国际交

流中的地位，是扩大中国影响力的重要组成部分。我们通过建立孔子学院，可以让世界人民了解汉语，了解中国文化，增进国家间的友好关系。以语言作为平台，以文化作为支撑，把中国人民爱好和平、构建和谐世界的理念传递到世界的每个角落，让全世界的人民感知一个真诚和谐、友善的中国，这样可以增强他们对中国的认同感。在全球化的今天，我们需要走出去，让世界人民了解中国的文化，可以减少对中国的误会，类似于"中国威胁论"的言论，自然会不攻自破的。因此，中国应该加快汉语国际化的进程，增强世界对中国的了解，以利于提高国际地位，扩大中国在国际事务中的话语权。

2. 提升我国的文化软实力

在全球化日益加剧的今天，国家间的竞争已经不仅局限于以经济、军事为代表的硬实力的竞争，而且以文化、科技为代表的软实力的竞争也愈演愈烈。早在20世纪，一些国家为了使本国语言国际化，就在全球建立一些文化机构力图传播和推广自己国家的语言和文化，如法语联盟、歌德学院、塞万提斯学院等。这些语言机构的共同目标就是以语言为媒介，提升国家文化的软实力。而在文化多元化的今天，我国以孔子学院为平台，传播和推广汉语和中国文化的成功范例，使中国文化软实力随着不断增强，也引起了许多国家的思考，许多国家也筹备在全球建立具有自己国家特色的文化机构。这无不说明文化这个软实力已经在国家间的竞争中扮演着重要的角色。

一国的语言为越来越多国家的人民所掌握，可以为其文化传播、沟通交流提供一个平台。因此，使本国语言国际化，有利于国家软实力的提升，已经成为国家间软实力竞争的主要方式。孔子学院在全世界的建立，是我国软实力提升的一种具体表现，同时也成为提升我国文化软实力的重要途径。

3. 带动相关产业的发展

随着孔子学院在世界范围内的建立，中国的文化也随之为世界人民所熟知。一方面，人们了解汉语与中国文化，可以激发人们对汉语及中国文化的兴趣，这样有利于我国以汉语和中国文化为载体，推广我国的书刊、影视进军国际市场，可以成为拉动我国经济新的增长点；另一方面，对汉语学习需求量的增大，就需要更多的对外汉语教师，这有利于我国对外汉语教育产业的发展，可以提高国内人民的就业率。

当代中国面临构建和谐社会与和谐世界的两大主题。孔子学院在全世界范围内的建立旨在传播汉语和中国文化，有利于中国在推行国际政策时得到国际社会的认同，减少国际误会，有利于国家间的友好相处，从而有利于中国发展文化外交，推动构建和谐世界进程。孔子学院在全球范围内的开花结果，为越来越多国家所认同，最重要的是有利于中国文化软实力的提升，对增强中国在国际上的话语权与影响力有着不可估量的作用。

凡人篇

孔子的牢骚

孔子不是神，他是我们身边的一个人，是一位具有七情六欲的活生生的好老师。他对社会、对学生、对世道，也会发出怨言。

一、对当政者

子贡问曰："何如斯可谓之士矣？"子曰："行己有耻，使于四方，不辱君命，可谓士矣。"曰："敢问其次。"曰："宗族称孝焉，乡党称弟焉。"曰："敢问其次。"曰："言必信，行必果，硁硁然小人哉！抑亦可以为次矣。"曰："今之从政者何如？"子曰："噫！斗筲之人，何足算也？"（《论语·子路》）

【译文】子贡问道："怎样才可以叫作士？"孔子说："自己在做事时有知耻之心，出使外国各方，能够完成君主交付的使命，可以叫作士。"子贡说："请问次一等的呢？"孔子说："宗族中的人称赞他孝顺父母，乡党们称他尊敬兄长。"子贡又问："请问再次一等的呢？"孔子说："言语一定要信实，行为一定要坚决，不问是非地固执己见，那是小人啊。但也可以说是再次一等的士了。"子贡说："现在的执政者，您看怎么样？"孔子说："唉！这些气量狭小的人，哪里能算得上呢？"

二、对学生

孔子对学生的期望值很高，但现实让他深深的失望。

1. 子曰："群居终日，言不及义，好行小慧，难矣哉！"（《论语·卫灵公》）

【译文】孔子说："一群人整天混在一起，说的话从不涉及义理，只喜欢卖弄小聪明，这种人真难教育！"

2. 子曰："回也其庶乎，屡空。赐不受命，而货值焉，臆则屡中。"（《论语·先进》）

【译文】孔子说："颜回的道德学问差不多了吧，可是常常穷得没有办法。端木赐不安本分，去做买卖，猜测行情，却每每猜对了。"

3. 季氏富比周公，而求也为之聚敛而附益之。子曰："非吾徒也。小子鸣鼓而攻之，可也。"（《论语·先进》）

【译文】季氏比周朝的公卿还富，而冉求还要为季氏聚敛搜刮，增加他的财富。孔子说："冉求不算我的门徒了，你们大张旗鼓去攻击他好了。"

孔子本想在政治上有所为，结果却只是以教书育人的形象展现在后人面前。孔子在"三十而立"之年创办私学，一生从未间断过。他政治上虽失意，但教育上大获成功。

三、对自己

子曰："凤鸟不至，河不出图，吾已矣夫！"（《论语·子罕》）

【译文】孔子说："凤凰不来，黄河也不出现八卦图，我这一辈子算是完了吧！"

孔子是一个真实的人，他不是神。他对自己的喜怒哀乐，毫不掩饰，率性可爱。孔子丝毫不隐瞒对学生、对社会、对自己的不满意，但他更有对生活、对社会的责任感和担当意识。

孔子骂人爱用"小"

圣人也是人，也有喜怒哀乐，遇到生气的事、讨厌的人也会破口大骂的，《论语》一书中就记载了一些孔子骂人的词语，这里略作介绍。

孔子骂得最多的一个词语是：小人。"小人"这个词，在孔子口中并非全是骂人的话，多数情况用于指社会地位低下的百姓。但是，有一些话中，

"小人"一词明显带有贬义色彩，是行为卑下的意思，不妨看作孔子是在那里骂人。例如，"小人长戚戚"（《论语·述而》），"君子成人之美，不成人之恶，小人反是"（《论语·颜渊》），"色厉而内荏，譬诸小人，其犹穿窬之盗也"（《论语·阳货》），"小人之过也必文"（《论语·子张》）。

孔子最有名的骂人词语是在一次骂学生时脱口而出的，那便是"朽木、粪土之墙"。一天，孔子看见弟子宰我（予）大白天在睡觉，没有用功学习，于是大骂他是"朽木不可雕也，粪土之墙不可圬也"，甚至认为宰我已经废物到了不值得他老人家责骂的程度（《论语·公冶长》）。宰我是孔子高足，孔子骂他，实际上是对他寄予厚望。《论语·先进》列举孔子弟子德行、言语、政事、文学四方面的杰出弟子名单，宰我与子贡是言语类杰出弟子，也就是说他擅长辞令。这两个词语因为形象性强，遂成千古名骂。

孔子也骂当时的执政者。孔子骂执政者的词语有两个，它们分别是"小器"和"斗筲之人"。

孔子曾骂齐国名相管仲"小器"。这"小器"的意思是气量狭小。孔子因为管仲不节约来自百姓的赋税，家里跟国君招待外国君主似的堂上也放置着酒杯（这是僭越），于是大骂道："管仲之器小哉！"（《论语·八佾》）这一次孔子可能是真生气了，我们知道，孔子平时对管仲的评价是不错的。有一次子贡问管仲是否不能算仁者，因为他的君主（公子纠）被杀死时没能殉身，而且还投降仇人（齐桓公）做了宰相。孔子就慷慨激昂大赞了一番管仲，说管仲做了齐国的宰相，使得齐国成为诸侯霸主，安定天下局面，百姓得到庇护。还说如果没有管仲，自己早已沦为落后民族了。他认为，管仲没有必要像一个普通百姓那样谨守小节小信（《论语·宪问》）。

一次子贡问什么样的人才可以称为"士"，孔子回答说有三类人可以称为士，最后子贡问当时那些执政的人算不算士，孔子就感叹说："噫！斗筲之人，何足算也？"（《论语·子路》）斗筲，原意是量具，这里借指度量、见识狭小。孔子认为，执政的那帮家伙都不能算士。

孔子也骂身边的不成器朋友，骂做人缺少是非原则观念的人。《论语》中孔子两次用"贼"字骂人。一次是他的老朋友原壤两腿张开像八字，坐在地上等待孔子到来。孔子一见原壤那副德行，勃然大怒，骂他"幼而不孙弟，长而无述焉，老而不死，是为贼"。最后还拿拐杖敲打原壤的小腿（《论语·宪问》）。小的时候不懂礼节，长大了毫无贡献，老了的时候还白吃饭，一辈子都是害人的东西。“老而不死”，的确是惹人憎恶之事。

孔子的小聪明

孔子是个圣人，哪怕不是圣人，也是个大人物，但他经常喜欢玩点小聪明，让人更加喜欢他。

每读到下面一章，总忍不住笑出声来。这孔夫子真的很逗。

“孺悲欲见孔子，孔子辞以疾。将命者出户，取瑟而歌，使之闻之。”（《论语·阳货》）大意是，孺悲想见见孔子，孔子以有病为由推辞不见。传话的人刚出房门，（孔子）便取来瑟边弹边唱，有意让孺悲听到。

有人说，孺悲是鲁国人，鲁哀公曾派他向孔子学礼。可是既然如此，为什么孔子如此待他呢？钱穆先生说：“将命者出户：将命，传辞者。将孺悲之命来。待其出户，即取瑟而歌，使之闻之，知非真有疾，俾以告孺悲。孔子既拒之，又欲使知之，孺悲殆必有所自绝于孔子。而孔子不欲显其短，使无自新之路，故虽抑之，不彰著；虽拒之，不决绝。亦孟子所谓不屑之教诲。”

钱穆先生的说法，也是不少人的意见，认为孔子的态度是一种教育方式，也是一种教育智慧。利用自己的“小聪明”告诉孺悲自己并没生病，只是不愿意接见他，既给孺悲留足了面子，又能让他深刻地体悟反省。

孔子的小聪明，还表现在与阳货的交往中。阳货欲见孔子，孔子不见，归孔子豚。孔子时其亡也，而往拜之，遇诸途。谓孔子曰：“来！予与尔言。”曰：“怀其宝而迷其邦，可谓仁乎？”曰：“不可。”“好从事而亟失时，可谓知乎？”曰：“不可。”“日月逝矣，岁不我与。”孔子曰：“诺，吾将仕矣。”（《论语·阳货》）

阳货（阳虎，季氏的家臣。季氏几世把持鲁国政权，阳货是季氏家臣中最有权势的人）想使孔子拜见自己，但孔子不去见他，赠送（“归”，同“馈”，赠送）给孔子一只（蒸熟的）小猪。孔子探听到他不在家的时候，而去拜望他。两人却在路上遇到了（诸：“之于”的合音字）。阳货对孔子说：“来！我有话对你说。”孔子走了过去。阳货又说：“有才能却怀着不用，听任自己的国家迷乱，这能说是仁爱吗？”（孔子没吭声）他便接着说：“不可以。”阳货又说：“喜欢从事政治活动，却屡次错过时机，这能叫聪明吗？”（孔子仍然没有吭声）他又自己接口说：“不可以。”阳货又说：“时光一去就不复返了，岁月是不等待我们的。”孔子说：“好吧，我将要去做官了。”

故事的精彩来自一波三折的情节。先是阳货想要孔子拜会他，孔子不去，这是第一波折。孔子不去，阳货便送给孔子一只熟小猪，这是第二波折，而且留下一个悬念。孔子去了，却打听阳货不在家时前往，这是第三波折。可是事情出现意外，两个人在半路上遇见了，这是第四波折。紧接着是两组对话，看上去都是阳货主动发问，孔子被动应答；阳货振振有词，孔子唯唯诺诺，这是第五波折。最后一组对话，阳货咄咄逼人，孔子终于妥协，这是第六波折。

其实，孔子非不欲仕，特不欲仕于货。其语直而婉，雍容不迫。孔子的勉强应对，忍气吞声，有人认为是为了保身全生，免遭伤害。不可知也。也许这就是孔老夫子的“权”（灵活性），也不可知。

《孟子·滕文公下》对这事有一段说明，他说，当时，“大夫有赐予士，不得受于其家，则往拜其门”。大夫如果对士人有所赏赐，士人没有在家亲自接受的话，就得上大夫家去拜谢。阳货便利用这一俗语，趁孔子不在家，送一个蒸熟的小猪去。孔子也就趁阳货不在家才去登门拜谢。

我要先救自己

民国的一位大师林语堂先生，相信大家都知道，他在1928年专门写了一出《子见南子》的话剧，话剧里的孔子被南子的美与可爱迷惑，几乎不能把控自己。出来后，他赶紧叫子路驾车，离开卫国。子路问：“不救国救民了吗？孔子说，我要先救自己。”这出话剧在曲阜上演后引发了轩然大波，那些孔氏族人把状直接告到了蒋介石那里，而作为孔子后裔的高官孔祥熙也主张严办。其实林语堂先生是孔子的真正崇拜者，他曾用英语写了一本《孔子的智慧》的书，向西方人宣扬孔子的思想。林语堂是幽默大师，他写这出话剧只是想与后人塑造的道学家孔子开个玩笑。林语堂说，后人只认孔子做圣人，不让孔子做人，不许他有人之常情，这是不能认识孔子的人格的。他还说唯其能喜能怒能哀能乐，故七情备。唯其七情备，故足为万世师表。否则立一个不喜不怒不哀不乐的圣人为师表，吾辈将何以学之？不能学之，亦何贵乎师表之有无乎？林语堂先生说得极是，你见过有人拜大慈大悲的观世音菩萨为师的吗？没有吧，因为观世音菩萨是神，没有凡人的七情六欲，他与我们凡人之间缺乏一条可以连通的天梯。学习的前提是，你与你的学习对象之间具有某种可比性的基质，才能激发你“见贤思齐”的信心。

孔子是怎样养生的？

孔子活了73岁，在当时医药科学不发达的情况下，算是长寿了。孔子一生，读书、教书、做官、著书，成就斐然。他还带着他的学生周游列国，考察学习，当时没有飞机，没有火车，连汽车也没有，坐着马车或步行，数载生活在旅途中，餐风饮露，劳累艰辛不言而喻。在如此艰难困苦的条件下，孔子竟能获古稀之龄，实属不易。孔子是怎样养生的呢？在《论语·乡党》中有这样一段记载：

食不厌精，脍不厌细。食饐而餲，鱼馁而肉败，不食。色恶，不食。臭恶，不食。失饪，不食。不时，不食。割不正，不食。不得其酱，不食。肉虽多，不使胜食气。唯酒无量，不及乱。沽酒市脯，不食。不撤姜食，不多食。

上述一段话，记述了孔子的饮食习惯：米不嫌舂得精，鱼和肉不嫌切得细，饭放久变味了，鱼和肉腐烂了，都不吃。食物的颜色不正，不吃。烹调不当，不吃。不合时令的不吃。不按规则宰割的肉不吃，佐料不当不吃。肉虽多，但不吃过量，不能超过主食。只有酒可以不限量，但不能喝醉。从集市上买来的酒和肉干不吃，做饭菜要有姜，但姜不宜吃得太多。从这段记载中可以发觉孔子对饮食是很讲究的，有四个特点。

1. 质高味美

谷要舂得透，否则糠皮及表面不洁之物吃下肚不好；鱼和肉要切得细，切得细则煮得熟，猪羊体内的寄生虫就会被煮死，可免病从口入。还要味美，要放进合适的调味品，使饭菜不仅充饥，而且味美，吃饭成为一种享受。

2. 讲究卫生

变质腐烂的食物不吃，从市场上购回来的肉干和酒不吃。因为肉干是制好的食品，它的原料是鲜肉还是腐肉已无法弄明白；酒是一种液体，它的原料是好的还是坏的弄不清楚。所以不能轻易地吃。

3. 注意科学

孔子认为吃东西要适当，不能暴饮暴食，更不能吃过量。鱼肉虽是好东西，但不能吃得太多，所以吃鱼肉量不能超过主食。每顿饭按时吃，不能贪嘴，不可嘴不停。乱吃东西，过量吃东西，都会影响脾胃的健康。

4. 保健意识

每顿饭菜里都要放姜，姜是暖胃的，适量地吃有利于健康，但过量吃姜也有害，所以孔子每顿饭菜里要放姜，但不多放。

如今，物质发展，科技发达，我们想吃什么就吃什么，想什么时候吃就什么时候吃，手到擒来，随心所欲，反季节的食物更是随处可见，吃的是越发地花样翻新。但是，我们还是应该讲究一些我们民族“不时不食”的传统，不应该乱了方寸，使那几百年乃至上千年老茧一样磨出来的讲究和风俗一起渐渐失落。

怎样吃和睡

提出这个问题，似乎十分幼稚可笑，说是幼稚还不够，简直是无知，或是白痴。这个问题，谁不懂？三岁孩子都懂。其实，要真正弄明白这个问题，并不简单。

先说吃吧。人人都吃饭，天天都吃饭，不吃饭就会饿死，这个道理谁都懂。人饿了就想到吃饭，不论是国家元首还是被人鄙视的小偷，只要饿了，就会想吃饭。所以，对于这个问题，谁也不会全然忘记，但是，怎样吃？吃什么？吃多少？吃饭时应注意什么？这一系列问题深究起来，还真是有学问。

《论语·乡党》中记载孔子“食不语”。

“食不语”，就是教导我们怎样吃饭的问题。吃饭的时候，不和周围的人说话，也不东张西望，而是专心地低头吃饭。这样，眼盯着碗全神贯注，万一饭菜中有碎骨头或是有什么异物，就会立即发觉，不至于糊里糊涂地吃进嘴里，卡住喉咙，甚至随着饭菜进入肠胃，若是金石之类的坚硬物，不能随大便排出，那就得进医院手术了，岂不后悔莫及！而且，吃饭需用口舌，说话也需用口舌。边吃饭边说话，口舌有时忙不过来。乱了套，饭菜进入呼吸系统，轻则当场咳嗽，既有害于健康，也显得很不文明；而且，边吃边谈，兴致一高，忘乎所以，于不知不觉中吃过了量，轻则几天饱胀不舒服，重则当天呕吐。总之，于身体十分有害。

“食不语”仅三个字，看上去很简单，但是，它的现实意义并不简单。很多人不把它当回事，喜欢在吃饭时高谈阔论，吆五喝六，人人兴高采烈。万一出了差错，便会乐极生悲，后悔莫及。

再说睡觉。人从一降生到世间便会睡觉，睡觉是任何人必需的休息，人若长期不睡觉，是不可能活下来的。睡觉人人都会，和吃饭一样，也是天生的本能，无须后天教诲。但怎样睡才好？睡觉应该注意什么？这就大有讲究。

《论语·乡党》中记载孔子“寝不言”。

“寝不言”，这三个字并不难懂，是说睡觉时不要讲话，这关系到睡觉的质量。但是，很多人对这三个字并不重视，不当一回事。有的人在睡觉前喜欢说话，甚至唱歌、跳舞，结果上床睡觉了，却怎么也睡不着。因为睡前讲话活动，会导致大脑兴奋，一时三刻不能安心静气，这样，容易引发失眠，勉强睡了，质量也差，天长日久，必然会影响健康。现在科技发达，电视、电脑、手机普及，有的人睡前看情节紧张的电视片，或是玩紧张的电脑游戏，搞得精神亢奋，必然引起睡眠不佳，影响健康。

《论语·乡党》中还记载，孔子睡觉还很讲究睡姿，“寝不尸”。尸，就是像尸体那样僵直。即孔子睡觉时不像尸体那样，挺直四肢，像死尸一样僵卧。科学研究表明，仰卧式的睡姿不利于睡眠，影响身体健康。正确的睡姿应该是向右屈体侧卧，这样既不压迫心脏，又呼吸顺畅，睡眠质量高，于健康有益。民间有句话叫作“站如松，坐如钟，卧如弓”，正是这个意思。

周游篇

孔子为什么要周游列国?

现代人把教育与实际相联系，称之为“实习”或“见习”。在古代，人们在读了很多书之后，为了将学到的书本知识和实际相结合，都要离家到外面闯荡一番，接触社会实践，古人称为“游学”。“游学”从什么时候开始的？从春秋时期的孔子开始。

鲁定公十四年，即公元前496年，距今两千多年，鲁定公令孔子以大司寇兼任宰相，孔子决心要大有作为，只花了三个月，鲁国大治，“男女行者别于涂，涂不拾遗”。齐国作为鲁国的邻国，见鲁国在孔子治理下日渐强盛，便不放心起来，为了破坏鲁国的大好局面，“选齐国中女子好者八十人，皆衣文衣而舞康乐，文马三十驷，遗鲁君”。孔子劝鲁定公不要接受，齐使将美女良马驻扎在鲁国国都的城南，并演练，鲁大夫季桓子悄悄去观看。回来后告诉鲁君，并领着鲁君一起去看。鲁定公果然为声色所迷，怠于政事，连日不上朝。孔子觉得在鲁国已不能有所作为，便决意离开官场，领着学生，周游列国，考察各国的政治、经济、民情、风俗。从56岁离开鲁国，先后经过卫、陈、蔡等十多国，历时14年，回到鲁国已70岁了，于是著书立说，教育子弟，成了历史上旷古未有的大学问家。

孔子能成为旷古未有的大学问家，除了他“好古”，努力学习前人积累的书本知识之外，他带领学生周游列国，考察社会，向实践学习，也是重要的原因。

孔子对于理论与实践的关系认识方面，强调实践的作用，他认为学习书本上的知识，必须在实践中能派上用场，学以致用，而不是从书本到书本，把从书本上学到的知识作为炫耀自己的本钱，津津乐道于“学富五车”，以大学问家自居。孔子认为，学习书本知识再多，讲起来头头是道，而不能用于实践，不能在实践中发挥作用，则等于不学。《论语·子路》中记载孔子对其弟子说："通《诗》三百，授之以政，不达；使于四方，不能专对；虽多，亦奚以为？"在这里，孔子态度十分明确，意思是说：你读了很多书，叫你从政，你做不好；让你出使，你又不能起专使的作用。既然这样，你读的书再多，又有什么用呢？这个理念，正是孔子周游列国的动因。

在人类文明史上，像孔子这样，带领着一大群弟子，长途跋涉，忍饥挨冻，历尽艰险，实地考察了数以十计的国家，历时14年，可谓空前绝后的创举。孔子以其超人的智慧，加上坚忍不拔的精神，通过实地考察，积累了极其丰富的知识，创立了自己的学说，垂范后世。几千年来，他一直为中国人所尊敬，为中华民族优秀的文化传统奠定了坚实的基础。不仅如此，孔子的学说还为国外其他民族所尊崇。特别是亚洲，很多国家民族都吸收了中国文化的传统，形成了自己的文化传统。由此可见，孔子不仅是中华文化传统的奠基者，对其他民族的文化也产生了深远的影响。

匡地遭围攻

孔子周游列国的14年中，历尽艰险，备遭坎坷。克服了重重磨难，其常人所不具备的参政期待和坚强意志，以及匡时救世的执着精神，令当时和后世之人仰之弥高、肃然起敬。其中，"子畏于匡"（《论语·子罕》），就是孔子遇到的磨难之一。

孔子和弟子经过卫国的匡地（在现在河南长垣县境）时，不巧蹦上这个地方正在闹乱子。原来有个被卫灵公所驱逐的卫国贵族公孙戍占据了匡城。因为这个地区还处于战时状态，所以匡城的人很警惕。他们看见孔子带了这么些人来，觉得形迹可疑。为孔子赶车的颜刻用鞭子指着匡城的一个缺口说："从前我进过这个城，就是由那个缺口进去的。"匡地有人恰巧在旁边听到了这句话，看到孔子的身形很像鲁国的当权者阳虎，误以为孔子就是阳虎。以前，阳虎曾经残害过匡人，匡人对他恨之入骨，于是将孔子等人拦住，把他们围困起来。

匡城的人把孔子和他的弟子包围了五天，不许他们走动。孔子的弟子颜渊原先在路上走得慢了，掉了队，现在才赶了上来，孔子见了他就说："我以为见不着你了，我以为你死在路上了。"颜渊说："老师还活着，我们还要做一番事业哩，哪里敢死？"

匡城的人包围得更紧了。孔子的弟子便有些恐慌，但孔子镇静如常。孔子鼓励弟子们说："周文王去世以后，周朝的礼乐道统不都集于我一身吗？上天要想毁灭这种礼乐道统，就不当让我们这些后死者负起传承这种礼乐道统的责任。上天要是不毁灭这种礼乐道统，匡人又能把我们怎么样呢？"

匡人无法攻进孔子和弟子所设置的防御圈，孔子和弟子也无法摆脱匡人的围困。孔子情急生智，让一个弟子冲出匡人的包围圈，去向卫国权臣宁武子求救。宁武子于是派人前来解救孔子。孔子和弟子们终于摆脱了匡人围困，离开了匡地。

适卫受监视

公元前497年，孔子决定离开鲁国。这一年，孔子已经55岁了。

往哪里去呢？不能再往东去，东边是齐国，齐国刚刚用美女骏马的计策离间了孔子，于是向西走去。

孔子选择了卫国（在河南北部）。这是因为：一来卫国有为自己所佩服的熟人。卫国的大夫蘧伯玉就曾打发人来看望过孔子，孔子问那使者："老先生在做什么呢？"使者说："老先生想努力减少自己的过错，可是还没十分做好呢。"孔子很赞美这使者会说话，说："好一个使者！好一个使者！"（《论语·宪问》）当然他同时也看出蘧伯玉是如何谦虚而有修养了。二来卫国这时是安定的，卫灵公已经统治了卫国三十八年，而卫国原有的一些人才，像蘧伯玉已经老了，史鱼已经死了，所以卫国又是可以有为的地方。史鱼也是卫国的大夫，他在古代有广泛的声誉，先秦书中常有“曾史之行”的话，曾指曾子，史即史鱼。孔子也很佩服史鱼，他曾说：“史鱼真够正直呵！太平呢，他像箭那么直；不太平呢，他仍像箭那么直。”（见《论语·卫灵公》）三来子路和卫国的宠臣弥子瑕是连襟，孔子到卫国，可能还受了子路的怂恿。

孔子在卫国的都城帝丘（河南濮阳县）见了卫灵公。但这时卫灵公对孔子是没有什么认识的，只是空洞地觉得应该对孔子敬重罢了。卫灵公便问孔子在鲁国受什么待遇，得多少米。当时的薪俸是以米来计算的。孔子把在鲁国的情形说了，于是孔子得到如同在鲁国一样的地位和生活待遇。

但是他和卫灵公的关系毕竟是不牢固的，因为一则刚到，二则他又不是卫国人。有人还说了这样的话：“孔子来到卫国，也许是不怀好意的。他带来的弟子很多，各样人才都有，万一是为了鲁国而到这里有什么企图的话，又怎么办？”

卫灵公不能不小心了，便派公孙余假监视孔子，孔子出门进门，这个人都跟着。孔子感到很别扭，就又率领着弟子离开了卫国。

绝粮于蔡

公元前489年，吴国大举攻陈，楚国助陈进行反攻，陈国陷于混乱状态。楚国的军队由楚昭王亲自率领，驻扎在陈国东北部的城父（现在安徽亳县）地方，这样就阻截住吴军的进攻。

但这时楚昭王病了。蹓巧天上有一簇红云，像一群五颜六色的鸟一样，夹着太阳飘去。楚昭王派人问周的太史（管历史、天文的官）这是什么兆头，周太史说，这预兆对楚昭王是不吉利的，但又说可以移在将相身上。楚昭王的将相便纷纷向神祈祷，希望能代替楚王承受不幸，但楚昭王说：“这不成。将相是我的手足，如何可以代我受祸呢？”他没有答应。于是又叫卜者卜了一卦，卦象上说楚王的病是由于没祭河神而惹起的，有些官员便请楚王去祭一祭河神。可是楚昭王也不以为然，他说：“我们祖传的疆域是在长江汉水一带。黄河不在我们境内，我是得罪不着河神的。”

孔子听说楚昭王这样，很佩服楚昭王的开明。孔子想，陈国既然在混乱中，就不如到楚国去。正好楚昭王也希望孔子能到楚国来，并曾派人去迎接。于是孔子决定上楚国去走一趟。

从陈国到楚国，中间要经过一些吴、楚两国所争夺的小国，其中之一是蔡国。蔡国国都原在现在河南东南部的新蔡县境，但在吴楚争夺过程中，曾一度因倾向吴国而迁到州来（现在安徽凤台县），这时一部分蔡国人民却又被楚国迁到了负函（现在河南信阳县）。孔子要从陈国到楚国去，就必须经过负函。负函在名义上也算属于蔡国。

从宛丘到负函这一段路上，正是吴楚交兵的地带。有一天，孔子被乱兵围住，带的粮食也吃光了。跟从的弟子们又饿又累，有些人已经病倒了。

但是孔子还照常给弟子们讲学，照常弹琴、唱歌。

子路首先沉不住气，噘着嘴，问孔子道：“有道德有学问的人也遭难吗？”

孔子说：“有道德有学问的人并非不遭难，但是能够遭了难也不动摇。没有道德没有学问的人一遇困难却会变节。”

但是弟子们越来越不安定了，孔子便把子路叫来问道：“古时候的一首诗歌说：又不是老虎，又不是犀牛，徘徊在旷野，是什么因由？是不是我们讲的道理不对了？不然，我们何以会困在这里呢？”

子路说：“恐怕是我们的仁德不够，人们才不相信我们；恐怕是我们的智慧不够，人们才不能实行我们的主张吧。”

孔子叫着子路的名字说：“由呵，假如有仁德就会使人相信，为什么伯夷、叔齐会饿死呢？假如有智慧就可以行得通，为什么比干的心会被人家剜掉呢？”

子路退出，子贡进来见孔子。孔子又问道：“古时候的一首诗歌说：又不是老虎，又不是犀牛，徘徊在旷野，是什么因由？是不是我们讲的道理不对了？不然，我们何以会困在这里呢？”

子贡说：“老师的理想太高了，所以到处不能相容。老师是不是可以把理想降低一些？”

孔子说："赐呵，一个好的农夫能够好好地耕种，但是不一定有很好的收成；一个好的工匠能做出很巧妙的东西，但是不一定正赶上人家的需要；一个想有作为的人有他自己的主张，他能够把主张有条有理地发表出来，但是人家不一定会接受。你现在不努力充实你自己，却斤斤计较别人能不能接受，你的志气未免太小了！"

子贡退出，颜渊进来见孔子。孔子仍旧问道："古时候的一首诗歌说：又不是老虎，又不是犀牛，徘徊在旷野，是什么因由？是不是我们讲的道理不对了？不然，我们何以会困在这里呢？"

颜渊说："老师的理想很高，所以到处不能相容。可是，老师还是可以努力争取实现这种理想的。人家不能相容，有什么关系？人家不能相容，才能考验出有道德有学问的人的涵养功夫。拿不出好的主张来，在我们是可耻的；有了好的主张而没有人实现，这是各国当权者的羞耻。人家不能相容，有什么关系？人家不能相容，才能考验出有道德有学问的人的涵养功夫。"

孔子听了，很欢喜，笑道："就是这个话呵。姓颜的小伙子，如果你有了钱，我愿意给你管账哪！"

孔子的话其实是自我陶醉，自己安慰自己，颜渊的话不过是迎合孔子的心理。孔子一面拿颜渊的话来安慰大家，一面派子贡和楚军交涉，于是孔子等在楚军的保护下到达了负函。

终回鲁国

孔子再到卫国，比上两次顺利多了。这时卫出公在位已有三年，卫国已经大致上安定。孔子弟子也有在卫国做事的，卫出公也有意请孔子来担当重要职务。

热心的子路便来问孔子道："这次卫国的国君请你出来，你首先要做什么呢？”

孔子答道：“当然先要整顿名称了，要让任何人的名义和他的职务完全符合，要让任何事物的名称和它的实际完全符合。”

子路说：“还是这么着呀？你真是一位迂腐的夫子呀！”

孔子不能不加指斥了，说：“由呵，你还是这么粗鲁！你不知道名称不对，讲起话来就别扭；讲话别扭，事情就做不好；事情做不好，礼节音乐就提倡不起来；礼节音乐提倡不起来，刑罚就不会公允；刑罚不公允，老百姓就无法安生了。所以我们称呼什么，一定要说得准确；说准确了，便一定要做到。我们讲任何话，是不能马虎苟且的。如果一个酒杯不是方的，难道也叫它方酒杯、方酒杯吗？”

子路没有话讲了。孔子的话反映了新旧变革剧烈的时代，旧的名称和新的内容不再适合的情况，但也正因为新旧还在剧烈变革，旧的固然想维持也维持不了，新的也还没有取得一个一致公认的看法。所以孔子这种主张在当时还是不受欢迎的。

这时吴国的势力越发扩张，压迫到了鲁国。鲁哀公七年（前488），吴国和鲁国在鄫城（现在山东峄县境）举行会谈，吴国要求鲁国拿出一百头牛、一百只羊、一百只猪作为献礼，当时称为百牢，这大大超越了当时礼制规定的数目；吴国并且威胁鲁国说：“宋国已经这样贡献过了，鲁国不能少于宋国。”鲁国争执了一番，一点效果也没有，终于照数给了吴国。吴国又要求季康子去禀见，这次幸亏临时借用了子贡去，在外交上得了个小胜利，季康子才没有受辱。这一年，孔子64岁了。

第二年，吴国的兵来攻打鲁国，幸而有七百个英勇的武士坚决抵抗，吴国的兵才退去。孔子弟子有若就参加了这次战役。

季康子感到鲁国情势这样危急，人才如此空虚，又见到孔子弟子像子贡、有若这样的人都还有点儿用处，想起了几年前打算把冉有请回去的话。于是便派人到卫国来请冉有。这时孔子已经六十五六岁了。

孔子听说这事，十分兴奋，说：“鲁国这回请冉求（冉有名求）回去，准不是小用他，而是要大用他呢！”

这天，孔子看见自己的弟子冉有出了头，又看见自己还有那么些多才多艺的弟子，于是得意地说：“有回国的希望了！有回国的希望了！我们这里这些年轻小伙子，有的是本领呵。简直像锦缎绣绸一般，叫我不知道裁哪块才好呢。”

这时子贡已经由鲁国回到卫国，仍旧陪着孔子。他看出孔子是想念家乡了，便在打发冉有上路的时候嘱咐冉有说：“有机会的时候，要想法子把老师请回去呵！”

冉有到了鲁国以后，不久就立了功。因为这时吴国联合鲁国去打齐国，齐军侵入了鲁国。鲁国的三家贵族最初都不肯抵抗，经过冉有的劝说，季康子才出了兵。其他两家贵族也才出了兵，但是交战的结果，只有冉有统率的季家这一支兵打了胜仗。

季康子于是问冉有道：“你的军事才能，是学来的还是生就的呢？”

冉有看见机会到了，便说：“从孔子那里学的。”

季康子又问：“孔子是怎样的人呢？”

冉有便答：“他是这样的人，任用了他，一定有成就；有了成就，对老百姓一定有好处；连鬼神也找不出他的岔儿。可是如果不合他的意，就是封给他两万五千户人家，他也看不上眼。”

季康子说：“那么，我想请他来，可以吗？”

冉有说：“可以是可以。但是千万不要再听小人的坏话，又冷淡他，就是了。”

于是季康子派了公华、公宾、公林三位代表，又带了重礼，来迎孔子回国。

这时是公元前484年，孔子已是68岁的老人了。他离开鲁国后在各地过了14年的漂泊生活。在这14年中，孔子增加了许多经验、知识，也接触了一些和自己见解迥然不同的人物，这就使他的眼界更广阔，观察事物的能力更深刻了。

价值篇

泰山倒，梁柱断

颜渊和子路的死，对于孔子都是沉重的打击。一个是最好的弟子，一个是最亲的弟子，共过若干患难，相处过三四十年，现在都离开他了。孔子这时的生活渐显凄凉，现在只有子贡、子夏、曾子等这班年轻的弟子陪伴着他了。

一天，他对子贡说："没有人了解我呀！"子贡说："怎么说没有人了解你呢？"孔子说："我也不抱怨天，我也不责备人。下学礼仪文章，上达天命，我一生刻苦学习，有了现在这样的成就，了解我的大概只有天吧！"（《论语·宪问》）

又有一天，他又对子贡说："我不再想说话了。"子贡说："你如果不说话，我们拿什么作为准绳呢？"孔子说："天说什么来？还不是一样有春夏秋冬，有万物生长么？天说什么来？"（《论语·阳货》）

子贡知道孔子的心情不同往日了。

现在到了孔子生命最后的一年了。

这时是公元前479年，鲁哀公十六年。在这年的春天，孔子病了。

一天清早，子贡来看孔子。孔子已经起身，正背着手，手里拿着拐杖，在门口站着，像是等待什么的样子。孔子一见子贡来了，就说道："赐呵，你为什么来得这么晚呢？"于是子贡听见孔子唱了这样的歌：

泰山要倒了，
梁柱要断了，
哲人要像草木那样，
枯了烂了！

这是孔子最后的歌声，"哲人"是孔子最后对自己的形容。孔子唱着唱着就流下泪来。子贡感到孔子已经病重了。

子贡赶快扶他进去，这时又听见孔子说：“夏代人的棺材是停在东阶上的，周代人的棺材是停在西阶上的，殷代人的棺材是停在两个柱子中间的。我昨夜得了一梦，是坐在两柱间，受人祭奠呢。我祖上是殷人呵。我大概活不久了。”

孔子从这天起病倒在床上，再也没起来。经过七天，孔子在弟子们的为之悲痛中离开了他们。

鲁哀公亲自为孔子作了祭文，那祭文上说：“上天不仁呵，连个老成人也不给留下。剩下我一人在位，孤孤零零，担着罪过。咳！尼父（指孔子）呵，我今后向谁请教呵！”

孔子死的时候是73岁。他的遗体葬在现在山东曲阜城北泗水旁边，就是被称为“孔林”的地方。

孔子死后，他的弟子像失掉了父亲一样哀痛，有很多人在他坟上搭棚，住了三年。过了三年，在分别的时候，大家又都哭了。子贡还不忍离开，又住了三年。

此后，弟子们还是常常思念孔子。他们觉得他们之中的有若很像孔子，便想拿有若当孔子来侍奉。子夏、子游、子张都赞成这样做，但是曾子提出不同意见。曾子说：“这不成。我们谁能比老师呢？老师就像江水洗过、太阳晒过那样的洁白光明，谁也比不上呵！”

孔子死后，弟子们常常清晰地回忆起孔子日常为人的态度。孔子是非常富有同情心的。他本来每天唱歌，但是逢到这一天有吊丧的事，他就停止了歌唱。他见到穿孝服的，见到盲人，即使是年轻的，见了也一定起坐，路上碰到也是赶快迎上前去。而且纵是很亲昵的朋友，如果有了丧事，也一定表示严肃的哀悼。

有一次，一个叫冕的盲眼音乐师来见孔子。他走到台阶，孔子就告诉他：“是台阶。”他走到屋子里席子上，就告诉他：“是席子。”等他坐下了，又把屋里的人介绍给他：“某某坐在这里，某某坐在那里。”等他走了，弟子子张便问道：“这样不太琐碎吗？这就是与乐师谈话的方式吗？”孔子回答：“是这样。这就是帮助乐师的方式。”

有一次，马棚失火。孔子首先问：“伤了人没有？”不问伤不伤马。孔子的弟子公冶长不幸被捕入狱，孔子发觉不是他的过错，不但丝毫没有看不起他的意思，而且把自己女儿嫁给了他。孔子对于人的同情和关怀就是如此。

孔子也很爱动物。孔子养的一条狗死了，便叫子贡去埋了，并告诉他说："我听说，破帐子别扔，好埋马；破车盖儿别扔，好埋狗。我穷得连车盖儿也没有，你拿我的破席子去把狗盖了吧，别叫它的脑袋露着呢。"

孔子对于老朋友，每每一直保持着友情，就是和自己作风不同的，也不肯轻易绝交。他有一位老朋友叫原壤，原壤是随随便便的人，孔子曾挖苦他说："年轻时就不规矩，长大了也没有出息，你这老不死的，真是一个贼呀！"说着便用拐杖照他的大腿敲了几下。

可是原壤死了母亲，孔子还是帮助他收拾棺材。原壤却疯疯癫癫地跳在棺材上，打着棺材板儿，冲着孔子笑嘻嘻地唱起来。

孔子像没有听见一样，不理他。跟随孔子的弟子却忍不住了，说："这样的朋友，还不该绝交吗？"

孔子微笑着说："不是说，原是亲近的还应该亲近，本来是老朋友的也还是老朋友吗？"

孔子给人的印象是谦和的，但是他对于认为该做的事，又是坚决地去做的。他曾说："看见应该做的事不去做，就是没有勇气。"又说："对于应该做的事，就不用客气，就是老师，也不要和他谦让。"他还说："早上明白了真理，就是晚上死了也值得！"

他说过"到了寒冬，人们才知松树和柏树是不易凋零的"，这句话可以看作他晚年的自赞。他又说："我到了七十岁上，才做到无拘无束，可是一举一动，也都离不了谱。"可以看出他是无时不在努力的。

这些片段印象，常常泛上了弟子们的记忆，也就被记录了下来。

和弟子们对于孔子的崇敬相反，鲁国的贵族还是像从前一样毁谤孔子。子贡说："没有用呵。孔子是毁不掉的。这能对孔子有什么损害呢？这只是表明他们自己太不自量力了。"

从事教育40年以上的孔子，在弟子心目中留下了这样深刻而难忘的影子。

孔子是中国文化的符号

毫无疑问，在当今世界，只要是有华人和汉字的地方，人们大抵都知道孔子。对于现代人来讲，孔子已经成为一个代表中国文化的符号。

然而，知道并不等于认识。在很多人的心目中，孔子是具体而又模糊、亲近而又遥远、熟悉而又陌生的。要真正走近他、认识他、了解他，我们每个人都还有一段不短的路要走。正如司马迁所说："高山仰止，景行行止。虽不能至，然心向往之。"

孔子到底是个什么样的人？他到底说过哪些话，做过哪些事？他的思想与文化对中国乃至世界产生了怎样的影响？两千多年来，孔子像过山车一样起伏跌宕，被崇拜也被蔑视，被称颂也被诋毁。真正地还原他的本来面目，是需要我们深入了解与深切体认的。

所以，今天怎样认识孔子，是一个需要我们共同面对的话题。

经历"吾少也贱"的苦难童年，成长为"大成至圣"的千古伟人，孔子的一生就是一介布衣不断追逐梦想、成就梦想的真实写照。"言为世法，行为世范"，他达成了一个先贤的完美人格。

孔子不仅成就了自己，还想成就与他同时代以及他身后所有的中国人。作为"万世师表"的孔子，高举"有教无类"的旗帜，肯定了每个人具有自我提升以致完满的可能，指出了学习是改变命运的必由之路。他的教育理念让中华民族读书的种子绵延不绝，他的学说点燃起中华民族不断向上向善的希冀，他的思想是构筑中华民族精神追求与道德价值的基石。

引导每个人都去做一个"君子"，是孔子"济世济民"的理想与期待。他食无求饱，居无求安；他乐而忘忧，发愤忘食；他学而不厌，诲人不倦。即便是"陈蔡绝粮"，他也没有忘记"老者安之，朋友信之，少着怀之"的人间温暖。"知其不可而为之"是他对于自己所深爱着的中华大地最深沉的追求和不泯的信念。

南宋大儒朱熹说："天不生仲尼，万古如长夜。"20世纪80年代，75位诺贝尔奖得主在巴黎聚会，发表宣言说："人类要生存下去，必须回首25个世纪，去汲取孔子的智慧。"今天，在中华民族伟大复兴的关键时期，在宏大叙事的追梦中，我们仍然要从孔子那里继续寻求积善崇德、国富民强、文明和谐的正能量。

孔子之后的中国历史，无时无处不深深烙上他的印记；今天的我们守望家园，回眸注视孔子，发现他一直没有离开过我们。他并没有因为生活在两千多年前而拒绝我们的亲近。他耳熟能详的话语，循循善诱的关怀，依然活在我们的日常生活里，指导着我们的言行。可以说，孔子确立的中华民族最古老的价值观，在今天依然焕发着勃勃生机与活力，涵养着中华儿女的精神世界。

"讲仁爱，重民本，守诚信，崇正义，尚和合，求大同。"孔子思想所传达的传统美德、政治理念、社会理想、民族精神，永远激励着自强不息的中华儿女。温故而知新，两千多年来，孔子始终与中华民族一起"在路上"。今天，我们真诚而温暖地走近孔子、认识孔子、感悟孔子，其实就是要更好地认识我们所处的时代，认识我们自己。

孔庙的功能与价值

在中国两千多年的文化融合中，孔庙已成为中华民族文化的象征。它的功能已经远远超出了纪念性建筑的含义，它的存在体现了儒学在中国传统文化中的主流地位。

孔庙自始建以来，对中国社会的发展产生了重大而深远的影响。其集历史、建筑、雕刻、绘画、书法等于一体的建筑群时间久远，不仅是历代王朝尊儒祭孔活动的历史见证，也是体现中国优秀传统文化的载体，更是劳动人民智慧的结晶。仅从曲阜孔庙便足以感受其特有的文化传承与教化功能，领略其无可比拟的艺术价值。

一、文化传承与教化功能

从孔庙的发展史可以看出中华文化传统的轨迹。自北朝开始，全国有关郡县设立文庙学宫，文庙学宫从此有了“学校”的功能，这一重要功能对隋唐以来的科举制度起到了承前启后的作用。尤其从唐代至清末，庙学不分，规制有前庙后学、左庙右学、左学右庙，还有中庙左右学、中庙周学等。历代儒士文人在庙学合一的体制中接受儒学的熏陶，尊经读经，成为教育的重要内容。这种体制为各个时期培养了不同层次的学人。

在与学校的关系上，曲阜孔庙与其他孔庙有较大的不同。曲阜孔庙早期也采用庙学合一的形制，但它是孔子的本庙，由孔子嫡孙奉祀，属家庙的性质；学校多收宗人，有私学的性质，不同于其他庙学的“因学设庙”之制。学校“因庙而设”，仅是庙的附属，后来学校改为官学，设学录，以比国子监，并增收颜子、曾子、孟子子孙。虽有如此不同，但在文化传承中所起的作用是同样重要的。

隋唐以后，儒学得到长足的发展，并逐渐发展成为中华民族传统文化的主干，孔庙则是这一文化的重要载体，表现之一便是孔庙祭祀。曲阜孔庙自汉代起一直由孔子嫡孙奉祀，祭祀活动异常频繁，明清时期每年要祭40多次，在大成殿进行释奠、释菜、行香等国家礼制祭祀活动。孔庙祭列入国家祀典，目的在于推行教化，即“庙以崇先圣，学以明人伦”。通过祀孔，追求理想化的礼制秩序，建立有序社会，实现专制统治。所谓“孔子以道设教，天下祀之。非祀其人，祀其教也，祀其道也”。

二、艺术价值

作为中国现存三大古建筑群之一，曲阜孔庙的建筑主体部分前后九进院落，中贯轴线，左右对称，布局严谨，气势雄伟。前三进只有一些规模较小的门坊，为引导性庭院，院内遍植蓊郁蔽日的桧柏，创造了一种肃穆庄严的气氛，笔直如矢的甬道在高耸挺拔的苍翠古树间穿行而过；身处其间，既使人感受到孔庙悠久的历史，又烘托出孔子深奥的思想。“金声玉振”“太和元气”“德侔天地”“道冠古今”“棂星”“至圣”“圣时”“弘道”“大中”等金、红、绿各色醒目额匾高悬在座座门坊上，极力赞扬孔子思想的高深，歌颂孔子的功绩，使人心中油然而生崇拜敬仰之情。第四进庭院以后，红墙绿树相映，建筑多为黄瓦，喻示着孔子思想的博大高深和他的丰功伟绩。孔庙的整体布局是异常神圣庄严的。

孔子标准像

遍观中国古籍，记载孔子形象的不多。我国古代没有为生者画像的习惯，古代祭祀祖先时曾用“尸”，即由后辈穿上死者生前的衣冠，坐于上方，模拟死者，代受祭祀。《孟子》记载，孔子死后，弟子怀念恩师，便推出貌似孔子的有若为“尸”，代受弟子之拜，以寄托弟子们的哀思。曾子认为老师水平太高，任何人都不能模仿，便取消了这种做法。汉高祖刘邦十二年过鲁，用太牢祀孔子时，曾供上孔子的衣冠，司马迁到曲阜实地调查时，见到供奉孔子的“衣、冠、琴、车、书”。

最早的孔子像应该是在西汉景帝年，由蜀郡太守文翁于蜀修学宫时所刻。伴随孔子像诞生的还有中国第一所官办学校“文翁石室”。最早的孔子画像，应是东汉桓帝建孔子庙时所画。《后汉书》又记东汉灵帝光和六年（183）“画孔子及七十二弟子像”。可惜以上画像均已不存在。

今天人们所能看到的最早的孔子像在距孔子故里不远的山东嘉祥。一百多年以前，在嘉祥武氏祠堂汉画像石中，发现了两幅最早的孔子像：一幅是“孔子与何馈”，刻孔子击磬遇何馈丈人事；另一幅是“孔子见老子”，记孔子到洛邑向老子求教的故事。

此后，北朝梁元帝自画孔子像，还为之作赞，并亲自书写。郦道元《水经注》中记阙里孔子庙，“庙有夫子像，列二弟子执卷立侍”，又记“夫子故宅”中有颜母、孔子及其夫人三像。

唐宋以来，陆续在孔子故里塑或绘孔子像，均当作偶像崇拜。其中不乏历代著名画家所绘，如唐吴道子，宋李公麟、马远等。

孔子后裔十分重视收藏孔子像，以对其先祖进行祭拜。据传孔子死后，其弟子子贡为了纪念老师，曾自雕孔子夫妇木像埋于墓中，日后孔子后人取出（此像实为宋物）。北宋末年，衍圣公孔端友随宋高宗南下时，将此像带到南方，作为传家之宝在家庙（衢州孔庙）专建一思鲁阁供奉，至今仍存。曲阜孔庙圣迹殿中的多种石刻孔子像，为孔氏家传宝物。孔府内珍藏一批明清时的孔子像，亦为稀世珍品。

孔子的形象从何而来？

中国孔子基金会副秘书长王大千说：“孔子从成为圣人的那天起，人们为了表达对他的敬仰，开始神化孔子，以区别于普通人。故后世孔子画像被简括为七露：唇露齿，眼露睛，鼻露孔，耳露窿，奇丑无比。在很多关于孔子的绘画中，可以看到许多比较夸张的形象，比如眉毛垂到肩上，有的牙齿特别长。”

《史记·孔子世家》记载：“孔子长九尺六寸，俗谓长人而异之。”《论语·述而》记载：孔子“温而厉，威而不猛，恭而安”。这句话成为人们心目中孔子的标准形象。

记载说，孔子身高1.9米左右，魁梧健壮，威严中显出仁德，严厉中露出慈祥。由于他身体素质好，故周游列国连日奔波仍神采奕奕，陈蔡绝粮时“从者病，莫能兴”，而孔子却“讲诵弦歌不衰”。《史记》记孔子周游列国“适郑，与弟子相失”后，弟子子贡向郑人说起他“其颡似舜，其项类皋陶，其肩类子产，然自要（腰）以下不及禹三寸”。

曲阜孔庙的大成殿内，供有一座两米多高的孔子塑像，非常威严。在大成殿后有一个重要的地方就是圣迹殿。这里保留着明代万历年间刻制的《圣迹图》120幅，形象地反映了孔子一生的行迹，是我国第一部完整的连环画，具有很高的历史价值和艺术价值。

关于孔子的相貌，史书记载甚少。今天人们见到的孔子形象，均系后世想象而来。而想象的依据却反映了不同时代、不同地位之人的孔子观。

汉、唐时期，以孔子为代表的儒家思想被奉为封建社会的统治思想。汉画像石中的孔子更像是一位学者，吴道子绘的“孔子行教像”是一位身穿宽衣博带、面貌温文尔雅的老夫子。即使顾恺之绘的“孔子为鲁司寇像”中，孔子着官服、戴官帽，一副官员气派，体现了孔子较高的政治地位，但也是面容和蔼，一副“为政以德”之态。自宋元以后，孔子相继被谥为“至圣文宣王”“大成至圣文宣王”，其服饰便由公侯制进到帝王制。

曲阜孔庙大成殿内的孔子像就头戴十二冕旒，身着十二章服，凛然独立，像前之木主上也写着“大成至圣先师之位”。这是一种帝化和神化孔子的形象。

国外一些孔子像的绘制，也可以看出人们心目中的异同问题。美国芝加哥的孔子像系模仿西安碑林中的孔子像，但是面部略长，酷似西方人。日本人绘制的孔子像从形象到服饰，也多与日本人相似。

历史上有多种多样的孔子。主要有：

皇家孔子。历代帝王都把儒家思想当作统治人民的工具，给孔子塑像和画像穿上帝王冠服，令人望而生畏。

儒家孔子。历代儒家及大量读书人，把儒家典籍奉为经典，把孔子奉为“万世师表”，尊其为儒家宗师。他们根据自己的想象塑造孔子，是一个儒教教主。

布衣孔子。孔子在民间是一位德高望重的教书先生形象。他学问高，修养好，是一位为人师表的长者。

另外，还有官家孔子、仇家孔子和海外孔子等。各种孔子观，反映到孔子像的制作上，就出现了琳琅满目的情况。

孔子标准像由中国孔子基金会于2006年9月23日发布，是在唐代吴道子“孔子行教像”的基础上，先后征求学者专家以及孔子后裔等各方面的意见，最终创作而成的。

作为流芳千古的东方哲人，孔子的标准像高255.7厘米，青铜圆雕，将孔子定位为平民形象，宽鼻，阔嘴，浓眉，长髯，国字脸，神情慈祥，眼神温和，是一位具有山东人相貌特征的忠厚长者。孔子作“天揖之势”：双手交叉于胸前，腰间挎剑，一副恭谦的样子。为什么作“天揖之势”？这是因为孔子为士，列为贵族，双手交叉为士相见礼，表示虔诚谦恭之意，而剑在当时是士以上阶层必须佩戴之物，也显示其贵族身份。“天揖之势”生动地再现了作为万世师表的孔夫子彬彬有礼、平易近人的圣洁风姿，更注重体现孔子“仁”和“礼”的思想内涵，以表现它的博大儒雅。

参考文献

［1］杨伯峻.论语译注（繁体字本）［M］.北京：中华书局，2009.
［2］杨伯峻.论语译注（简体字本）［M］.北京：中华书局，1980.
［3］李申.《论语》精粹解读［M］.北京：中华书局，2001.
［4］张燕婴.论语——中华经典藏书［M］.北京：中华书局，2006.
［5］王国轩，王秀梅.孔子家语［M］.北京：中华书局，2014.
［6］傅佩荣.论语300讲［M］.北京：中华书局，2011.
［7］钱穆.孔子传［M］.北京：生活·读书·新知三联书店，2012.
［8］钱穆.孔子是怎样炼成的［M］.北京：中国民主法制出版社，2010.
［9］李泽厚.论语今读［M］.北京：生活·读书·新知三联书店，2008.
［10］李鍌.论语高级解读［M］.福州：海峡文艺出版社，2009.
［11］任德山，邢群麟.《论语》的智慧大全集［M］.北京：中国华侨出版社，2010.
［12］李世高.《论语》智慧的现代启示［M］.长春：吉林人民出版社，2019.
［13］陈小云.教女儿学《论语》［M］.北京：团结出版社，2015.
［14］陈小云.百家品论语［M］.北京：中国城市出版社，2011.
［15］王毓珣.孔子教学形式寻绎与点评［J］.课程·教材·教法，2005（4）.
［16］匡亚明.孔子评传［M］.南京：南京大学出版社，2011.
［17］钱穆.论语新解［M］.北京：生活·读书·新知三联书店，2005.
［18］李长之.大家小书·孔子的故事［M］.北京：北京出版社，2002.
［19］王大千.中国人，你真的了解孔子吗？［M］.青岛：青岛出版社，2014.
［20］何伟俊.论语里住着的孔子［M］.桂林：广西师范大学出版社，2015.
［21］薛振东.人生百题·论语今读［M］.上海：上海人民出版社，2015.
［22］韩星.走进孔子：孔子思想的体系、命运与价值［M］.福州：福建教育出版社，2017.
［23］鲍鹏山.孔子传［M］.北京：中国青年出版社，2013.